本书为2016 年度教育部人文社会科学重点研究基地重大项目
“高考制度改革研究”（16JJD880029）之成果

高考法律问题研究

覃红霞 著

浙江教育出版社·杭州

总 序

FOREWORD

高考是中国教育改革的关键环节，而整个考试招生制度又是以高考制度为核心的。2014年8月29日，中共中央政治局会议审议通过了《关于深化考试招生制度改革的实施意见》。会议指出，考试招生制度是国家基本教育制度，是人才培养的枢纽环节，关系到国家发展大计，关系每一个家庭的切身利益，关系亿万青少年学生的前途命运。改革开放以来，我国教育考试招生制度不断改进，为学生成长、国家选才、社会公平作出了重要贡献。这是对以高考为核心的考试招生制度的重要而精练的评价。

2014年9月4日，国务院发布《国务院关于深化考试招生制度改革的实施意见》，进一步指出：考试招生制度“对提高教育质量、提升国民素质、促进社会纵向流动、服务国家现代化建设发挥了不可替代的重要作用。这一制度总体上符合国情，权威性、公平性社会认可”。这份纲领性文件充分肯定了考试招生制度的功能与作用，强调了改革开放以来考试招生制度改革取得的成就，是一个实事求是的基本判断。确实，以往高考在科学选拔人才、保证高校生源的质量，促进学生努力向学、提高民族文化水平，维护教育公平、稳定社会秩序，促进社会流动、保持社会活力等方面，一直起着重要的作用。改革开放近40年来，我国基础教育水平的提高、经济的腾飞、社会的发展，都与高考的恢复和改革密不可分。经过高考选拔的人才在接受高等教育后成为国家各行各业的骨干力量和栋梁之材，推动了中国经济的飞速发展，高考制度的积极意义应该充分予以肯定。

同时，该实施意见也指出了目前考试招生制度存在的弊端：“主要是唯分数论影响学生全面发展，一考定终身使学生学习负担过重，区域、城乡入学机会存在差距，中小学择校现象较为突出，加分造假、违规招生现象时有发生。”高考制度也确实存在很多局限性，因为竞争性的统一考试会诱发应试的顽症，如造成学生学习时间长、体育锻炼少、一定程度的偏科、只重分数不重平时表现，等等。虽然各种教育文件中都明文规定全面考核学生的德、智、体、美，择优录取，但在实际操作中，基本上是以“智”即高考分数来衡量学生的。尤其是平行志愿录取模式，更是将分数的重要性推向极致。在某些人口大省，高考分数集中的分数段，提升一分就可能超越千人，因此学生更是竭尽全力地追求分数。

为了克服应试造成的弊端，必须对高考制度进行变革。作为人们共同遵守的办事规程或行动准则，制度一旦形成，便具有一定的稳定性和刚性的约束力。高考制度的利弊都很显著，要对长久以来形成并得到多数民众拥护的高考制度进行变革，具有很大的难度，任何微小的变动都会引起全社会的关注。如何使高考制度与国家人才培养和社会人才需求有机结合起来，使之高效地服务于新时期国家社会经济的发展，是一个全局性问题。因此，必须在长远规划和全面研究的基础上，积极稳妥地推进高考制度变革。

2017年是进行高考综合改革试点的上海、浙江的“3+3”科目改革完成一轮进入录取阶段的年份，也是总结成效和经验、准备推广实施的重要年份，而且是纪念恢复高考40周年的特别年份。高考改革各方面都在推进，出现了许多新气象、新挑战、新问题，亟须进行全面、系统的研究。应高考制度变革的时代与社会需要，我们组织编写了这套“高考制度变革与实践研究”丛书。

本丛书已列入2017年国家出版基金项目。丛书突出高考改革进入新阶段之后的考试招生制度的变化，直面出现的新气象、新挑战、新问题，力图对高考制度变革理论、国外高校招考制度、高考改革热点与难点问题、异地高考政策与随迁子女社会融入、高考录取制度改革、试点省市高考改革、高考改革形势下的基础教育变革、高考法律问题等方面进行系统的研究，为高考制度变革提供理论依据和政策建议，具有特别明显的现实意义和历史意义。

刘海峰

2017年4月12日

目录
CONTENTS

绪　论

高考法律问题综论

普通高等学校招生全国统一考试，简称高考，是我国国家教育考试制度的重要组成部分，包括报名、考试、录取等诸多环节，是一个彼此紧密联系、相互制约、相辅相成的有机整体。

高考涉及考生权利的实现，也涉及教育行政部门管理权与高校招生自主权的行使与实现。在高考中，各种利益相互交织在一起，代表不同利益的群体相互博弈，在某种程度上促进了高校招生考试制度的不断发展与完善，但同时也增加了改革的复杂性和难度。从实践层面来看，普通高校招生考试领域出现了很多矛盾与问题：考试舞弊行为屡屡出现，行贿受贿、冒名顶替等违法行为时有发生，“高考移民”现象多次被曝光。

普通高校招生考试制度该如何发展？如何加强招生考试管理，以维护招生考试制度的公平与公正？如何在保障招生考试管理部门以及高校合法行使权力的同时，保护考生的合法权益？这些问题的研究不仅具有一定的理论价值，也具有一定的实践意义。

一、高校招生考试法治的内涵与意义

“依法治招”“依法治考”“法治招考”等词来源于“依法治国”“依法行政”“法治国家”。法治是我国普通高校招生考试实践的现实要求。高校招生考试作为分配高等教育资源的重要手段，向来都是利益冲突的焦点，尤其在优质高等教育资源有限的情况下，高考已经成为高中毕业生面临的第一次强制性的“社会（脑体）大分工”。[①]在这场众人瞩目的竞争中，如何防止人情关系和权力的渗透，维护考生和高校的合法权益，维持招考过程中的公平与

①郑若玲. 试析高考的指挥棒作用[J]. 厦门大学学报 (哲学社会科学版) , 2002 (2) : 9.

公正，是对招生考试制度建设最根本的要求。

对依法治招、依法治考，人们往往简单地理解为“以法治招”“以法治考”。实际上，“依法”和“以法”是两个既有联系又有区别的概念。相同之处在于都重视法律在招考过程中的作用与意义，不同之处在于两者对行政管理者与法律之间的关系有不同的处理。以法治招、以法治考往往意味着法律仅仅是治理招生考试的一种手段，在法之上还有以法律为手段的管理者的权威，法律成为管理的手段和工具，而管理者本身却似乎无须受法律的约束。依法治招、依法治考并不排除政府与教育行政管理部门以法律作为治理招生考试的重要手段，但在管理者与法律的关系问题上，强调的是法律的主导地位，强调法律是一种超越任何当事人的普遍化规则。这意味着政府与相关教育行政管理部门固然可以作为治理者向社会发号施令，要求考生与院校服从自己的支配，但必须以一种普遍化的平等守法义务为前提。因此，法治并不仅仅针对考生群体，对高校、各级招办及其工作人员、教育行政管理部门以及其他社会成员而言，都需共同承担普遍化的平等守法义务，合法享有法律所规定的权利。这样，在“法律面前人人平等”的原则下，管理者及其权力也被纳入法治的范畴。

法律的运行往往是各方利益进行斗争、妥协的结果，高校招生考试法治本身就是一个利益选择、协调与平衡的过程。这个平衡的关键就是维护社会公共利益，反映社会公共意志，它要求法治主体摆脱狭隘的地方主义、部门利益与个人私利，主动对各种利益进行协调与平衡，处理好改革、发展与稳定，公平、效率与秩序，权力、权利与利益等的相互关系。普通高校招生考试法治所追求的社会公共利益在于追求社会公平和社会正义，维护招生考试的公平与秩序。因此，它反对作为公权力的招生权、考试管理权等权力异化为私权力，反对权力滥用与腐败，反对群体舞弊与个人舞弊行为对招考秩序的破坏，要求每个参与者在平等竞争的规则下，实现个人的受教育权与社会选才的目的。

普通高校招生考试法治要求各主体在民主和文明的基础上，实现充分理解与相互尊重，在寻求利益一致的目标上，通过听证会、程序公开、信息公开、参与监督等方式，沟通与吸收各方的意见与建议，明确各成员的权利与义务、权力与责任。

二、法治招考的基本内容

强调法治招考，其目的与意义在于通过对考生及其家庭、管理部门、高校以及社会之间利益关系的调整，实现高校招生考试的和谐发展。因此，高校招生考试法治的基本内容离不开各主体以及社会的参与。

首先，各级行政机关，包括各级人民政府及教育管理部门和招生考试管理部门，也包括各级权力机关、审判机关和检察机关，及新闻媒体和社会大众，在法治进程中都扮演着重要的角色，只是不同的主体在不同层面，通过不同的途径和方式实现对普通高校招生考试的监督与管理而已。

其次，根据《中华人民共和国高等教育法》以及相关普通高校招生考试的条例规定，普通高等学校享有招生自主权。高校依法颁布本校招生简章，并按照相关法律以及招生简章的规定，实现自主招生与录取，并对招生过程与结果负责。

再次，从传统的观点来看，考生属于被管理的对象，只能服从相关部门的管理与命令，似乎不属于治理的主体。但随着公众权利意识的觉醒，考生及其家庭维护自身合法权利的需求日益上升，要求增强招生考试的透明度、增加公众的知情权与参与权成为招生考试领域的新气象。同时，他们也成为监督高校与相关管理部门合法使用权力、惩治腐败、维护招生考试正义与秩序的生力军。实践证明，考生不仅是整个招生考试过程中的参与者，也是招生考试进程的监督者。考生的法律意识，特别是权利意识、维权意识是普通高校招生考试法治进程中不可或缺的内在驱动力。只有考生真正意识到自身的权利，并积极主动地去寻找合理的途径实现对公平正义的诉求，才能真正实现对权力的监督与制约。

最后，对招生考试管理部门而言，思想的转变也是法治的应有之义。政府及教育行政管理部门应逐渐从管理者向服务者转变，这不仅仅是名称上的变化，更是精神上的再造。服务意味着传统的、单纯的以层级制的权力体系和规章制度约束为显著特点的管理不是管理的全部，而要在民主和法制的制度框架内进行管理，管理要更多地强调社会公共利益。对于招生考试，要强调满足考生与社会大众的信息需求、发展需求与合法利益，保障考生与高校具有相应的知情权、选择权与参与权。服务还意味着管理公开、信息公开，管理机构不是管理行为的权威与主宰，必须正视考生、高校、社会在招考过程中的主体地位。因此，招考管理的基点不应仅由管理者确定，仅仅反映管理者的要求和意图，而应充分吸纳招生考试过程中最重要的参与者及利益相关者——高校、考生及其家长的建议。同时，服务还意味着积极地管理。我们强调服务，并不是否认管理、否认权力，也不是单纯的限制权力，我们既应关注权力不能做什么，从而避免权力的恶；更应关注权力能够做什么，从而致力于发挥权力的善。从本质上而言，积极地管理意味着在法律的职责范围内积极地、主动地提供公共服务。

与服务相一致的是各主体间的合作与参与。各主体全方位、多层次的合作，构成了尊重与平等对话的基础。管理机关与考生、高校、社会之间的合作通过提供服务实现，而考生、高校、社会与管理机关的合作则表现为参与、配合与监督。管理机关、高校、考生与社会之间的合作，源于法治的根本目的，即维护社会公共利益，维护招生考试的公平与秩序；源于社会公共利益一致基础上的各种利益的平衡。

合作不仅是考生与管理者、管理机构的合作，还包括考生与高校，高校与管理机构，高校与各级招办、社会之间的普遍的合作。合作不是单纯的配合、服从管理部门的工作，不仅仅是考生在诚信的基础上参与招生考试，高校在遵守法律的前提下履行招生自主权。更为重要的，是各主体合法地享有参与与监督的权利，防止权力对考生合法受教育权的伤害；监督权力积极履行相应的职责，使权力更好地为社会和考生、高校服务，维护整个招考过程的秩序与和谐；以主体的身份对招生考试流程提出合理的意见与建议。参与是合作的本质内容，只有积极地参与，才能保证人民的意愿能不断传递给领导者。[①]只有在合作、参与的基础上，考生的受教育权、高校的招生自主权以及社会公共利益才能真正成为管理的关注点，而不是被边缘化的管理对象。各级招办也不再是单纯的管理机构，而是在积极介入招生考试过程的前

①阿尔孟德．比较政治学[M]．曹沛霖，译．上海：上海译文出版社，1987：183.

提下，成为考生与高校之间的中介、沟通者与协调者。各级招办不仅是考生利益的代言人，也是高校利益的表达者，为满足双方的共同利益和社会公共利益搭起合作与沟通的桥梁。

因此，从根本上说，普通高校招生考试法治秩序的建立是政府、管理者、考生以及社会共同合作促成的道路选择，其所倡导的服务与合作观念及模式的转变，意味着社会公共利益与个人利益的一致，意味着各主体间的尊重、信任与支持。

三、法治招考的基本问题：权力监督与权利保障

如果不能充分实行法治，权力便可能会对个人权利构成威胁。在涉及招生考试的诉讼案件中，高校、管理部门及其权力拥有者侵犯考生合法权利的案件居多。招生权力的腐败实际上是招生权力主体人为地混淆公权力与私权力的界限，公权力被私权化，为谋取私利而行使权力，这必将侵犯考生的权利。正因为如此，加强对权力的限制和监督一直是法学界等社会各界关注的一个焦点。在招生考试领域，要遏制招生腐败、考试腐败，维护社会公众的合法权益，维护招生考试公平与公正，必须加强对权力的制约。不仅需要通过立法使这一基本原则得到落实，也需要媒体、社会公众的监督，更需要国家运用权力的力量来保护权利。因此，加强对权力的监督并不意味着对权力运行的粗暴干涉，而是在保证权力正常运行的同时，防止权力的异化。

权利保障与权力监督是一个问题的两个方面。控权是法治的基本精神，它使得权力成为合法的权力，而合法的权力源于权利，权利乃权力之本，权力服务于权利，权力应以权利为界限。[①]在高考领域，权利保障，意味着公众，尤其是考生及家长应享有法律规定的知情权、参与权，能够了解与自己利益相关的信息，并参与到相关法规、规则的制定与管理中来；意味着法律应该赋予高校、管理部门及考生权利（权力）与义务（职责），使之成为各自行为的依据；意味着当权力突破界限侵犯到考生的合法权益时，必须提供相应的救济方式，使权利受损者获得相应的补偿。

①张文显．法哲学范畴研究[M]. 北京: 中国政法大学出版社, 2001: 396.

（一）高校招生自主权是当前招生改革的重点与热点问题之一

根据《中华人民共和国高等教育法》的规定，高等学校拥有一定的办学自主权，其中包括招生自主权，即高等学校有权根据社会需求、办学条件和国家核定的办学规模，制定招生方案，决定招生的具体数量，确定招生范围和来源，自主调节系、科招生比例等。从权力性质来看，招生权无疑首先是一种权力，而且属于公权力的范畴，它是高校以及相关机构根据法律的规定对考生能否进入高等教育阶段学习的决策权力，是对高等教育这一社会稀缺资源进行分配的权力。在资源有限的情况下，这一权力的存在必然导致部分学生被淘汰，这对考生、家庭乃至整个社会都具有重要的影响。从招生的权力来源看，招生权是由法律授予的，为保障高校选拔合格新生、维护社会公平的一种权力，其权力来源于国家教育权。可以说，招生权本质上源于社会与公众的委托和授予，是保证国家和社会公共利益的公权力①，并突出地表现为维持招生考试领域的公平、公正与正义，保障考生的受教育机会均等，并保证符合条件的人实现受教育权。落实高校招生自主权无疑是当前招生考试改革的重点与热点问题之一。虽然进一步扩大高校招生自主权已经成为高校招生考试改革的突破口，但在实践中，高校招生领域出现的权力异化、权力腐败等问题，引起了社会对高校招生自主权的质疑。

招生权的内在特质要求对招生权的规制必然是刚性而具体的。公共权力人虽然是代表公意的公权的行使者，但他首先是一个活生生的自然人。人都有自身的欲望和趋利避害的本能，这是人作为生物体的一种天性，也是一种自然而真实的存在。对招生领域的利益问题采取忽视与回避的态度，必然导致对公共利益私人化的可能性缺乏刚性的制约，缺乏监督与节制的权力可能会使得招生权的拥有者在录取中扮演“经济人”的角色，谋取不当私利。权力的滥用不仅降低了社会对招生考试制度的信任度，损害了弱势群体的合法权益，破坏了社会公平，也使高校难以获得社会的信任，使高校的法律地位和招生自主权难以真正实现。因此，高校在行使招生自主权时必须坚持法治的原则，有必要制定相关的程序与制度，依法选拔招生人员，切实保证招生人员通过法定的程序、标准和途径选拔合适的人才；有必要对高校的招生简

---

①《中华人民共和国教育法》第八条规定：“教育活动必须符合国家和社会的公共利益。”

章进行严格的法律审视，并坚持在招生过程中，按照简章所规定的程序进行。与此同时，还要加强信息公开，加强社会监督。“阳光是最好的防腐剂”。有关高考的信息应在媒体上提前、定期、周期性公开，让每一个利益相关者都能查询到有关信息，以接受公众的广泛监督。

（二）防止高考舞弊、维护高校招生的公平公正是社会关心的重要议题

舞弊是对高考公平精神的最大挑战。其中，群体舞弊事件是高考中最为严重和恶劣的舞弊行为，它不仅会导致招生考试的不公，而且会助长个人舞弊的发生。大量事实表明，高考中群体舞弊与个人舞弊往往是交织在一起的。群体舞弊的存在与蔓延客观上刺激了个人舞弊行为的发生，群体舞弊的存在增加了遏制个人舞弊的难度。从媒体曝光的高考舞弊事件来看，当前的高考舞弊有以下几个突出特点：①发生地点大多为远离省会城市与中心城市的较为偏远的县市；②利用高科技手段进行舞弊的问题比较突出；③监考人员、学校或者相关领导直接介入其中的群体舞弊事件比较多；④涉案人员比较多，通常是有组织、有计划、有预谋的舞弊事件；⑤目的与动机比较复杂，有的是为谋取暴利，有的是受熟人等请托，有的则是为了提高学校的升学率，各种利益交织在一起。从当前的防舞弊措施来看，主要有两条：一是要求学生签署考试诚信承诺书；二是加强相关的反舞弊硬件建设，包括电子监控、无线电干扰、金属物品检测等。这里要指出的是，诚信承诺书只能从道德上约束学生的行为，并对部分个人舞弊行为有一定的威慑作用，但对于大规模的群体舞弊事件作用较小；而硬件建设往往集中在省会城市与中心城市，偏远县市配备还不够。

防止舞弊一直是高考工作的重中之重，教育部先后颁布了一系列的法律法规，对高考中的舞弊行为进行规制。2015年，《中华人民共和国刑法修正案（九）》明确规定国家考试舞弊入刑：①在法律规定的国家考试中，组织作弊的，处三年以下有期徒刑或者拘役，并处或者单处罚金；情节严重的，处三年以上七年以下有期徒刑，并处罚金。②为他人实施前款犯罪提供作弊器材或者其他帮助的，依照前款的规定处罚。③为实施考试作弊行为，向他人非法出售或者提供第一款规定的考试的试题、答案的，依照第一款的规定处罚。④代替他人或者让他人代替自己参加第一款规定的考试的，处拘役或

者管制，并处或者单处罚金。但考试舞弊入刑，只是加强了对考试舞弊罪的法律建设，要实现违法必究、执法必严，还需要进一步的完善措施。

就高考管理，特别是县一级的高考管理而言，必须加强对考试管理者和组织者权力的制约以及对监考人员权力的监督与制约。为保证高考秩序、维护社会公平，各省级招办应选派专门的负责人对考场设置、监考人员选拔与委派等具体事宜进行监督，以实现对各县级招办考试管理权力的制约与监督，同时防止其他权力对考试的渗透。加强对考生权利意识的教育，加强新闻媒体对高考的监督也是遏制考试舞弊的有效办法。事实证明，只有考生真正明确了自己的权利，才能切实维护自己的合法权益，也才能有效监督权力。新闻媒体可以扮演重要的角色。媒体具有告知、启迪、监督三大社会职能。具体而言，媒体可以通过加强对相关信息的报道，启发考生维护自身权利，并通过对舞弊案件的揭露唤起公众对高考中的不公平、腐败、阴暗现象的警醒与正视，从而净化高考社会环境，维护高考机制的正常运行。虽然媒体也存在夸大事实、猎奇追新、追求轰动效应的一面，也曾因为某些新闻过度追求轰动效应而受到批评与质疑，但笔者认为，新闻的监督作用总体而言是有效的，其积极作用也值得肯定与发扬。

（三）考生在招生考试过程中的权利一直没有引起足够的重视

考生最关注、最基本的权利无疑是受教育权。对受教育权进行有效的权利保障是实现教育法治的核心。一般认为，广义的权利保障事实上包含权利的事前保障和权利救济两个方面的问题。事前保障主要体现为立法机关的立法保障和行政主体的执法保障。权利救济包括诉讼渠道（即司法救济渠道）和非诉讼渠道（主要是申诉制度）。司法救济是权利救济中最有效、最常用的救济途径。从教育法律及相关的招生考试法规的具体规定来看，招生考试领域的受教育权具有可诉性。但在招生考试领域，受教育权的司法救济才刚刚开展起来。为了更好地解决学生受教育权与高校招生权之间的冲突，部分省市的招生考试管理机构内部已经开始酝酿相应的改革，以便更好地维护考生的合法权益，保障考生受教育权的实现。随着招生考试管理机构职能的转变、法律地位的变化以及高校招生自主权的实现，建立学生群体以及家长群体与高校之间沟通与交流的渠道，有助于解决招生考试领域的法律纠纷问题。

四、法治招考的现实要求：制定高校招生考试法

在实践中，普通高校招生考试法治化似乎处于一种尴尬的境地：一方面，要实现招生考试法治，必须以社会普遍的法律意识为基础；另一方面，当前社会群众法律意识仍较淡漠。笔者认为，从当前中国普通高校招生考试法治建设的现实来看，从当前招生考试法规体系中存在的问题出发，结合高校招生考试的实践需要，制定高校招生考试法是当前的重要任务之一。

法制建设是高校招生考试管理的重要基础。立法，特别是加强相关的行政法规建设，对保证我国高校招生考试的公平、公正与秩序发挥了重要作用。目前，我国招生考试立法已取得一定的成绩，逐渐形成了现行有关高校招生考试的法律法规体系和基本制度。随着依法治国、依法行政、依法治教的理念逐渐被社会所接受和认可，依法治考、依法治招也得到普遍的认同。不仅考生的维权意识不断增强，学生利用法律武器保护自己的合法权益的事件时有发生，教育行政部门、各级招生委员会及考试院、高校依法行政、依法进行招生考试的理念也正在形成。但我国的招生考试法制建设还处于起步阶段，立法方面尚不够完善。

总的来看，到目前为止，我国已经制定了相当数量的有关招生考试的法律、法规和规范性文件，但还不成熟，具有暂时性和针对性的特点。这些法规的名称上往往会加注“暂行规定”等字样，常常是专门针对具体单项问题作出规定，一般以“通知”“批复”“指示”“指导意见”等形式出现，凸显了当前招生考试法规的不成熟性。

从具体的内容来看，招生考试法规的不成熟性体现在三个方面。首先，现有普通高校招生考试法规一般行政性较强，多是以政府的行政管理为出发点，对社会公众、学校，尤其是受教育者权利的保障方面还比较欠缺。保障高校、考生以及社会对普通高校招生考试的知情权、监督权等合法权益是当前普通高校招生考试法治建设的核心内容之一。其次，重实体，轻程序。法治与程序存在着天然的联系，法治最终表现为按照严格的法律程序建立起来的公正合理的秩序。当前我们对如何实现考生对权力的监督，高校、考生的

合法权益受损时如何实现法律救济等还缺乏有效的程序规定。加强程序建设，并逐渐实现程序公开也是实现法治的基本内容之一。再次，缺乏可操作性。可操作性是从“文本上的法律”转变为“行动中的法律”的先决条件。翻阅我国当前的招生考试法规可以发现，这些文件对于不同的主体拥有什么样的权利以及负有什么样的义务作了大量规定，但令人遗憾的是，这些规定缺少详细的、有较强可操作性的进一步规定，使得招生考试法规面临无法真正实现法律调控的问题。因此，强调招生考试法规的可操作性，强调法律必须解决现实中的具体问题的观点应该在招生考试立法中得到体现，除了不够成熟、争议特别大或者应当宽泛一些的问题可以规定得粗一些外，其他内容应体现“能细则细”的立法追求。

制度建设要整体规划，制定高校招生考试法是当前的重要任务之一。有人认为，当前招生考试中的种种问题只需修订一下《中华人民共和国高等教育法》即可 。但高等教育法是主要针对高等教育阶段的法律规范，较少涉及招生考试，即使其中有部分涉及招生考试的，也主要是原则性的规定，缺乏可操作性，难以指导高考实践中的法律纠纷问题。招生与考试是高校招生考试的重要环节，但不是全部。招生考试法不是考试防止舞弊法，也不是单纯的考试法或招生法，而是包含了从报名、考试到招生全过程，调节教育部、各级招办、高校以及考生各主体之间法律关系的法律；不仅需要对招生考试过程中的权力进行规制，还需要保障权力的合法行使；既需要对招生考试过程中的权利义务、权力责任关系进行合理的分配，也需要对招生考试过程中的程序以及相关执法程序进行具体的规定。因此，如何顺应社会时代的要求，针对高校招生考试的发展与需要，制定一部统筹整个招生考试过程，兼顾国家、社会、教育行政管理部门、高校、考生等多方面的利益，具有可操作性，将招考过程中的体检制度、报名制度、录取制度、监督制度、公开制度、招考的基本程序与权限范围、发生纠纷时的信访或仲裁以及救济制度上升到法律层面进行规范的高校招生考试法，是当前的重要任务。

需要指出的是，立法是当前法治建设的重要内容，但法治绝不仅仅是法制建设。法治招考是一项系统工程，它既包括立法、执法、司法等方面的内容，包括对招生、考试等环节的治理，也包括对考生、高校等主体的管理，还包括对考生、高校及招生考试管理机构的管理者与工作人员法律意识与法律信仰的培育等。从招生考试的实际来看，这一活动本身是一个政策性很强、变化频繁、十分复杂的活动，在这一活动中，要处理好高等教育资源有限与广大人民群众需求日益旺盛的矛盾，处理好情、理、法的冲突，维护大多数人的正当利益。必须综合运用多种手段，保证招生考试活动的公平、公正、公开。从招生考试法治的基本内容来看，普通高校招生考试法治的重点和难点表现在：能否制定出真正体现法治精神的高校招生考试法，能否建立严格执法的机制和体制，能否建立严格执法的正当程序，能否保证制定的法律得到切实的遵守，能否在全社会树立崇尚法律的普遍心理等，而这些都取决于整个国家推进法治的进程。

第一章

高考与考试权

考试权是高考中最为重要的权利之一。高考作为国家教育考试制度，体现了国家意志和权威性，反映了高考的竞争性与选拔性等特点。高考领域的考试权也牵涉考生的受教育权，平等参与考试的权利是考生受教育权的重要体现。因此，高考的考试权是一种复合权利。

第一节

作为国家教育考试的高考

考试是人类进行评价的一种社会现象。在中国，考试最早产生于原始社会的选贤举能活动，其后，被广泛地运用于选士、科举、从业、学校教育、教学评价、公务员录用等社会生活的各个领域。[①]普通高校招生考试作为国家教育考试，有其基本特点和法律含义。

一、从考试到国家教育考试

关于考试的起源，有不同的学说。中国是实行考试制度历史最为悠久的国家，但中国考试起源的时间难以考证，因此出现了诸如“尧舜说”“西周说”“汉代说”“隋唐说”等不同观点。廖平胜认为，中国考试（指有意识的考试活动）产生于原始社会，但在先秦时期我国尚未形成“考试”一词的完整概念，更难得出五帝时代我国已有健全的国家考试制度的结论。[②]杨学为认为，中国关于考试最早的记载，见于《史记》《尚书》中记载的尧试舜、试鲧的传说。[③]刘海峰认为，“当人们需要测度、甄别人的知识与才能的差异以‘选贤与能’的时候便产生了考试。中国作为一个文化早熟型的国家，早在夏、商、周时期便已出现了考试活动，而制度化的考试则产生于汉代”[④]。也有研究者认为，我国考试制度最早在西周实行。西周实行“选士”制度，在先秦文献中记载较多。当时选士有明确的要求，有简单的程序，有主持考选的各级官员，意味着我国进入了考试制度的萌生阶段，它对后世的学校考试、用人制度产生了深远影响。[⑤]当然，也有研究者直接指

---

① 杨学为.中国考试史文献集成[M].北京:高等教育出版社,2003:内容提要.

② 廖平胜.论中国考试的起源[J].华中师范大学学报(人文社会科学版),1991(4):120.

③ 杨学为.考试的起源[J].教育测量与评价,2008(7):58.

④ 刘海峰,等.中国考试发展史[M].武汉:华中师范大学出版社,2002:前言.

⑤ 孙茹.我国古代考试制度初探[J].江苏广播电视大学学报,2001(4):48.

出，“考试不可能在原始社会末期出现”[①]。

不同的观点反映出学者们对考试定义上的差异。显然，如果我们从广义的考试定义来看的话，考试起源于人类社会生产与生活的需要，即人类社会产生之时，伴随着广义的教育活动，考试也逐渐产生了。教育源于人们传递生产劳动和生活经验的过程与需要，教育中也必然伴随学习、观察、检查、考试等活动，就此而言，考试本身就是教育活动的一部分。我国出土文物以及古代典籍有关考试史实的记载说明，中国在原始社会时就存在考试现象，而且出现了有组织、有意识的考试实践活动和多种测试内容，以及随习俗而成的不成文的考试方法与程序，考试制度已在孕育之中。尽管这一时期的考试活动还不是完全意义上的考试，但它毕竟已经具有考试的性质，在中国乃至人类社会的考试发展史上有着特殊的地位。因此，我们将原始社会晚期的考试活动，尤其是五帝时代的部落成员合格考试、帝王甄选试用考试和在职官员的考核，视为人类考试的胚芽和中国现今考试之源。[②]

根据《教育大词典》的定义，考试即检查、评定学业成绩和教学效果的一种方法。根据一定的考核目的，让被试在规定的时间内，按指定的方式、要求解答试题，并对其解答结果评定等级、积分，具有评定、诊断、反馈、预测和激励的功能。[③]根据这一定义，考试主要指学校考试。据史料记载，夏朝有校，殷商有序，周朝有庠，这些最早的学校教育中应该也包含了考试。西周时“国学”中的大学就设有定期的学业考察制度。隋代始设的科举考试有口试、帖经、墨义、策论和诗赋等。汉代的太学有严格的考试制度，宋、元、明、清历朝形成了较完备的积分制，考试制度日趋严密与完善。[④]

考试作为一种国家教育制度，至少可以追溯到西周时期。夏商时期虽有关于学校的记载，但少有更进一步的考证与文献佐证。有明确史料记载，西周时期已有国学，“国学即辟雍、泮宫也。《学记》‘国有学’，《祭义》‘食三老五更于太学’，皆是。故后世京师有国子学，又名太学，以此也。至于乡

① 刘海峰, 等. 中国考试发展史[M]. 武汉: 华中师范大学出版社, 2002: 6.

② 廖平胜. 论中国考试的起源[J]. 华中师范大学学报 (人文社会科学版) , 1991 (4) : 123.

③ 顾明远. 教育大词典[Z]. 上海: 上海教育出版社, 1999: 273.

④ 顾明远. 教育大词典[Z]. 上海: 上海教育出版社, 1999: 273.

以下，则有四学：一曰乡校，一曰州序，一曰党庠，一曰家塾”①。这一时期的学校不仅是养士之所，同样也是选官之始，“大学可以择其优异者告于王，给与仕进”②。“大略当时仕进有二道：有由乡学而进者，有由国学而进者。乡学则掌于乡大夫，而用之在大司徒。国学则掌于大乐正，而用之在大司马。”③当时的考试具有国家教育考试的典型特点：第一，它是由国家确定的考试制度，并设立专门的官职人员进行管理，由官府确定考试内容、考试资格以及考试程序。根据记载，国家确立了大司徒、乡大夫等官职，用于选举与选拔人才。如大司徒之职，“以乡三物教万民而宾兴之。一曰六德，二曰六行，三曰六艺。而乡大夫则各掌其乡之政教禁令。正月之吉，受教法于司徒，退而颁之于其乡吏，使各以教其所治，以考其德行，察其道艺”④。第二，学校教育考试与选士制度关系密切。西周时期，学在官府，教育由国家垄断。在周代，学业考核、升学考核和考功授官似乎是联系在一起的。⑤因此，当时的考试既是教育考试，也是选官考试，这是我国古代考试的重要特点。在汉代，太学的课试既是汉代选士的重要途径，也是自成体系的学校考试制度；而魏晋南北朝时期，官学的考试与察举考试关系密切，课业考试既是教育考试、学校考试，也是毕业考试、招生考试，还是任官考试。⑥科举时代，特别是明清以来，科举必由学校，乡试以下的府、州、县试既是入学考试，也是科举考试的重要基础。⑦清末废除科举制度以后，学堂的毕业考试也是奖励出身的基础。由政府通过立法的方式加强对招生资格、招生考试和毕业考试的管理是我国学校招生考试管理的特色。

民国初期，由于政府更迭、军阀混战，加上高等学校的办学层次、性质、规模以及科类的差别，政府难以通过统一的考试内容、考试方法进行管理，因此相关法律法规重点确立了高校招生考试的基本原则，特别是在学生

① 杨学为. 中国考试史文献集成 (第一、二卷) [M]. 北京: 高等教育出版社, 2003: 16.
② 刘海峰, 等. 中国考试发展史[M]. 武汉: 华中师范大学出版社, 2002: 13.
③ 杨学为. 中国考试史文献集成 (第一、二卷) [M]. 北京: 高等教育出版社, 2003: 13.
④ 杨学为. 中国考试史文献集成 (第一、二卷) [M]. 北京: 高等教育出版社, 2003: 11.
⑤ 杨学为, 等. 中国考试通史 (卷一) [M]. 北京: 首都师范大学出版社, 2004: 21.
⑥ 刘海峰, 等. 中国考试发展史[M]. 武汉: 华中师范大学出版社, 2002: 22-39.
⑦ 刘海峰. 科举学导论 [M]. 武汉: 华中师范大学出版社, 2005:174.

入学资格以及招生名额的管理上，具体招生考试问题则交由各高校另行制定招考章程确定，这就形成了民国早期大学自行招考的局面。考试权归学校，是民国初期考试制度的一大特点。但在实践中，鉴于考试中出现的一些弊端，有人从统一学生水平、监督学校教育质量的角度出发，主张将考试权收归教育行政当局，由教育厅召集海内外有名教育家，制定各级学校学生毕业程度标准，再召集各校校长，由他们报告地方需要并贡献个人意见，然后编制各级学生毕业试题，派专员分赴各地实施考试。①

随着国民政府的建立，国家加强了对高校招生考试的管理。民国时期高等学校考试制度是在政府行政力量的强力参与下建立的。国民政府从宣布实施训政开始，就把考试当作国家控制教育发展的重要手段。②国民政府坚持考试选拔功能，对大学的入学资格进行了明确规定和限制。同时，也通过财政拨款、立法等方式，加强对高等学校的控制，引导高等学校从单独招生走向统一招考。1938年，国民政府教育部规定除上海各院校外，国立大学及独立学院一年级新生，均实行统一招考，录取后由教育部分配给各院校。③1939年，国民政府教育部开始实行统一命题，此后又逐渐发展为由教育部统一标准答案、统一评分标准、统一考试、统一阅卷、统一录取。1940年，国民政府教育部设立常设性机构——教育部公立各院校统一招生委员会，并颁布《教育部公立各院校统一招生委员会章程》④，规定教育部公立各院校统一招生委员会的任务包括制定招生规章，规定命题阅卷及录取标准，制定及颁发试题，复核考试成绩，决定及分配录取学生，研究招生改进事项，其他有关招生的事宜等。这一时期，高校招生考试具有典型的国家教育考试的特点。虽然由于抗战的影响，从1941年起统一招考的改革被迫中止，大学统一招考只坚持了三年，1942年开始，国民政府教育部积极推动公私立院校联合招生，并划定了十大考区，组织联合招生委员会等，为中华人民共和国成立后实行全国统一招考打下了一定基础。

---

① 杨学为，等. 中国考试通史（卷四）[M]. 北京：首都师范大学出版社，2004：308–310.

② 杨学为，等. 中国考试通史（卷四）[M]. 北京：首都师范大学出版社，2004：343.

③ 谢青，等. 中国考试制度史资料选编[M]. 合肥：黄山书社，1992：674.

④ 杨学为. 中国考试史文献集成（第七卷）[M]. 北京：高等教育出版社，2003：207–211.

二、作为国家教育考试制度的高考及其特点

根据《中华人民共和国教育法》，我国实行国家教育考试制度。我国国家教育考试制度包括普通高考、成人高考、研究生考试、自学考试、中小学教师资格考试。①国家教育考试至少包含三层意思：第一，它是一种国家考试，强调其统一性、权威性与规范性；第二，它是教育考试，与学校教育关系密切；第三，它是考试的一种类型，具有测量和评价的功能。

国家教育考试是根据国家法律来设定的考试类型，因此与其他类型的考试有典型区别。同样是教育部主办、教育部考试中心主持和实施的大规模标准化考试——全国大学英语四、六级考试，原国家教育委员会（现教育部）批准，由教育部考试中心主办的全国计算机等级考试，教育部考试中心主办、教育部考试中心负责全国性的组织与管理、省级承办机构负责地方性管理工作的中国书画等级考试等，只能定义为社会证书考试，不属于国家教育考试，因为根据《中华人民共和国刑法》的相关规定，国家考试是法律规定的国家考试。有研究者认为，国家教育考试是以国家名义组织、认可和监督，在全国统一实施，并以国家授权的学校或实施考试机构以自己的名义颁发学历、学位证书或其他考试证明，效力达及全国的一种考试制度；还有研究者将国家教育考试称为大规模考试，笔者认为，这样的定义是不准确的，或者说过于简单化了。国家教育考试是一种大规模考试，也是国家组织与认可、颁发考试证明、效力达及全国的教育考试，但大规模考试、由国家组织与认可、颁发考试证明、效力达及全国的考试并不一定是国家教育考试。

笔者认为，国家教育考试的准确定义应该是由国家法律设定，经国务院教育行政部门确定种类，并由国家批准的实施教育考试的机构承办的教育考试。高考作为国家教育考试的一种类型，是影响最为广泛、社会关注度最高的考试。它具有以下特点：

（一）国家性与权威性

高考是国家意志的集中体现，是国家统一的重要制度手段。②高考是国

---

① 教育部考试中心．国家教育考试 [EB/OL]．http://www.neea.edu.cn.

② 林炎志．高考的国家使命[J]．中国教育学刊，2016 (4)：卷首语．

家通过法律设定的考试制度。《中华人民共和国教育法》第二十一条规定。国家实行国家教育考试制度。国家教育考试由国务院教育行政部门确定种类，并由国家批准的实施教育考试的机构承办。《中华人民共和国高等教育法》第十九条规定：高级中等教育毕业或者具有同等学力的，经考试合格，由实施相应学历教育的高等学校录取，取得专科生或者本科生入学资格。事实上，除了1949年由于中华人民共和国刚刚成立，全国公私立高等学校根据中央“暂维现状，立即开学”的指示单独考试招生以外，从1950年开始，国家基本每年都会颁发专门的高等学校招生考试政策文件，对考试、体检、招生等各项事务进行规定。1987年以来，国家还颁发了《普通高等学校招生暂行条例》《普通高等学校招收保送生的暂行规定》《高等学校招生全国统一考试管理处罚暂行规定》等重要法律文件，彰显了我国高考制度的国家性、权威性与规范性。2002年以来，高等学校开始公布招生章程，但国家仍出台相关政策与法律规范招生考试的原则、内容、标准、程序等事项。高考从一开始就是统一的国家教育考试，通过编写相对统一的教学大纲，国家意志得以贯穿其中，国家和民族需要的人才素质基础标准得以确立。

（二）教育性与选拔性

高考首先是教育考试，它不仅为学校教育确定内容、方向与标准，也为教育提供了考核的手段与方法。从目标来看，高考的目标指向为社会、国家、高校选拔高素质的人才，高中教育旨在为社会、国家和高校培养高素质的、全面发展的人，两者的目标是一致的，都旨在培养与选拔高素质的人才；从手段上看，高考作为连接中等教育与高等教育的桥梁，既是学校教育的一部分，是评价学校教育成果的工具，也在一定程度上秉承社会与高校的要求，发挥指挥棒的作用，引导学校教育不断发展。对高考而言，社会最关注的是其选拔性和竞争性，这是高考指挥棒产生作用的重要根源。高考作为分配高等教育资源的手段，往往成为个人社会、经济、政治地位的第一次分流。在优质高等教育资源有限的情况下，高考的指挥棒作用容易导致教育走向考什么学什么、忽略学生个性与全面发展的应试模式，从而导致高考功能的异化。

（三）大规模与统一性

高考是大规模的考试。自1977年恢复高考以后，每年参加高考的人数都有数百万，2007年全国报名参加高考的人数超过1000万，随后一直保持在千万左右的高位上。加上其他利益相关者，关注高考的人更多。巨大的规模导致高考的组织、管理、公平与公正面临巨大的挑战，为了增强国家教育考试的公平与公正性，高效而简便地选拔人才，高考走向统一考试有其必然性。但统一考试会导致考试机制不够灵活、考试技术改革缺乏动力、高考功能固化等问题。在追求考试公平的同时，还会诱发“分数决定一切”“分分计较”的考试观，进一步刺激应试教育的蔓延。此外，由于发展不平衡，统一考试还会导致弱势群体和农村偏远地区的学生在竞争中处于不利地位等问题。但社会各界对统一高考大多持肯定的态度，认为“高考固然是不太好，但目前没有高考将更不好。高考是有坏的方面，但至少可以防止最坏的情况出现。高考是有许多缺点，但中国人至今还没有找到一个比高考缺点更少并且可行的制度”[①]。这种心态也深刻地反映出我国高考制度改革的两难困境。

（四）开放性与社会性

1953年，为了加强对高校招生考试的管理，高教部要求对考生的报考资格加以限制。此后，对考生进行严格的政治审查在很长一段时间内成为招生考试的重要一环。

1977年，高考制度重新恢复，有关政审的条件逐渐放松，“主要看本人政治表现”的精神得到落实，教育是一种权利的思想逐渐得到认可，高考的限制性条件逐渐取消。2001年，教育部规定高考取消年龄与婚姻限制，只要具有高中文凭或同等学力证明，就可报名参加高考。高考制度越来越向社会开放，反映了我国社会与教育的民主与发展，也反映出我国高考制度对社会成员在社会分层与社会流动中的作用和价值。高考在社会生活中扮演着越来越重要的角色。

① 刘海峰. 高考改革: 公平为首还是效率优先[J]. 高等教育研究, 2011 (5) : 6.

第二节
高考考试权的法律阐释

高考考试权既是一种权力，也是一种权利。前者涉及国家教育考试的设定、运行与管理，彰显的是国家教育考试的权威性与行政性，因此是一种公法权；后者则涉及公民的受教育权，强调的是高考的民主权与公平、公开与公正。既要维护考试权力的运行，也要保护公民的合法的受教育权，是我国高考法治的核心。

一、考试权的含义

考试权的概念来源于孙中山“五权宪法”的思想。按照孙中山的思想，第一，考试权与立法权、司法权、行政权、监察权享有平等的地位，构成“五权宪法”的重要组成部分；第二，考试权应该由独立的考试机构独立行使，不受其他权力与机构的干扰与侵害。孙中山关于考试权的思想对高考考试权的发展有借鉴作用。当然，学界关于考试权的概念与内涵一直都有不同的看法。

考试权力说认为，国家教育考试是国家分配有限教育资源的行政行为，属于行政计划行为。[①]因此，考试权首先是一种公权力，是国家为了实现对其所属国民或居民是否具有从事某项特定业务（工作）的资格进行甄别，或者能否实际赋予从事某项特定业务（工作）的身份进行认定，而依照国民或居民的自愿申请，并经资格审查合格，进行考试的权力。[②]在这一过程中，考试主体依法拥有实施国家考试活动的资格及权能。政府考试机构代表国家，基于考试法律法规赋予的法定职权，在公开、公平、公正的程序下，依据特定的标准对应试者进行测评，分配人力资源、教育机会、就业机会等社

① 杜志淳, 邹荣, 论国家考试的法律属性[J]. 法学杂志, 2008 (6) : 79.

② 王宏伟. 考试权研究[D]. 吉林大学硕士学位论文, 2005: 3.

会资源，进而对应试者的权利义务产生间接或直接影响。这种公共性行为的过程，就是考试权运行的过程。①

考试权利说认为，考试权是公民基于考试而享有的各种权利的总称。尽管我国现有的法律规范体系中没有对考试权的相关规定，但是这并不能说明其存在的意义不大，更不意味着其没有存在的价值。②有研究者认为，考试权是公民依法享有均等机会自由参加国家、社会或学校所组织的考试的一项权利，是实现受教育权的重要环节。考试权的内容包括公民参加考试的权利，获得公平、合理评价的权利，以及考试成绩保密权。③

综合说则认为，考试首先涉及资格问题，这句话蕴含两层含义: 第一层是指考试本身是一种资格，不是任何人都可以参加任何考试的；第二层是指考试的结果将作为参加者获取学习和就业机会资格的凭证。④因此，国家考试机关享有的行使考试职能的权力被称为“考试权”。随着法治理论的发展及公民权利意识的觉醒，人们对考试权的认识也逐步深化。⑤有学者认为，考试权作为一种国家公权力，是指国家通过考试选拔人才的一种招考权；而作为一种权利，主要是指公民参加招生、招干、求职、晋级、晋职等考试的应试权。⑥实际上，现代考试制度的主体是国家与公民，考试行为是一种复合行为，其中既有国家公权力的参与，也有作为另一主体的公民的参与。因此，从法治的视野解读考试权，它是一个具有双重属性的概念，是“公民考试权利”与“国家考试权力”的统一。⑦有研究者认为，考试权天然蕴含着权力与权利两种性质。换言之，考试权应当从权力和权利两个方面来考察。从权力方面看，考试权是负责考试的公权机关或其委托的组织行使考试职务行为的资格和能力，是政府机构或其委托的机构代表国家对考试进行管理调

---

① 王文成．论当代中国公务员考试权的运行与控制[D]. 华中科技大学博士学位论文, 2008: 17.

② 肖洋洋．公民考试权的价值分析——以我国现有国家考试类型为视角[J]. 黑龙江省政法管理干部学院学报, 2016 (6) : 5.

③ 李余华, 卢怀科．考试权的法律透视[J]. 齐齐哈尔大学学报(哲学社会科学版), 2014 (2) : 59.

④ 李余华, 卢怀科．考试权的法律透视[J]. 齐齐哈尔大学学报(哲学社会科学版), 2014 (2) : 59.

⑤ 罗凤鸣．国家考试报考资格法律问题研究[D]. 中国政法大学硕士学位论文, 2009: 4.

⑥ 汪进元, 冯家亮．国家教育考试法: 落实考试权的宪法保护[J]. 湖北招生考试(理论版), 2004 (24) : 10.

⑦ 尚武．考试权的法律解读[J]. 中国考试, 2007 (3) : 25.

控的资格和能力，属于国家教育行政管理权。[①]它包括考试的设定权、实施权和监督权等，其行使主体通常是行政主体，且是一种能对考试相对人利益产生影响的权力，具备行政权的一般特征。从权利方面来看，考试权则是应试者依法参加公权机关组织的考试的权利。该权利可以从公民的受教育权和就业权等权利推导出来，它包括公民报名考试的平等参与权、参加考试的公平竞争权、获取分数或结果的知情权、受到损害请求救济的权利等。总而言之，作为权利的考试权是与作为公权力的考试权相应而生的复合权利。[②]

对于考试这种社会活动，必须建立与之相应的制度并将其纳入法制化的轨道，而这种制度构建的核心在于如何理解考试权。作为国家公权力的考试权可以说是一种行政行为，具有一定的权威性。它使一定组织机构依照一定的规则对考试这种社会活动进行组织、实施并作出决策，而其决策结果同时也对公民个人的权利产生了决定性的影响。国家考试权具体包括组织权、实行权以及决策权。从公民个人角度出发，公民考试权利是从宪法规定的公民基本权利之一受教育权衍生出来的一种权利。从公民个人参与考试的整个流程来看，考试权包括了考试知情权、报考参考权、得到公平公正结果权以及相应的各种救济权，这些权利与公民个人受教育权、就业权、平等对待权甚至救济权有着密不可分的关系。

考试权有其自身的特点。[③]笔者认为，关于高考的考试权首先指考试权力，即国家教育考试权力，由国家法律确定其设立，由国务院教育行政部门确定，并由国家批准的实施教育考试的机构，即教育部考试中心以及各省考试院承办；其次，在考试权力运行的过程中，考试权也会涉及考生的权利。权力作为一种国家强制力，主要用来管理社会、保护权利，但权力的扩张往往会对权利构成侵犯。从法治的角度来看，考试权力的管理首先是明确考试权的基本范畴与程序，在此基础上对权力进行规制。“在权力问题上，不要谈论对人的信任，而是要用锁链限制他们，防止他们做出伤害人的事情，因为对任何人来讲，只要有机会，都可能滥用权力。正是针对人性的这种弱

① 姜庆丹，赵研．从考试权的二维探讨国家考试立法[J]．沈阳师范大学学报(社会科学版)，2011 (5)：33.

② 王少．基于考试权的公务员考试[J]．江苏科技大学学报(社会科学版)，2015(4)：77.

③ 晏陵．论我国高考中的公民考试权及其实现[D]．华中科技大学硕士学位论文，2011：4-5.

点，思想家设计了理想法治原则。也是从这个角度，人们认为，法治的实质是防止滥用自由裁量权的一整套规则。”[①]

二、高考考试权的法律阐释

高考考试权是一种公权力，其目的在于为高校甄选与认证合格的人才。高考竞争是人们的个人素质，以及政治、经济地位等社会竞争在教育领域的浓缩。高考作为对高等教育资源进行分配的重要手段，从来都是利益冲突的焦点。为保证考试的公平与公正，维护考试的秩序，保护考生的基本权利，法律赋予教育考试行政机关相应的权力，并加强对考试的管理。

（一）高考考试权的特点

第一，高考考试权的主体是教育部及各省的招生委员会和招生考试机构。教育部负责各类高等学校招生考试的政策制定，包括确定考试的形式、科目、时间、地点，报名参加考试的条件等。教育部授权教育部考试中心、省级招生委员会或高校承担高校招生考试有关工作。1987年成立的中华人民共和国教育部考试中心是我国教育部指定承担教育考试专项职责任务并被赋予部分行政管理职能的直属单位，其成立也标志着考试与招生工作的分立。[②]省级招生委员会及其招生考试管理机构在整个管理系统中处于重要地位，而且任务复杂多样。它们不仅是招生考试政策的执行者，在一定程度上，也需要根据各省的具体情况制定各省的高考政策。教育部考试中心确定考试大纲。全国统考（含分省命题）、省级统考试题的命制和答案及评分标准的制定，分别由教育部考试中心、相关省级招生委员会负责，部分高校经教育部授权也拥有命题权。同时，省级招生考试委员会也是考试的组织者、管理者、监督者和服务者，负责包括命题、印卷、指定考场、聘用工作人员、监考、收卷、阅卷评分、发布成绩等各项活动的实施，组织区县级招办安排考生报名、考试、填报志愿等，对考试的全部活动进行监督，保证考试的公平与公正。各级招生委员会是本行政区域内组织高考、治理考试环境、维护考试安全、整肃考风考纪的责任主体，并负责对该地区的考试违规行为

① 威廉·韦德. 行政法[M]. 徐炳, 译. 北京: 中国大百科全书出版社, 1997: 26.

② 杨学为, 等. 中国考试通史 (卷五) [M]. 北京: 首都师范大学出版社, 2004: 127–128.

进行处理，配合公安等相关部门对违法考生、学校、机构等依法开展调查、取证和惩处等工作。

第二，考生是国家考试权行使过程中的相对人。在高考考试环节，国家对考生参加考试权的限制主要体现为设置考试资格。考生通过申请准考证的方式获得参加高考的资格，而国家机关通过审核与许可的方式发放准考证，这一行为属于典型的行政许可行为。根据《2017年普通高等学校招生工作规定》，只有满足遵守中华人民共和国宪法和法律、高级中等教育学校毕业或具有同等学力、身体符合相关要求三项基本要求的考生才具有报名资格。同时，该规定也确定了不允许参加高考的限制条件，包括：①具有高等学历教育资格的高等学校的在校生或已被高校录取并保留入学资格的学生；②高级中等教育学校非应届毕业的在校生；③在高级中等教育阶段非应届毕业年份以弄虚作假手段报名并违规参加普通高校招生考试（包括全国统考、省级统考和高校单独组织的招生考试）的应届毕业生；④因违反国家教育考试规定，被给予暂停参加高校招生考试处理且在停考期内的人员；⑤因触犯刑法已被有关部门采取强制措施或正在服刑者。教育部明确规定省级招生委员会可按照以考生户籍为主，与在本地区高级中等教育学校就读一定年限相结合的原则，结合本地区实际就报名条件、时间和有关要求作出具体补充规定。这些原则包括：①进城务工人员及其他非户籍就业人员的随迁子女，不得在“流入”和“流出”两地同时参加高考报名。②省级招生委员会办公室（包括教育考试院、招考办、考试中心、考试局等）严格审查考生报名资格。考生有下列情形之一且未能提供对错误的认识及改正错误的现实表现等证明材料的，应认定为思想政治品德考核不合格：有反对宪法所确定的基本原则的言行或参加邪教组织，情节严重的；触犯刑法、治安管理处罚法，受到刑事处罚或治安管理处罚且情节严重、性质恶劣的。各省级招生委员会在此基础上，出台自己的报名考试须知，对考生的报考条件作进一步限制。如河北省在限制报考资格上除教育部确定的限制性条件之外，增加了：①外省在河北省借读以及在河北省中等职业学校等类学校就读但户籍不在河北省的应届生（符合报名条件的随迁子女除外）；②以“大中专招生”等名义将户口迁入河北省学校集体户，但没有户籍所在学校学籍和连续实际就读记录的考生；

③已在外省参加2018年普通高考报名或拟在外省参加普通高考报名的人员；④现役军人。黑龙江省则明确将户籍和学籍符合《黑龙江省普通高等学校招生报名考生户籍、学籍审查的规定》作为报考条件。这几年，随着年龄等限制逐渐取消，大众对考生报名资格的关注越来越多。在校非应届生是否有考试资格、残疾学生的体检标准是否应该放开、户籍制度是否影响了学生的受教育权等问题，值得进一步研究与探讨。

（二）考生在高考过程中享有的权利

笔者认为，考生的基本权利至少包括：

（1）参与招生考试管理中的权利。包括：①批评、建议权，指对招生考试管理机构、高校等，以各种方式直接提出，或者通过有关组织、团体以及新闻媒体反映批评、意见、建议的权利；②控告、检举权，即对招生考试机关及其工作人员的违法失职行为提出控告或检举的权利；③协助公务权，指协助实施公务活动的权利，如检举有关作弊的行为；④知情权，即考生依法享有对招生考试活动有关内容、资料及其他信息的了解权，而招生考试管理机构及高校则有依法向社会公开自身行政活动的义务。值得强调的是，这里的考生或学生是以行政相对人的身份参与到与他们的切身利益相关的招生考试活动中来，而不是仅仅以一个普通公民的身份参与或以过去大家所认为的被管理的对象身份参与其中的。

（2）受平等对待的权利，指行政相对人——个体在招生考试活动中应当得到管理者的平等对待，而作为行政主体的有关机构及人员则有平等对待每一个考生个体的义务。

（3）受益权利，指考生通过招生考试管理部门的积极行为而获得各种利益及利益保障的权利。如考试中，考生有权要求监考老师制止作弊行为，从而保障自己的合法权益。

（4）自由权利，其核心是考生的一切合法权益和自由排除行政主体的妨碍，不受非法侵害。包括：①自主享有各种合法权益和自由，如考生可以自由填报自己想要报考的学校，学校及教师或其他部门都不得横加干涉；②抵制行政主体非法侵害的权利，如抵制考试报名额外收费的权利；③合法权益受侵害后获得赔偿的权利，当作出决定的教育考试机构因错误决定给考生造成损失，应当予以补救等。

（5）程序权利，主要指行政程序中的权利和事后救济程序中的权利。行政程序中的权利包括：①在某一具体行政程序中，特定的行政相对人为了自身的利益，向行政主体要求了解与本人有关的档案资料和其他相关信息的权利，如考生有权了解自己的卷面分值的情况、有权复查分数；②提出申请的权利，如在考试过程中，考生有因为卷面的原因申请监考者确认的权利；③得到通知的权利，指特定的行政相对人在行政主体制定涉及其权益的法规、规章或作出具体处理决定前，有得到行政主体告知有关内容、理由、依据等相关情况的权利，如对作弊考生的处理，主管机关必须予以告知；④评论权；⑤申请回避的权利；⑥举证的权利；⑦听证权，当考生受到停考处理时，享有要求举行听证的权利；⑧辩论权；等等。事后救济程序中的权利包括：①被主要行政主体告知救济途径和方法的权利；②提出申诉、复议和诉讼的权利，当考生对教育考试行政机关的处理决定以及复核决定不服时，可以提起行政复议或行政诉讼；③委托代理人的权利；④申请回避的权利；⑤陈述和辩论的权利；⑥上诉的权利；⑦申请执行的权利；等等。

（三）考生和工作人员等都具有法律责任

“法律责任的目的不是废除或绝对限制主体权利，而是为了保护和扩大权利。”[①]就此而言，考生和管理者都应主动承担相应的法律责任。

1. 考生的法律责任

根据《国家教育考试违规处理办法》的相关规定，考生在高考中有以下违规行为将承担相应的法律责任。

（1）考试违纪行为：携带规定以外的物品进入考场或者未放在指定位置；未在规定的座位参加考试；考试开始信号发出前答题或者考试结束信号发出后继续答题；在考试过程中旁窥、交头接耳、互打暗号或者手势；在考场或者教育考试机构禁止的范围内，喧哗、吸烟或者实施其他影响考场秩序的行为；未经工作人员同意，在考试过程中擅自离开考场；将试卷、答卷（含答题卡、答题纸等，下同）、草稿纸等考试用纸带出考场；用规定以外的笔或者纸答题，或者在试卷规定以外的地方书写姓名、准考证号，或者以其

① 公丕祥．法制现代化的理论逻辑[M]. 北京: 中国政法大学出版社, 1999: 277.

他方式在答卷上标记信息；其他违反考场规则但尚未构成作弊的行为。有以上行为的，取消该科目的考试成绩。

（2）考试作弊行为或应当被认定为实施考试作弊的行为：携带与考试内容相关的材料或者存储有与考试内容相关资料的电子设备参加考试；抄袭或者协助他人抄袭试题答案或者与考试内容相关的资料；抢夺、窃取他人试卷、答卷或者胁迫他人为自己抄袭提供方便；携带具有发送或者接收信息功能的设备；由他人冒名代替参加考试；故意销毁试卷、答卷或者考试材料；在答卷上填写与本人身份不符的姓名、准考证号等信息；传、接物品或者交换试卷、答卷、草稿纸；其他以不正当手段获得或者试图获得试题答案、考试成绩的行为；通过伪造证件、证明、档案及其他材料获得考试资格、加分资格和考试成绩；评卷过程中被认定为答案雷同；考场纪律混乱、考试秩序失控，出现大面积考试作弊现象；考试工作人员协助实施作弊行为，事后被查实；其他应认定为作弊的行为。有以上行为的，所报名参加考试的各阶段、各科成绩无效。

（3）情节严重的考试作弊行为：组织团伙作弊；向考场外发送、传递试题信息；使用相关设备接收信息实施作弊；伪造、变造身份证、准考证及其他证明材料，由他人代替或者代替考生参加考试。有以上行为的，视情节轻重，同时给予暂停参加该项考试1至3年的处理；情节特别严重的，可以同时给予暂停参加各种国家教育考试1至3年的处理。

（4）扰乱考试秩序的行为：故意扰乱考点、考场、评卷场所等考试工作场所秩序；拒绝、妨碍考试工作人员履行管理职责；威胁、侮辱、诽谤、诬陷或者以其他方式侵害考试工作人员、其他考生合法权益的行为；故意损坏考场设施设备；其他扰乱考试管理秩序的行为。有以上行为的，终止其继续参加本科目考试，其当次报名参加考试的各科成绩无效；考生及其他人员的行为违反《中华人民共和国治安管理处罚法》的，由公安机关进行处理；构成犯罪的，由司法机关依法追究刑事责任。

（5）考生以作弊行为获得的考试成绩并由此取得相应的学位证书、学历证书及其他学业证书、资格资质证书或者入学资格的，由证书颁发机关宣布证书无效，责令收回证书或者予以没收；已经被录取或者入学的，由录取学校取消录取资格或者其学籍。

2. 工作人员或其他有关人员的法律责任

（1）不认真履行工作职责的行为：应回避考试工作却隐瞒不报；擅自变更考试时间、地点或者考试安排；提示或暗示考生答题；擅自将试题、答卷或者有关内容带出考场或者传递给他人；在评卷、统分中严重失职，造成明显的错评、漏评或者计分误差；在评卷中擅自更改评分细则或者不按评分细则进行评卷；因未认真履行职责，造成所负责考场出现雷同卷；擅自泄露评卷、统分等应予保密的情况；其他违反监考、评卷等管理规定的行为。有以上行为的，停止其参加当年及下一年度的国家教育考试工作，并由教育考试机构或者建议其所在单位视情节轻重分别给予相应的行政处分。

（2）作弊行为：为不具备参加国家教育考试条件的人员提供假证明、证件、档案，使其取得考试资格或者考试工作人员资格；因玩忽职守，致使考生未能如期参加考试或者使考试工作遭受重大损失；利用监考或者从事考试工作之便，为考生作弊提供条件；伪造、变造考生档案（含电子档案）；在场外组织答卷为考生提供答案；指使、纵容或者伙同他人作弊；偷换、涂改考生答卷、考试成绩或者考场原始记录材料；擅自更改或者编造、虚报考试数据、信息；利用考试工作便利，索贿、受贿、以权徇私；诬陷、打击报复考生。有以上行为的，停止其参加国家教育考试工作，由教育考试机构或者其所在单位视情节轻重分别给予相应的行政处分，并调离考试工作岗位；情节严重，构成犯罪的，由司法机关依法追究刑事责任。

同时，法律也规定，因教育考试机构管理混乱、考试工作人员玩忽职守，造成考点或者考场纪律混乱，作弊现象严重，或者同一考点同一时间的考试有五分之一（含五分之一）以上考场存在雷同卷的，由教育行政部门取消该考点当年及下一年度承办国家教育考试的资格。对出现大规模作弊情况的考场、考点的相关责任人、负责人及所属考区的负责人，有关部门应当分别给予相应的行政处分；情节严重，构成犯罪的，由司法机关依法追究刑事责任。考试工作人员在考场、考点及评卷过程中有违规行为的，考点主考、评卷点负责人应当暂停其工作，并报相应的教育考试机构处理。

第二章

高考与招生权

招生权是高考领域最为核心的权力。高考中，考试是手段与方法，招生与选拔则是目的。招生权既反映出国家的意志与分配教育资源的权力，也体现出高校人才培养的目标、特色与要求，同时涉及考生的受教育权。对招生权进行监督、维护高校的招生自主权以及保护考生的受教育权都是高考法治的基本要求。

第一节
招生权与高校招生权

招生权首先是一种权力，我国的招生权至少包括国家招生权、省级管理机构招生权以及高校招生权。招生权的核心是高校招生权。当前我国的高校招生权是社会公权力的组成部分，也是国家公权力逐渐委托与下放的权力。

一、权力、公权力和社会公权力

招生权首先涉及权力的问题，但权力在本质上是有争议的概念。赫伯特·考夫曼（Herbert Kaufman）和维克托·琼斯（Victor Jones）认为，“权力本身有一种难以捉摸的神秘性。它好像就在我们的周围，但要凭某种第六感官而不是通常的五官才能感觉到它。我们知道它是怎么回事，可是要给它下一个定义却会遇到数不尽的困难。我们可以说某一个人或集团比另一个人或集团更有势力，可是我们却没有办法估量权力的大小。它既像时间一样抽象，可是又像刑警队一样真实”[①]。《简明不列颠百科全书》把权力定义为：一个人或许多人的行为使另一个人或其他许多人的行为发生改变的一种关系。美国著名的未来学家阿尔温·托夫勒（Alvin Toffler）认为，权力是一种有目的的支配他人的力量。[②]马克斯·韦伯（Max Weber）提出了一个常被引用的关于权力的定义：权力意味着在一种社会关系中，自己的意志即使遇到反对也能贯彻的任何机会，而不管这些机会建立在什么基础上[③]……某个体所有的品质及环境的一切组合都可能使他在某种特定环境中强施其意志[④]。伯特兰·罗素（Bertrand Russell）认为，“权力的含义与物理学的基本概念能量相同……权力欲，从它极广的意义上来说，是一种希望能对外界

①钱俊君.权力之善——社会主义政治权力善的探析[D].湖南师范大学博士学位论文，2004.

②阿尔温·托夫勒.权力的转移[M].刘红，等，译.北京：中共中央党校出版社，1991: 2.

③马克斯·韦伯.社会学的基本概念[M].胡景北，译.上海：上海人民出版社，2000: 85.

④马克斯·韦伯.经济与社会(上)[M].林荣远，译.北京：商务印书馆，1997: 81.

（无论是人的还是非人的）产生预期影响的欲望，这种欲望是人性的主要组成部分”[①]。米歇尔·福柯（Michel Foucault）视权力为“对各种可能行动产生影响的行动的总体结构”[②]。社会学家丹尼斯·朗（Dennis Wrong）对权力下了这样的定义：“‘权力’一词，在英语中通常用作能力、技巧或秉赋的同义词语。权力一词在英语中使用复数形式时是指一个人的全部能力和能量，或者称为‘才智’；当权力指人的行动所释放的能量时，就融入了能量的物理概念，在此意义上权力又等同于‘潜能’。”[③]法学家在“权力”的概念上虽未提出过经典的定义，但一般都将其与强制、服从及惩罚相联系，是“以合法的强制力作为后盾的一个行为主体支配其他行为主体的能力”[④]。由此可见，“‘权力’基本上是指一个行为者或机构影响其他行为者或机构的态度和行为的能力”[⑤]。权力本身是以影响其他人的行为或机构的强制力而存在的，这种特性使权力本身具有一种潜在的侵犯性，但“权力，就其本身而论，并不是一个令人愤慨的主题。权力的运用，某些人对别人意志的服从在现代社会是不可避免的，没有它，任何事情都不可能完成……权力可能是社会的罪恶，但也是社会的基础”[⑥]。的确，权力虽然可能导致罪恶，却也是社会所必需的，如果说权力是一种“恶”的话，那也是一种必需的“恶”。

权力有公权力与私权力之分。公权力是一种特殊的权力形式，是近现代社会中，在一定的公共范围内，受公众委托而行使的权力。公权力的存在是需要一定的历史条件的，公权力应该是受公众委托，为公共利益而行使的权力。从程序上看，公权力来自公众的授予，行使权力的目的是为了公共利益；公权力并不等同于国家权力，二者之间形成交叉而非重合的关系。因此，很多非国家机关的主体也是公权力的拥有者和行使者。[⑦]

在公权力的基础上，不少学者提出了社会公权力的概念。社会公权力萌

---

① 伯特兰·罗素. 权力论[M]. 靳建国, 译. 台北: 远流出版事业股份有限公司, 1989: 240.
② 马尔科姆·沃斯特. 现代社会学理论[M]. 杨善华, 等, 译. 北京: 华夏出版社, 2000.
③ 丹尼斯·朗. 权力论[M]. 陆震纶, 郑明哲, 译. 北京: 中国社会科学出版社, 2001: 1.
④ 喻中. 法律文化视野中的权力[M]. 济南: 山东人民出版社, 2004: 41.
⑤ 布莱克韦尔政治学百科全书[M]. 北京: 中国政法大学出版社, 1992: 594-595.
⑥ 约翰·肯尼斯·加尔布雷斯. 权力的分析[M]. 陶远华, 苏世军, 译. 石家庄: 河北人民出版社, 1988: 11.
⑦ 喻中. 法律文化视野中的权力[M]. 济南: 山东人民出版社, 2004: 46.

生于社会自治，与国家公权力相应而生，是国家权力向社会的拓展。[①]有研究者认为，社会权力是非国家以外的组织对资源的分配权力，即社会不仅是人的汇集，也是资源的聚合，是组织体对除国家垄断以外的其他各种物质资源的相对占有，并凭借这种占有与国家形成“势力抗衡”；一系列观念、组织和物质条件导致了各种非国家力量在社会中的整体集结。与此同时，这种资源的广泛、有效集结奠定了组织体对成员的支配、管理基础，并客观形成了所谓的“统治”与“治理”。[②]郭道晖先生认为，社会权力即社会主体以其所拥有的社会资源对社会的支配力。[③]也有研究者认为，自治权力、法律授权的组织行使的权力都是社会公权力。如钟瑞友认为，“社会权力是依托于社会组织（如非营利组织），以社会公共事务为指向的权力，它包括自治权力、对抗权力和参与、合作权力。而其中法律授权的权力和依法授权的权力是社会权力的主要构成”[④]。社会公权力是国家之外的社会组织以“准公共产品”供给为目的，以实现社会利益为宗旨，对组织成员所产生的影响力与支配力。社会公权力的组织包括社会团体、基金会、民办非企业单位、社会中介组织和事业单位、基层群众性自治组织、政党、政协等。[⑤]在功能上，有研究者认为社会公权力是“国家之外的集体力量，这种力量尽管要受国家的影响，但能更多样化地发挥它的调节作用”[⑥]。

由此可见，社会公权力具有以下特点，第一，社会公权力是经法律授权的组织享有一定的对社会资源进行分配的权力；第二，社会公权力与国家公权力不一样，其主体不是国家行政机关，而是社会组织，特别是法律授权的组织和团体等；第三，社会公权力是为社会公共利益服务的权力。具体而言，作为社会公权力组织行使权力目的的社会利益主要包括：公共秩序的和平与安全；经济秩序的健康、安全及效率化；社会资源与机会的合理保存与利用；社会弱者利益（如市场竞争社会中的消费者利益、劳动者利益等）的

① 徐靖. 论法律视域下社会公权力的内涵、构成及价值[J]. 中国法学, 2014 (1) : 80.
② 徐靖. 论法律视域下社会公权力的内涵、构成及价值[J]. 中国法学, 2014 (1) : 85.
③ 郭道晖. 社会权力与公民社会[M]. 南京: 凤凰出版传媒集团, 译林出版社, 2009.
④ 钟瑞友. 转型期社会权力的扩展与公法规制[D]. 北京大学博士学位论文, 2006: 42, 19.
⑤ 徐靖. 论法律视域下社会公权力的内涵、构成及价值[J]. 中国法学, 2014 (1) : 88-90.
⑥ 埃米尔・迪尔凯姆. 自杀论[M]. 冯韵文, 译. 北京: 商务印书馆, 1996: 230.

保护；公共道德的维护；人类朝文明方向发展的条件（如公共教育、卫生事业的发展）；等等。[①]

二、招生权的组成及其特征

在我国，招生权无疑首先是一种权力，而且属于公权力的范畴，它是高校以及相关机构根据法律的规定对考生能否进入高等教育阶段学习的决策权力，是对高等教育这一社会稀缺资源进行分配的权力。在资源有限的情况下，这一权力的存在必然导致部分学生被淘汰，这对考生、家庭乃至整个社会都具有重要的影响。

从我国高校招生权的历史来看，招生权并不必然属于国家公权力，在民国时期就存在由国家和高校共享的招生权。1949年，新成立的中央人民政府未制定有关招生的方针、政策，高校经政府授权单独招生，招生计划、招生条件、报名、考试、录取等，都由各学校自行决定。[②]但从1950年开始，招生权由教育部、大行政区、高校共同享有。根据规定，“高等学校招生由各大行政区分别在适当地点定期实行全部或局部的联合或统一招生，并允许各校自行招生”[③]，从而将招考的权力委托给各大行政区，而华北五省二市仍由教育部负责。[④]从1952年开始，中央成立全国高等学校招生委员会，统一指导和组织招生考试工作，各校的招生名额须报请各大行政区人民政府（军政委员会），教育（文教）部根据全国招生计划（由教育部在通盘考虑全国高等教育的区域布局的基础上制定）审核批准。全国统一命题，统一规定报考条件、考试科目、政治审核标准、健康检查标准、录取新生原则。各地根据统招规定，分别办理报名、考试、政审、体检、评卷、录取等工作。至此，全国普通高校本专科招生统一考试制度开始建立，全国统考开始成为高校招生入学考试的重要形式，而这种由中央负责统一管理、地方执行的招生考试模式也成为很长一段时间内我国招生考试的主要模式。1955年，撤销各

① 孙笑侠. 论法律与社会利益[J]. 中国法学, 1995 (4) : 54.

② 大塚丰. 现代中国高等教育的形成[M]. 黄福涛, 译. 北京: 北京师范大学出版社, 1998: 251.

③ 杨学为. 高考文献 (上) [M]. 北京: 高等教育出版社, 2003: 3.

④ 大塚丰. 现代中国高等教育的形成[M]. 黄福涛, 译. 北京: 北京师范大学出版社, 1998: 255.

大行政区机构，成立中南、西南、西北、东北行政区高等学校招生工作委员会；1958年，撤销大行政区高等学校招生工作委员会，建立各省、市、自治区的招生机构，统一组织领导当地的招生工作，基本形成了主要由省级教育行政机构来进行招生与考试管理具体工作的体制。至此，国家、省、高校共享招生权的模式基本建立。高校招生权以及省级招生委员会招生权反映出国家公权力难以满足高校招生的全部需要。从国家招生权到大行政区、省级招生权反映出国家公权力下放的过程，而从国家招生权到学校招生权则反映出招生权的社会化进程。虽然高校的招生权仍受到诸多限制，但其价值逐渐得到凸显。

从招生的权力来源看，招生权是由法律授予的，保障高校选拔合格新生、维护社会公平的一种权力。其权力来源于国家教育权，但教育权作为一种国家权力，不是自发地生长出来的，它是一种继受性权力，其权力性质是一种受委托的权力，其权力源泉是人民主权和宪法制定权。国家教育权是社会教育权在逻辑发展过程中的一种权能分解，是社会教育权的分解物。[①]《中华人民共和国教育法》第八条规定："教育活动必须符合国家和社会的公共利益。"可以说，招生权本质上属于社会与公众的委托与授予，其目的是保证国家和社会的公共利益的公权力，并突出地表现为维持招生考试领域的公平、公正与正义，实现考生的受教育机会均等，并保证有能力的人实现受教育权。随着社会的发展，国家－社会一体化局面被打破，招生权逐渐被下放。高校被法律赋予了招生自主权，承担了一部分招生权。高校的招生权虽然具有非国家性，但作为一种公权力，它也面临着权力的困扰。"权力的实际行使者不是'天使'，他总是带着利益欲求的现实的个体。人性的弱点与外界的诱惑，使权力的实际掌控者面临着超越正义和道德界线的诱惑。"[②]因此，对国家招生权、省级招生权、高校招生权进行管理、规范和监督尤为必要。

根据《2017年普通高等学校招生工作规定》，招生权的主体及其职责分别如下：

---

① 秦惠民.走入教育法制的深处——论教育权的演变[M].北京：中国人民公安大学出版社，1998：176.

② 唐土红.权力之善如何可能——基于公权与民权均衡关系的分析[J].探索，2013：2.

（1）教育部负责各类高校的招生及全国统考工作，其职责是：①指导全国高校招生工作；②制定有关招生工作的规定；③确定高校招生考试种类，审核各省（区、市）高校招生考试科目设置方案，以及有关招生改革方案；④授权教育部考试中心、有关省级招生委员会和高校组织考试命题工作；⑤指导有关部门（单位）、省级教育行政部门和高校编制招生来源计划，将汇总备案的招生来源计划统一分送各省级招生委员会；⑥履行公开和监督高校公开招生信息相关职责；⑦指导、检查各省（区、市）高校招生工作；⑧组织开展有关招生的科学研究工作，培训有关人员，开展宣传工作；⑨保护考生和招生工作人员的正当权益；⑩组织或督促有关部门调查处理招生工作中发生的重大问题。

（2）省级招生委员会的职责包括：①执行教育部有关高校招生工作的规定，结合本地区实际制定必要的补充规定或实施细则；②接受教育部委托组织统考试题的命制工作；负责本辖区内高考组织、考试环境治理、考试安全维护、考风考纪整肃等工作；组织有关艺术类专业统考、体育类专业统考、高等职业院校对口招生等省级统一考试，并对考试安全负责；③汇总高校在本省（区、市）的分专业招生计划和有关招生章程中的主要内容或高校公布招生章程的网址；④指导、监督高校执行国家招生政策及本校招生章程；⑤履行公开和监督高校公开招生信息的相关职责，对本地区有关教育行政部门、招生考试机构、高级中等教育学校及所属高校的信息公开工作进行考核、评议和责任追究；⑥负责组织考生报名、思想政治品德考核、体检、考试、评卷、考生信息采集及电子档案制作、录取以及其他有关工作；⑦组织开展招生、考试的科学研究、宣传和培训工作；⑧保护考生和招生工作人员的正当权益；⑨受行政部门委托，调查处理或协助有关部门调查处理本地区招生工作中发生的重大问题；⑩负责对违规考生、学校、机构等进行处理，配合公安等相关部门对违法考生、学校、机构等依法开展调查、取证和惩处等工作；⑪根据考生或者其法定监护人的申请，对高校信访答复情况进行复查。

（3）高校的主要职责包括：①执行教育部有关招生工作的规定，以及主管部门和有关省级招生委员会的补充规定或实施细则；②根据国家核准的年度招生规模及有关规定，编制并报送本校分省、分专业招生计划；③制定本校招生章程；④组织开展招生宣传工作；⑤组织实施本校录取工作，负责协调和处理本校录取工作中的有关问题；⑥对录取的新生进行复查；⑦组织本校单独招生考试工作，并对考试安全负责，依据《国家教育考试违规处理办法》对违规考生进行认定、处理，并将违规事实、处理结果报生源所在省级招办；⑧履行高校招生信息公开职责；⑨支持有关招生管理部门完成招生方面的其他工作；⑩根据考生或者其法定监护人的申请，对高校有关招生录取行为进行调查、处理并给予答复。

第二节 高校招生自主权的法律阐释

高校招生自主权不仅是高校招生考试改革的重要内容，也被赋予了高等教育实现自主管理突破口的意义。不少研究者提出，高校最核心的自主权，就是招生自主权和学位授予自主权。但在理论研究与实践中，高校招生自主权往往被简单地定义为自主、自由招生的权力，由此带来种种理论上的冲突与实践中的困惑。因此，有必要专门对此问题进行梳理，厘清高校招生自主权的法律内涵及其性质，进而探讨高校自主权的规制及其相关问题。

一、招生自主权的内涵与范围

对于招生自主权的界定，历来有不同的观点。主要可分为两种：

一种观点认为，招生自主权属于自由权的范围，高校招生的各个方面都应该由高校自主决定、处理，因此高等学校的自主招生权是高校根据自己的办学宗旨、办学目标和自身办学条件，自主确定招生范围、招生标准、招生方式的权力。[①]根据这种观点，有研究者概括总结了招生自主权的范畴，认为招生自主权可以分为三个部分：第一部分是高校规划布局、专业设置及招生人数（或在校人数）；第二部分是高校招生入学考试组织及命题；第三部分是制定录取标准。[②]也有研究者认为，“招生工作的自主权应包括以下几个基本内容：第一，自主决定学校招生计划和来源计划，即学校根据自身的发展规模确定招生总人数以及在不同地区的招生人数；第二，自主决定录取方式，可以通过统考的形式录取，也可以通过单独考试、免试等方式录取；第三，自主决定录取标准，何种水平的考生可以录取以及录取到何种专业由高校自主判定；第四，自主决定收费标准”[③]。这类观点往往从高校的法人地

① 张维平. 高校招生自主权的滥用与规约[J]. 现代教育管理, 2009 (11) : 41.

② 徐瑞英. 试论自主招生模式[J]. 苏州大学学报 (哲学社会科学版) , 1996 (4) :49.

③ 初育国, 等. 论扩大高校招生工作自主权与完善自我约束机制[J]. 中国高教研究, 2002 (9) : 51.

位出发，强调高等学校自批准设立之日起取得法人资格，在民事活动中依法享有民事权利，承担民事责任，因此高校的招生权属于自主管理、高校负责的基本权利。但这种观点过分强调高校的招生权，将高校招生自主权绝对化，并将国家与政府、省级招生委员会的权力与高校的招生自主权对立起来，必然带来实践上的困惑。

另一种观点则认为，高校招生自主权属于国家教育权的组成部分，属于受限制的权力，因此招生自主权是高等学校根据自身的办学条件和社会需求，依照法律赋予的权利，自主对学校的招生规模、专业、录取标准等招生业务行使管理权，同时承担法律所明确规定的责任和义务。①有研究者甚至认为，高等学校的招生自主权仅包括制定招生方案和调节招生比例两个方面。②持这种观点的研究者还认为，高校所拥有的招生自主权是有限的，甚至没有真正意义上的高校自主权，高校必须按照国家规定的录取分数线及录取名额在考生中公平选择，其招生行为在很大程度上代表国家意志，高校的招生权属于国家行政权力的延伸。这种观点强调法律对高校自主权的限制与规范，强调国家、政府与高校之间的管理关系，但将高校招生自主权仅限于制定招生方案和调节招生比例方面的权利，甚至否定高校招生自主权，无疑不符合当前实际。

事实上，我国高校的招生自主权既不像第一种观点所说的那么广泛，也不像第二种观点所认为的那么狭隘。随着“高校负责、招办监督”的招生考试模式逐渐成为社会所认同的基本形式，高校逐步扩大招生自主权已经不是一个能不能的问题，而是如何扩大、如何推进、如何保障的问题。《中华人民共和国教育法》第二十九条规定学校及其他教育机构行使招收学生或者其他受教育者的权利。《中华人民共和国高等教育法》第三十二条到第三十八条有关权利的表述中，都出现了“自主”的字样，表明大学拥有一定自主权，其中第三十二条关于招生自主权的表述为“高等学校根据社会需求、办学条件和国家核定的办学规模，制定招生方案，自主调节系科招生比例”。

但是法律规定的权利往往具有概括性和一般性，各高校可以根据教育部

① 靖国安. 高校招生自主权与教育公平[J]. 武汉科技学院学报, 2005 (5) : 58.

② 许杰. 对高校招生自主权性质的再认识[J]. 中国教师, 2004 (7) : 11.

颁布的普通高等学校招生工作规定以及本校颁布的招生章程来确定具体的自主权限范围，以《2017年普通高等学校招生工作规定》以及一些高校2017年的招生章程为例，可以发现，高校的招生自主权包括以下内容：

（1）高校可在《普通高等学校招生体检工作指导意见》的基础上，根据本校的办学条件和专业培养要求，提出对考生身体健康状况的补充要求。补充要求必须合法、合理，有详细的说明和解释，并在招生章程中向社会公布。

（2）高校可依据《中华人民共和国教育法》《中华人民共和国高等教育法》和教育部有关规定，制定本校的招生章程，经主管部门依据国家有关法律和招生政策规定核定后，向社会公布。一经公布，不得擅自更改。高校依据招生章程开展招生工作。

（3）经教育部批准（或备案）的具有普通高等学历教育招生资格的高校在国家核定的普通高等教育年度招生规模内，可按有关计划编制工作要求和本校的分省、分专业招生计划（即招生来源计划）。

（4）高校经主管部门批准，并经教育部核准备案，可面向部分国家重点建设项目用人单位安排少量定向就业招生计划。

（5）安排跨省（区、市）招生的本科高校，在国家核定的年度招生规模内，可以预留少量计划，用于调节各地统考上线生源。预留计划不得超过本校本科招生计划总数的1%。凡有预留计划的高校，须将预留计划数报主管部门审核，汇总后报教育部备案。

（6）高校和省级招办应按照“学校负责、招办监督”的原则实施新生录取工作。

（7）特殊加分投档与降分投档的考生由高校审查决定是否录取。

（8）高校应集体研究决定本校调整计划的使用，调整计划应安排在生源人数多、质量好的省（区、市）使用。高校负责处理因调整计划使用不当造成的遗留问题，不得降低录取标准指名录取考生。严禁高校利用调整计划指名录取考生或向考生收取与录取挂钩的任何费用。

（9）部分高校有单独招生权、自主选拔录取权，但需按教育部有关规定执行。

通过进一步研究，我们发现这些自主权并不是完全的自主，如对考生身体健康状况的补充要求必须合法、合理，有详细的说明和解释，并在招生章程中向社会公布；招生章程必须经高校的主管部门依据国家有关法律和招生政策规定进行审核备案；招生来源计划、定向就业招生计划必须经教育部批准，预留计划数须报主管部门审核，汇总后报教育部备案，而诸多的招生规则也主要由国家政策确定。

具体而言，在招生考试执行过程中，通过国家政策和省级招办确定的事项包括：

（1）符合加分政策，参加高考并达到有关高校投档要求的，应予以优先录取。

（2）退出部队现役的考生、残疾人民警察、因公牺牲人民警察的子女、一级至四级残疾人民警察的子女报考高校，在与其他考生同等条件下优先录取。

（3）散居在汉族地区的少数民族考生，在与汉族考生同等条件下，优先录取。

（4）经共青团中央青年志愿者守信联合激励系统认定，获得5A级青年志愿者称号的，在与其他考生同等条件下优先录取。

（5）高校定向就业招生计划在该校调档分数线上不能完成的，可在该校调档分数线下20分以内、同批录取控制分数线以上，由省级招办补充投档，高校根据考生定向志愿择优录取；若仍完不成定向就业招生计划，则就地转为非定向计划执行。

（6）各省级招生委员会要根据本地区招生工作的实际，合理安排高校录取批次。高校被安排的录取批次与上一年度有变化的，省级招办应事先与高校协商一致后，再向社会公布。

（7）各省级招生委员会根据高校在本省（区、市）安排的招生计划数和考生的考试成绩，综合考虑并确定各批次录取控制分数线。

（8）各省级招生委员会和高校要结合本省（区、市）和本校的实际情况，科学合理制定投档录取规则，处理好考生成绩与志愿的关系。

（9）省级招办按高校的调档要求向其投放考生电子档案。按照顺序志愿投档的批次，高校调阅考生档案的比例原则上控制在120%以内。按照平行志愿投档的批次，调档比例原则上控制在105%以内。

（10）省级招办负责监督在本地区招生的高校执行国家招生政策、招生计划情况，纠正违反国家招生政策、规定和违背录取规则等行为。

（11）除军事、国防和公共安全等部分特殊院校（专业）外，高校不得规定男女生录取比例。高校不得对报考非外国语言文学类专业的考生作统考外语语种限制。

（12）自主就业的退役士兵，可在其统考成绩总分的基础上增加10分投档；在服役期间荣立二等功以上或被大军区以上单位授予荣誉称号的退役军人，可在其统考成绩总分的基础上增加20分投档。

（13）同时符合有关情形的考生，省级招办投档时只能取最高的一项分值作为考生投档附加分。

自教育部在《关于做好2002年普通高等学校招生工作的通知》中规定“今年招生工作中，高等学校除了要向考生和社会公布招生计划外，还必须同时公布招生章程”以来，招生章程不仅成为高等学校向社会公布招生信息的主要形式，也成为体现高校招生自主权，高校开展招生工作、录取新生的重要依据。一般而言，招生章程的主要内容包括：高校全称、校址（分校、校区等须注明）、办学层次（本科、高职或专科）、办学类型（如普通或成人高校、公办高校或民办高校或独立学院、高等专科学校或高等职业技术学校等）、在有关省（区、市）分专业招生人数及相关说明、专业对外语的要求、经批准的招收男女生比例、身体健康状况要求、录取规则（如有无相关科目成绩或加试要求、对加分或降低分数要求投档及投档成绩相同考生的处理、进档考生的专业安排办法等）、学费标准、颁发学历证书的学校名称及证书种类、联系电话、网址以及其他须知等。

大学招生章程的核心是录取规则。比较北京大学、清华大学、浙江大学、复旦大学、上海交通大学2017年的招生章程，我们可以发现其差异，这种差异正是高校招生自主权的核心内容。但我们同时也会发现，这种差异其实在缩小。由于各省招生模式的改革，以及政策的规定与限制，各高校的招生规则越来越趋同。

表2-1 北京大学、清华大学等五所高校2017年招生章程比较

学校	专业志愿差	单科成绩	加分政策	语言要求	投档成绩相同考生的处理	预留计划
北京大学	原则上在5分以内	应达到及格水平	符合多项增加分数条件，只取其中最高一项分值，且增加分数不得超过20分	外语类专业只招收英语语种考生	无	招生计划总数的1%作为预留计划，主要用于生源质量调控及同分数考生的录取
清华大学	无	应达到及格水平	同上	无	分数相同且当清华大学计划余额不足时，按照各省级招生主管部门确定的排序细则进行录取	无
浙江大学	不设专业间分数级差	无	按各考生所在省（自治区、直辖市）教育主管部门的规定加分投档	非英语语种的考生填报志愿时应慎重	无	不超过招生计划总数的1%作为预留计划，主要用于生源质量调控
复旦大学	专业级差分：1分、1分、1分、0分、0分	无	认可教育部和各省招办根据教育部相关规定给予考生的全国性加分政策。考生加分后投档，并可与我校优惠录取政策叠加。体育特长生高考加分后投档，但所加分值不计入专业录取排序	无	无	招生计划总数的1%作为预留计划，主要用于生源质量调控及同分数考生的录取

续表

学校	专业志愿差	单科成绩	加分政策	语言要求	投档成绩相同考生的处理	预留计划
上海交通大学	不设专业级差	无	原则上认可考生具备的所有加分项目中最高一项加分，且最高不超过20分	无限制，但学生入校后，除卓越工程师学院所属专业，日语、德语、临床医学八年制（法语班）等专业外，全部学习英语	无	招生计划总数的1%作为预留计划，主要用于生源质量调控及同分数考生的录取

综上所述，笔者认为高校招生自主权是高校根据相关法律、法规以及高校招生章程所规定的招生权限，其主要内容包括制定高校招生章程，编制招生来源计划、定向招生计划、预留计划以及自主招生计划，其核心内容是高校制定招生章程、确定招生规则并按照招生章程负责录取。当然，高校在实践中是否拥有自主权，在多大程度上拥有自主权，是一个具体而复杂的问题。这与政府与大学的关系、各省多年形成的高考文化、对监督权的理解等因素密切相关。

二、高校招生自主权的法律性质

作为招生自主权的上位概念，有关高校自主权的法律性质的研究颇多，但关于高校招生自主权法律性质的研究则较少。事实上，高校自主权本身包含的范围广泛，对其进行笼统的讨论反而掩盖了每一项自主权的具体性与特殊性，而招生自主权的法律性质在招生法律实践中已经出现了不同的观点，更值得专门探讨。

1995年发生的我国首例高校招生纠纷案中，北京市西城区人民法院初审判决认为："学生参加高考，录取与否，由学校有关政策决定。"负责终审的北京市第一中级人民法院持同样的观点。[①]2004年的“闵迪诉苏州大学案”中，法院一审认为，“被告苏州大学系普通高等学校，其性质为事业法人。根据教育法的规定，学校招收录取考生的行为是自主管理的行为，不属于行政管理权的范畴。原告闵迪报考苏州大学时，其进入该校受教育的权利尚未形成，最终能否入校接受教育，受苏州大学自主管理权调整，苏州大学是否录取闵迪属学校自主权的范畴。因此，被告依据招生章程确定是否录取原告的行为，不是行政行为，不具有行政法意义上的可诉性，双方由此而产生的争议不属于行政诉讼受案范围”[②]。而在“林群英诉厦门大学案”中，大学被定义为“法律法规授权的组织，高校招生权则被界定为法律授权的组织行使的行政管理职权”。那么，应该如何理解高校招生自主权的法律性质，高校的招生自主权究竟属于自主管理权还是法律授权呢？

一般而言，我国的高校自主权与西方的大学自治有一定的相通性。值得探讨的是，中世纪时大学的自治，其实质是通过特许状的形式确立了大学的基本权利与自由，限制了教会与国王对大学的权力，但与此同时，大学在发展过程中对教会、政府的依赖反而加深了。大学通过特许状获得的种种特权，因为教皇与君主的冲突而获得的特权，随着君主权力的崛起也逐渐丧失，大学的内部生活也遭遇了君主的干预，传统的巴黎大学模式和博洛尼亚大学模式逐渐被各民族国家大学的自治模式所取代。德国的教授治校模式、法国的中央集权与大学自治并列模式以及美国的董事会自治模式都印证了这样的观念：“高等教育自治现在不是，也许从来都不是绝对的。”[③]此外，大学的公私立性质也决定了大学自主权的范围。学者薛涌说，看看美国的例子：高校想要自主权，就要保持私立性质。一旦公立，就不能考虑太多自主权的问题。比如，州立大学如果从州政府拿了大笔财政拨款，那么从招生到学费标准等，都要和州议会商量，哪里能独行其是？即使是私立大学，一旦拿了联邦的钱，自主权也会相应减少，而必须对联邦政府履行义务。[④]在我

---

① 珊珍. 全国首例高校招生纠纷案[J]. 法律与生活, 1997 (1) : 11.

② 高分没录取　考生状告大学行为违规[EB/OL]. http://edu.163.com/06/0118/16/27OV9OS700291N20.html.

③ 约翰·S. 布鲁贝克. 高等教育哲学[M]. 王承绪, 等, 译. 杭州: 浙江教育出版社, 2002: 34.

④ 薛涌. 联考是个好起点[EB/OL]. http://xueyongblog.blog.163.com/blog/static/13252142420101181030096O/.

国，《中华人民共和国高等教育法》虽然规定高等学校自批准设立之日起取得法人资格，高等学校在民事活动中依法享有民事权利，承担民事责任，但作为公立高等学校，即使在民事行为上也不可能，而且也无法实现绝对的自由，只能在法律规定的范围内享有民事权利，承担民事责任。这既与维护公共利益，保证教育的非营利性目的相关，也与公立高等学校本身的创办过程、法律性质密切相联。我国的公立高等学校属于比较特殊的法人，即事业单位法人。作为事业单位的高等学校，一般是由国家举办的，经费来源主要依靠国家财政拨款，高等学校并不享有完全的财产所有权，其财产权一般只包括财产的占有、使用、收益和法律规定的处分权。高校招生自主权作为高校自主权的一部分，绝对不是完全自主的权力。许多学者倾向于把大学自治的有限性归咎于大学对公共资源的依赖，并指出“完全的自治必然要求完全的经费独立，这种程度的独立是根本不可能的”[①]，这种说法从某种程度上反映了公立高校事业单位法人性质的内涵。但更为重要的原因则在于，任何一种权力都应该受到限制，才能有效地维护社会的公平、公正，才能保护公民的合法权益。正因为如此，高校的招生自主权只能是有条件的自主权，只能是有限的自由裁量权。

有研究者认为，招生自主权属于大学固有权利或天然权利。如郑若玲认为，自主招生是高校的“天赋权利”，即使在社会、学生、家长等各方对高校招生的参与程度越来越深的当下，也是如此。扩大高校招生自主权的改革，并不是破旧立新的“换权”，乃是返璞归真的“还权”，是高校自主办学的理性回归。[②]

从历史的角度看，我国高校招生自主权的改革事实上就是按照如何实现“高校负责”的理念和逻辑展开的。1979年，《人民日报》发表了苏步青、李国豪等知名人士呼吁给高等学校一点自主权的文章，希望教育部下放部分高校管理权，其中关于招生自主权只是提到了招收多少学生、研究生招生的权利问题。[③]1986年，普通高校招生考试第一批录取的学校试行“学校负责、

① 约翰·S. 布鲁贝克. 高等教育哲学[M]. 王承绪，等，译. 杭州:浙江教育出版社，2002: 34.

② 郑若玲. 自主招生改革何去何从[J]. 华中师范大学学报（人文社会科学版），2010（4）: 138.

③ 蒋后强. 高等学校自主权概念研究[J]. 西南大学学报（社会科学版），2007（4）: 117.

招办监督”的录取体制，即在第一批录取学校控制分数线以上，调阅考生档案数由学校决定，录取与否由学校自行决定，遗留问题由学校负责处理，省、自治区、直辖市招生委员会办公室实行必要的监督。第二批录取的学校实行“根据志愿，按比例投档”的录取方法，在政治思想品德考核和身体健康状况检查合格、统考成绩达到最低控制分数线的考生中，根据志愿，从高分到低分，按学校计划招生数的120%提供档案，由学校对学生的德、智、体进行全面考核，择优录取。[①]1987年出台的《关于扩大普通高等学校录取新生工作权限的规定》提出实行“学校负责、招办监督”的录取体制，并以《普通高等学校招生暂行条例》的形式固定下来。其后的改革，高校招生自主权的权限范围虽然有所微调，但实质并没有发生根本改变。从招生自主权的发展历程来看，在初期的改革中，政府主动还权的痕迹明显，把大学应有权利还给大学，让大学自主办学的思想伴随着对“全能政府”的反思逐渐确立下来。

但随后的政策与法律进程则表明，高校自主权属于法律授权，应通过法律的方式确定大学与政府之间的法律关系及其界限范围。招生自主权属于天然权利这种观念的背后，隐含着对政府授权的担忧，如果自主权属于转让的权利而不是自然的权利，则必然面临被随意收回的风险。强调高校的自主权属于天然权利而不是政府授权的真实目的在于，确定政府不能因为高校在行使自主权过程中的“失范”而减少甚至收回相关的自主权。[②]但高校招生自主权的范围并不是一个简单法律规定或者政府授权的问题，而是一个社会认同的问题。高校在多大范围、多大程度上获得招生自主权与如何行使招生自主权是相互关联的问题，即高校招生自主权行使得好，得到社会的认同，则有可能在更大的范围内获得更多的自主权；相反，如果自主权行使得不好，得不到社会的认同，则自主权的范围也可能相应萎缩。一个很明显的例子就是招生预留计划的变动。1992年出台的《关于国家教委直属高校深化改革，扩大办学自主权的若干意见》明文规定了高校拥有5%的自主招生“机动指标”，但这一政策出台以来，国家教育主管部门多次修正“机动指标”比

① 杨学为. 高考文献(下)[M]. 北京: 高等教育出版社, 2003: 243.

② 许杰. 对高校招生自主权性质的再认识[J]. 中国教师, 2004(7): 13.

例，总体比例呈下降趋势，2004年规定本科预留计划不得超过本校本科招生计划总数的3%，到2010年缩小到1%。

总之，高校招生自主权本质是在分权基础上，为实现高校选拔人才而拥有的有限的自由裁量权，既属于教育行政职权的组成部分，同时在经法律授权后，又获得一定的自主性。高校招生自主权的性质决定了高校的招生行为并不是简单的自主行为，也不完全是高校自身的意思表达，而是大学与政府、社会关系的集中反映。

三、高校自主招生权的异化与规制

如何对高校招生权进行有效的监督与约束，维护招生领域的公平与公正，不仅是高校招生自主权能否真正实现与进一步扩大的关键，也是实现普通高校招生考试法治的重要方面。事实上，高校招生领域出现的权力异化、权力腐败等问题，已经引发了社会对高校招生自主权公平性的质疑与不满。具体表现为：招生权私有化，把招生权当作个人财产支配，作为个人谋私利的机会；招生权商品化，即把招生权异化为私人商品，当作私人交易中的筹码；招生权庸俗化，即利用招生权大搞任人唯亲、拉帮结派，编织裙带关系，非法为家属、子女、亲戚、朋友等谋取私利。[①]这种权力的滥用不仅削弱了社会对招生考试制度的信任度，损害了普通群众的合法权益，破坏了社会公平，也使高校难以获得社会的信任，使高校的法律地位和招生自主权难以真正实现。

约翰·爱默里克·爱德华·达尔伯格-阿克顿（John Emerich Edward Dalberg-Acton）曾指出：权力导致腐败，绝对权力导致绝对腐败。[②]招生自主权的初衷在于维护大学的特色与发展，当自治的权力逐渐成为个人的特权时，大学自身发展的动力也将逐渐消失。一方面，招生权与公众利益相关联，权力的公共性要求其行使者必须运用手中掌握的权力维持社会的公平与公正，保证真正有能力的人获得接受高等教育的机会；另一方面，招生权又同具体行使者的个人利益和其所属集团的利益相联系，这就使一个被授予招

① 覃红霞. 高校招生考试法治研究[M]. 武汉: 华中师范大学出版社,2007: 140.
② 阿克顿. 自由与权力[M]. 侯健, 等, 译. 北京: 商务印书馆, 2001: 342.

生权的团体或个人，总是面临着滥用权力、谋取私利的诱惑，埃德加·博登海默（Edgar Bodenheimer）称之为“附着在权力上的咒语——它是不可抵抗的”[①]。正因为如此，加强对权力的制约与监督是普遍的现象。在招生过程中，把对招生权的制约寄托在个人的道德感和德行上已经使高校遭遇了信任危机，“把管束和限制本身就有着扩张倾向且对道德有着腐蚀性的权力诉诸个人的道德自律，未免过于天真；把事关人民地位和公民权益保障的问题诉诸可以伪装又会发生变化的个人德性，更是过于冒险”[②]。

招生权的内在特质要求对招生权的规制必然是刚性而具体的，体现在以下三个方面。

首先，细化相关法律法规以及招生章程，并增强可操作性。可操作性是法律法规的基本要求，不具有可操作性的法规难以从“文本上的法律”转变为“行动中的法律”。许多立法文件在赋予某一主体一定的管理职权时，对于该主体应在多大范围内行使该项职权以及应该按照什么样的程序行使职权等更具体的问题缺乏相应的具体规定。从高校在招生中的作用来看，高校在120%或105%的投档范围内，有权决定录取与否，地方行政部门只履行监督的职责，但对于如何监督，却缺乏有效的规定。对于招生遗留问题，相关规章规定有关省级招办和高校应通过协商妥善解决，但对如何协商解决、解决的标准如何、如果无法达到解决的目标、后续的行为应该如何进行等没有具体规定。同样，从高校招生章程的内容来看，其主要围绕着教育部相关管理规定进行规范，但表述仍充满了模糊性，如“专业志愿差原则上在5分以内”，“参考相关科目成绩”，对如何设置专业级差的区间、参考哪些科目成绩、其顺序如何等缺乏明确的规定。而且对在招生实践中可能遇到的特殊性问题往往采取回避态度，这也使得招生考试实践面临具体的问题时缺乏有效的处理依据。鉴于此，针对招生考试中的具体问题，应该制定更加具体的规则，特别是高校章程。高校应该进一步细化招生规则，并针对后续行为进行

① 埃德加·博登海默. 法理学——法律哲学与法律方法[M]. 邓正来, 译. 北京: 中国政法大学出版社, 2004: 376.

② 萧雪慧. 不可回避的权力制衡[A]. 董郁玉, 施滨海. 中国政治——面向新体制选择的时代[C]. 北京: 今日中国出版社,1998: 69.

专门的规定，从而保证高校招生自主权的进一步明确化和执行的可能性。加强招生考试过程中的法律、法规与制度建设，使高校招生有法可依、有法必依、执法必严、违法必究，是当前加强招生考试法治的重要步骤。

其次，坚持信息公开，加强社会监督。从某种程度而言，招生自主权是自由裁量权，即在一定法律范围内的自主决定权。为符合高校的办学宗旨与办学特色，为高校保留一定的自由裁量空间至关重要。但为使法治在社会中得到维护，行政自由裁量权必须受到合理的限制，其中的重要措施就是通过法规或行政规则预先规定实现行政目的的方式方法，将该机构的典型运作方式公之于众。[①]对信息公开制度，相关招生规章有专门的规定，主要集中在招生政策、高校招生资格、考生报考资格、招生计划、录取信息、考生咨询及申诉渠道、重大违规事件及处理结果等相关信息方面。信息要在公众熟知的媒体上提前、定期、周期性公开，便于每一个利益相关者查询到相关信息，以接受公众的广泛监督。也有人提出，个人信息属于个人隐私，高校或招办都无权公开，并借由“对属于考生个人信息及有关录取过程中需要保密的工作内容，任何单位和个人不得擅自公开”的规定，拒绝公开信息。隐私权一般是指自然人享有的对自己的个人秘密和个人私生活进行支配并排除他人干涉的一种人格权。[②]因此，考生对自己的个人信息有权要求保密，有权禁止他人非法公布和利用其个人信息。但个人隐私权主要是针对个人利益而言，也就是说，这种个人利益在不影响其他利益与社会公众利益的前提下存在。对于通过特殊途径录取的考生，其相关个人信息、资格取得的过程以及录取过程都应该在一定范围内公开，接受利益相关者以及社会的监督。当然，为了避免知情权的滥用，相关法律应该明确规定哪些属于不得公开的个人信息与需要保密的内容，哪些是应该公开的信息，并在法律允许的范围内逐渐加大信息公开的力度，以加强社会监督，维护招生考试的公平、公正与公开性。

最后，明确招生自主权司法审查的范围，赋予考生相应的权利。有权利

① 埃德加·博登海默. 法理学——法律哲学与法律方法[M]. 邓正来, 译. 北京: 中国政法大学出版社, 2004: 385-386.

② 魏振瀛. 民法[M]. 北京: 北京大学出版社, 高等教育出版社, 2000: 611.

必有救济，没有无权利的救济，也没有无救济的权利。司法救济是权利救济中最有效、最常用的救济途径，但对于考生权利的司法救济却存在着种种非议与实践上的困难。有人认为："即使招生工作中可能出现了失误，是否要承担法律责任也是个问题，把对招生的不满放到诉讼程序去解决是不妥的。"[①]自治理论认为学校的招生权力并不来自法律、法规的授权，而是属于学校自身享有的"自治权"，因此高校的招生权不属于司法审查的范围，高校根据自身发展或专业的要求选择合适的学生是高校发展的应有之意，也是法律赋予高校的职权所在，为自由裁量权留出相当的余地是至关重要的。笔者认为，招生权本身涉及公民基本权利——受教育权，因此司法审查的介入十分必要。"无论赋予该机构的非限制性的自由裁量权有多大，一般来讲，一旦这种自由裁量权被肆意滥用，受这种行为侵损的个人就应当具有某种方式以求助于公正的法庭。我们不能把治理效率本身视为一个终极的目的，而应当把实现保护人权的适当措施视为开明进步的行政司法的一个基本条件。"[②]笔者认为这种观点为我们理解司法审查招生权力的运行提供了有利的参考，我们需要在考生的受教育权与高校的招生自主权之间取得适当的平衡，以寻找司法审查与招生自主权的界线。

---

① 珊珍. 全国首例高校招生纠纷案[J]. 法律与生活, 1997 (1) : 11.

② 埃德加・博登海默. 法理学——法律哲学与法律方法[M]. 邓正来, 译. 北京: 中国政法大学出版社, 2004: 385-386.

第三章

高考与受教育权

权力作为一种国家强制力，主要用来管理社会、保护权利，但滥用权力往往会对权利构成侵犯。一般认为国家生活和社会生活中所发生的引起人们关注的一个个事件，一定是权利之间、权力之间、权力与权利之间的冲突与较量。在高考中，受教育权处于相对弱势的地位，往往成为权力侵害的对象，直接影响到考生受教育权的实现。但关于受教育权的研究还远远没有充分开展起来，高考领域的受教育权值得关注。

第一节
高考与受教育权

《中华人民共和国宪法》第四十六条规定：“中华人民共和国公民有受教育的权利和义务。”受教育权作为宪法规定的公民基本权利，一直是学界关注的基本问题。但对于受教育权的基本内涵与性质，学界却缺乏共识，对于高考领域的受教育权及其性质研究更少。

一、受教育权

“受教育权”一词作为法律术语由来已久，但至今仍没有形成统一的表述。从公民权、生存权或社会权、学习权、发展权等角度来定义受教育权的概念很多。如：日本学者中村睦男认为，受教育权的保障具有主权者教育的意义，受教育权是为了使国民具有一定的政治能力，从而稳固民主政治；[①]英国学者道格拉斯·赫德逊（Douglas Hodgson）从公民权的角度论证受教育权，认为“适当的教育是公民更理性地行使政治权利与自由的前提”，“受过良好教育的公民也许是保持民主结构与理念的前提条件”；[②]兼子仁主张，受教育权是“日本宪法第25条所规定的‘维持文化性的生活的权利’之具体化，或者是‘充实生存权的文化性内容之手段’”[③]；等等。

受教育权有着丰富的内涵。由于各国历史文化传统不同，所信奉的理念不同，即使法律确认同一项权利，即便用相同的词汇，其内涵、范围、意义也可能大异其趣。就各国的宪法制度而言，有些国家确定受教育权利，突出公民对国家的要求权；有些国家则确定受教育自由，突出公民选择何种教育方式及内容的自主性，避免国家的过多干涉。学理上，以文化权利界定受教

① 芦部信喜.宪法III人权(2)[M].东京:有斐阁出版社,1981:381.

② Douglas Hodgson. The Human Right to Education[M]. Dartmouth: Dartmouth Publishing Company Limited, 1998: 18.

③ 大须贺明.生存权论[M].林浩,译.北京:法律出版社,2001:155.

育权，强调的是公民在宪法上所享有的权利；而受益权意义上的受教育权，则强调国家之于公民受教育权所承担的义务。在国际人权法、美洲人权法以及非洲人权法中，受教育权是作为一项社会权利被确认下来的；而在欧洲人权法中，受教育权则属于公民权利和政治权利范畴，倡导教育自由，不主张国家对教育的积极介入。①

在我国，对受教育权的界定也是多种多样的。主要有六种观点：

第一种，强调从受教育者享有权利的具体途径和权利内容来界定受教育权，如“受教育权，指公民达到一定年龄并具备接受教育的能力时，有通过各种教育设施和途径学习科学文化知识的权利”②，“公民的受教育权是指公民享有的在各类学校、各种教育机构或者通过其他途径学得文化科学知识，提高自己的科学文化业务水平的权利”③。

第二种，从公民与国家权利义务关系的角度来界定受教育权，如《教育大辞典》中对受教育权的表述为，“受教育权是由法律规定，公民为接受教育，要求国家做出一定行为的权利，即公民从国家那里获得均等的受教育条件和机会的权利，是公民基本权利之一”；秦惠民教授认为，“现代社会的受教育权，是指公民作为权利主体，依照法律规定，为接受教育而要求国家依法做出一定行为或履行一定义务的权利”④；受教育权是指“公民有从国家获得接受教育的机会以及获得接受教育的物质帮助的权利和自由选择教育方式及场所的权利，而国家负有保障这些权利实现的义务”⑤。

第三种，强调受教育权是一种公民权，如劳凯声教授认为“在法学理论中，尽管对权利的分类和表述存在不同的看法和做法，但受教育权都属于公民的基本人权这一范畴，是公民为自身利益，要求国家一定行为的权利”⑥；“对于个人来说，受教育是国家和社会应当保障的公民的基本权

① 温辉. 受教育权入宪研究[M]. 北京: 北京大学出版社, 2003: 27.

② 李兴琼, 等. 对高校学生受教育权利保障和实现问题的思考[J]. 广西工学院学报, 2003(增刊): 78-79.

③ 李步云. 宪法比较研究[M]. 北京: 法律出版社, 1998: 541.

④ 秦惠民. 走入教育法制的深处——论教育权的演变[M]. 北京:中国人民公安大学出版社, 1998: 1991.

⑤ 王国聚. 我国公民受教育权的宪法保障[J]. 现代教育管理, 2010(1): 54.

⑥ 劳凯声. 教育法论[M]. 南京: 江苏教育出版社, 1993: 92.

利”[①]；“广义的受教育权概念，泛指公民在教育事务上所享有的各种权利，包括受教育的权利、教的权利、父母选择教育的自由和公民建立教育机构的自由。而狭义的受教育权，则专指公民接受教育的权利”[②]；张维平教授认为“我国公民的受教育权是指公民依法享有接受文化知识教育、劳动技能教育和其他方面教育的权利”[③]。

第四种，强调受教育权是一种学习权。陈恩伦认为，“受教育权是作为学习自由权的补充物出现的，只是学习权的表现形式之一”[④]。

第五种，强调受教育权是一种宪法保护的权利。如解立军认为，“受教育权是公民的一项宪法性权利，是一个泛指的概念，其基本内涵应当是指公民在依照国家教育制度举办的学校及其他教育机构就学的权利。因此，侵害公民的受教育权是和公民当时面临的具体就学机会联系在一起的，指公民到教育机构就学的机会和权利被剥夺的情况或者设置不平等条件使公民在相同的就学机会上受到不平等待遇的情形”[⑤]。

第六种，从国际人权法的视角来界定受教育权的内涵。如“国际法中的受教育权是指个人或自然人依据国际法所享有的并由国家保障实行的接受教育的权利。这亦系对受教育权的权利主体、权利来源、权利内容及权利实现方式等本质属性抽象而来”[⑥]。

还有人试图综合各种观点，来解释受教育权。如龚向和认为，“所谓受教育权，是指公民依法享有的要求国家积极提供均等的受教育条件和机会，通过学习来发展其个性、才智和身心能力，以获得平等的生存和发展机会的基本权利”[⑦]。

总的来看，现在学界对受教育权的解释可以从两个方面来认识：一方面，公民通过受教育权完善其人格及生存能力，获得应有的发展；另一方

① 谢鹏程 . 公民的基本权利[M]. 北京: 中国社会科学出版社, 1999: 14.
② 申素平 . 受教育权的理论内涵与现实[J]. 中国高教研究, 2008 (4) :14.
③ 张维平 . 教育法学基础[M]. 沈阳: 辽宁大学出版社, 1994: 236.
④ 陈恩伦 . 论学习权[D]. 西南师范大学博士学位论文, 2003.
⑤ 解立军 . 学校法律顾问[M]. 北京: 开明出版社, 2003: 32.
⑥ 杨成铭 . 人权法学[M]. 北京: 中国方正出版社 . 2004: 289.
⑦ 龚向和 . 受教育权论[M]. 北京: 中国人民公安大学出版社, 2004: 29.

面，国家必须为公民的受教育权的实现提供均等的受教育机会与条件。[①]受教育权具有自由权和社会权两种权利的特性。受教育权在历史发展过程中，首先被认可为自由权。当福利国家思想出现后，受教育权又具有了社会权的特质，成为具有复合特性的基本权利。但对于受教育权是公民基本权利的表达，学界有不同的观点。郭道晖先生认为基本权利的特征（相对于非基本权利）在于：基本权利是相互依存、不可分割的，有其一不能无其二；基本权利是不可转让、不可偏废的，是其他权利的本原和基础；基本权利具有稳定性、永久性，又是发展的。基本权利决定着公民在国家中的法律地位，是公民在社会生活中必需的权利，具有母体性、稳定性和排他性。[②]有研究者认为，目前学界对基本权利的认识并不清晰，甚至“基本权利”这一提法本身也不能满足宪法学研究的需要，造成了基本权利的理论研究和宪法实践上的争议和困难。[③]简单地将受教育权作为宪法权利或宪法基本权利的观点是值得商榷的。宪法权利，通常被称作基本人权或基本权利，但宪法权利与人权、基本权利等概念有着一定的区别。[④]有研究者认为，在权利内容层面，宪法权利虽然是基本权利与非基本权利的综合体，但基本权利一般包括平等身份权、生存条件权与平等机会权，而非基本权利包括政治参与权、政治表达权、政治结社权、自由选择权与受教育权。[⑤]

笔者认为，笼统地去把握受教育权的含义，固然有利于对受教育权本质的概括，但受教育权本身是一个复杂的概念，它不仅包括义务教育阶段的受教育权，也包括非义务教育阶段的受教育权；不仅包括各级学校教育的受教育权，也包括各级学校之间衔接阶段的受教育权；不仅包括学校教育阶段的受教育权，也包括非学校教育阶段的受教育权；不仅包括宪法意义上的权利，还表现为其他意义上的权利，如行政法和民法意义上的权利。不同层次、不同形式、不同意义的受教育权，其内涵是不同的，性质也有一定的区别，受教育权的权利主体和义务主体也可能不一样，其保护的方式也应当不

---

① 龚向和. 受教育权论[M]. 北京: 中国人民公安大学出版社, 2004: 29.

② 周叶中. 宪法[M]. 北京: 高等教育出版社、北京大学出版社, 2000: 251-252.

③ 夏正林. 从基本权利到宪法权利[J]. 法学研究, 2007 (6) : 129.

④ 朱全宝. 宪法权利“新”辨[J]. 法学论坛，2013 (4) : 128.

⑤ 韩秀义. 中国宪法权利“新”类型的划分、解释与应用[J]. 现代法学, 2012 (6) : 24-25.

一样。目前，学术界对受教育权的概念界定、本质等方面的争论，主要原因是模糊了不同层次、不同形式、不同意义的受教育权，未对受教育权进行区分。用一般意义上的受教育权概念去理解其他层次的受教育权，可能导致理解上的偏差，而用义务教育阶段的受教育权内涵去理解其他阶段的受教育权，则可能导致误解。正因为如此，专门研究与讨论高校招生考试领域的受教育权，不仅有利于加深对受教育权本质的认识，也有利于拓展对招生考试领域的受教育权的认识。

二、受教育权与高考的关系

受教育权作为一项社会权利，需要国家的积极作为以保障权利的实现。1948年联合国制定的《世界人权宣言》第26条提出："人人都有受教育的权利。"1960年联合国教育科学及文化组织大会通过的《取缔教育歧视国际公约》规定，禁止任何形式的教育歧视，促进人人在教育上的机会平等和待遇平等。1966年联合国制定的《经济、社会、文化权利国际公约》对受教育权作了更详细的规定，"每一个缔约国尽最大努力独自采取步骤或经由国际援助和合作……逐渐使本公约中所承认的权利充分实现"，其中包括在高等教育方面要"逐步引进免费教育"。《公民权利和政治权利国际公约》中要求每一个缔约国尊重和保证公约所提出的权利，各缔约国要采取"必要步骤，以保障为实施本公约所提出的权利所需的立法和其他措施"。作为一项宪法权利，受教育权的社会权属性已经得到了认可，而自由权的属性还存在争议。

社会主义国家的宪法力图进行社会整体性重构，诸多经济性基本权利、社会性基本权利被吸收在经济制度、社会制度的整体建构中，并出现在总纲的规定中；与此同时，总纲中的诸多经济制度条款、社会制度条款也由此天然地包含着所对应的基本权利的规范内涵。[①]作为社会权存在的受教育权，要求国家制定相关法律促成公民受教育权更好地实现。《中华人民共和国宪法》第十九条规定："国家发展社会主义的教育事业，提高全国人民的科学文化水平。国家举办各种学校，普及初等义务教育，发展中等教育、职业教育和高等教育，并且发展学前教育。国家发展各种教育设施，扫除文盲，对

---

① 郑磊. 基本权利依据的选择范围与标准[J]. 浙江社会科学, 2014 (12) : 75.

工人、农民、国家工作人员和其他劳动者进行政治、文化、科学、技术、业务的教育，鼓励自学成才。国家鼓励集体经济组织、国家企业事业组织和其他社会力量依照法律规定举办各种教育事业。”这里使用“国家发展”“国家鼓励”，宣告国家有必要创造和维持有利于公民受教育权这一基本权利实现的条件，意味着基本权利构成一切国家机关行为的准则，所有国家机关的活动都受到基本权利的约束；同时，国家机关对何时及如何促进基本权利实现拥有广泛的裁量权，公民无直接请求国家为特定行为的权利。①以人权或自然权利作为哲学基础的自由权，要求国家不得制定侵犯公民权利的法律，否则，这些法律就可能违宪。从保护受教育权的角度看，受教育权也可以作为自由权而存在。②《中华人民共和国宪法》第四十六条规定“中华人民共和国公民有受教育的权利和义务”，但这里的受教育权利只是一般意义上的公民权利。2004年3月，我国首次将“国家尊重和保障人权”正式写入了宪法修正案的第二十四条，使尊重和保障人权成为国家的理念和价值，这无疑为公民受教育权作为人权提供了宪法依据。③

从世界范围来看，在高等教育领域实现免费教育还有一个漫长的发展过程。通过考试，选拔录取有能力接受高等教育的精英曾经是世界高等教育的主流。联合国《世界人权宣言》这样写道：“高等教育的入学，应当根据才能对所有人完全平等地开放。”即使在高等教育进入大众化阶段的今天，同样需要通过选拔考试来招收大学所需要的优秀人才。1986年发布的《普通高等学校招生暂行条例》第一条就明确指出：为“选拔适合高等学校培养要求的优秀新生”而“制定本条例”。④也就是说，高等学校只选拔优秀的高中毕业生准入。尽管从1999年开始，我国高校进行了大规模扩招，到2002年，我国高校在校生数达到1512.62万⑤，毛入学率达到了15%，高等教育进入了

① 郑春燕. 基本权利的功能体系与行政法治的进路[J]. 法学研究, 2015 (5) : 32.

② 王国聚. 我国公民受教育权的宪法保障[J]. 现代教育管理, 2010 (1) : 54.

③ 尹力. 学习权保障: 学习型社会教育法律与政策的价值基础[J]. 北京师范大学学报 (社会科学版), 2010 (3) : 73.

④ 普通高等学校招生暂行条例 (1986-12-16) . 教育法律手册[M]. 北京: 法律出版社, 2001: 227.

⑤ 未包括我国香港特别行政区、澳门特别行政区、台湾省数据，本书中数据如未特别注明，均不包含香港、澳门、台湾的数据，下不另注。

大众化阶段；2004年，高校招生数达到了420万，比2003年又增长了10%；2017年，高校招生数高达653万，高等教育毛入学率接近45%。然而，能够进入大学，特别是一流大学学习的学生事实上仍然只占同龄人的小部分，仍然需要通过招生考试筛选。这意味着能够接受高等教育的人数是有限的，国家和社会只能够提供一定的机会，还需要通过选拔来实现部分人的受教育权。事实上，即使国家通过不断发展高等教育等途径，保证所有的公民都可以接受高等教育，大学仍需通过招生考试鉴别和挑选适合的学生，特别是一流大学，其招生考试仍然会是激烈的竞争性考试。也就是说，即使每个人都可以实现受教育权，但每个人能够接受的教育仍然有很大的区别，或者说，每个人实现的受教育权程度是不一样的。由此可见，招生考试作为高中教育与高等教育之间的连接点，不仅是高中教育的终点，也是高等教育的起点；不仅是公民实现受教育权的途径，本身也构成了受教育权的一部分；不仅关系着受教育权的实现，也关系着受教育权实现的程度。

第二节
高考领域受教育权的法律阐释

受教育权研究是伴随着法学界关于“权利与义务是法学理论中最基本、最核心的要素”这一论断的确认展开的，并且取得了丰硕的成果，但高考领域的受教育权研究相对较少。高考领域的受教育权与其他领域的受教育权有一定差别，它主要体现为平等的机会权，其内涵与特点值得关注。

一、高考领域的受教育权

高考领域的受教育权，不同于义务教育阶段的受教育权，不同于学校教育内部的受教育权，与高等教育领域的受教育权也有一定的区别。

根据受教育权的内容，有研究者认为公民受教育权包括受义务教育权、平等受教育权、终身受教育权和恰当受教育权。[①]义务教育阶段，受教育权既是受教育者的权利，也是受教育者的义务，换言之，接受义务教育是公民不可放弃的权利。高等教育阶段，受教育权更多指向平等受教育权。《中华人民共和国高等教育法》第九条规定：“公民依法享有接受高等教育的权利。”可见，公民在高等教育领域的受教育权必须依法享有，而不是国家保障所有人都享有平等的高等教育受教育权。招生考试领域的受教育权属于受教育机会平等权。平等权与受教育权的联系十分紧密。有研究者认为，“平等权在整个宪法基本权利体系中具有一定的超越地位，是一种原理（原则性）的、概括性的基本权利”[②]。《中华人民共和国教育法》规定：“受教育者在入学、升学、就业等方面依法享有平等权利。”在我国招生考试领域，受教育权本身就是以平等权为基础的，体现了平等权的基本原则与思想，而平等权则包含了受教育权的内容。平等受教育权是一项融合了平等权与受教

① 徐继敏．受教育权辨析[A]．郑贤君．公民受教育权的法律保护[C]．北京：人民法院出版社，2004：64．
② 许崇德．宪法[M]．北京：中国人民大学出版社，1999：153-154．

育权的复合性权利，它兼具受教育权和平等权的特征，既有受教育权对平等价值的追求，又有平等权对受教育这一领域的涵盖，是受教育的平等权或平等权的受教育分支。[①]形式平等难以解决弱势群体的受教育问题，有必要对弱势群体给予适当的补偿，补偿的方式与形式是值得探讨的问题。“法律可以规定有各种特权，但是却绝不能指名道姓地把特权赋予某一个人。”[②]同样，法律简单地按照类群进行特殊照顾，往往会造成对另一类群体的“逆向歧视”。法律如何科学而有针对性地制定特殊照顾政策是值得慎重考虑的问题，在教育中也是如此。

根据受教育权的产生、发展的时间顺序，有研究者将受教育权划分为三个阶段的“子权利”，即开始阶段的“学习机会权”、过程阶段的“学习条件权”和结束阶段的“学习成功权”。招生考试领域的受教育权属于学习机会权[③]。学习机会权根据其表现形式，又可以派生出入学升学机会权、受教育选择权和学生身份权，高校招生考试领域的受教育权主要体现为非义务教育阶段的升学机会权与选择权。事实上，无论是平等受教育权还是学习机会权，两者的内涵是同一的，强调的都是在招生考试领域，国家和社会提供的是形式上的学习机会平等权，即提供平等的参加考试、参与录取的机会，但最终谁能实现其受教育权，需要按其能力、志愿以及国家、社会、学校的意愿来调节。“机会”是参加某种活动的权利。[④]在大部分场合，“有机会”等值于“可以做某事或参加某种活动”，而“可以做某事”意味着一种权利，“有机会”相当于“获得参加某种活动的权利”。机会平等，就是社会赋予的参加某种活动的权利平等。约翰·罗尔斯（John Rawls）认为，机会平等意味着由一系列的机构来保证具有类似动机的人都有受教育和培养的类似机会，保证在与相关的义务和任务相联系的品质和努力的基础上各种职务和地

① 湛中乐.受教育平等权保护的行政法思考——以随迁子女的义务教育为例[A].劳凯声.中国教育法制评论(第十一辑)[C].北京:教育科学出版社,2013:84-105.

② 卢梭.社会契约论[M].何兆武,译.北京:商务印书馆,2002:50.

③ 学习机会权是指受教育者有权通过学习获得生存与发展能力的可能性空间和余地,是接受任何等级教育的起点、资格和身份。没有这个起点、资格和身份,就没有受教育的可能性。参见:龚向和.受教育权论[M].北京:中国人民公安大学出版社,2004:38.

④ 徐梦秋.公平的类别与公平中的比例[J].中国社会科学,2001(1):36.

位对所有人都开放。[①]有学者甚至认为，机会平等是现代法治的一个重要原则。[②]招生考试领域的受教育平等其实就是一种形式的机会平等。由于人们在自然人的、社会的和其他方面的情况不可能完全一致，教育需要给予每个人平等的机会。平等只要保证在起跑线上的个人的机会均等就可以了，并不意味着个人由于能力和努力而获取的成果也要均一化。要保障自由，让个人把个性和能力充分发挥出来。这种必要的平等，说到底还是只要能保障社会构造中的形式上机会均等就可以了，不能在实质上介入其中。[③]高考正是提供了一个机会和途径，让主体能够通过公平的竞争来实现高等教育受教育权，但究竟谁能实现或者谁能更好地实现这一权利则需要依靠自己的能力。

“权利决不能超出社会的经济结构以及由经济结构制约的社会的文化发展。”[④]能够参与这种竞争的主体，是一个不断扩大和发展的过程。“几乎所有的西方国家在发展早期，公民权利都是具有许多限制性条件的，这些条件一般为年龄、性别、财产、受教育程度、居住期限等。至今，公民权利的限制条件还是存在的，只是数量大大减少了。”[⑤]招生考试领域的受教育权主体是符合招生考试法规定的公民。对进入高等教育的学生进行一定的资格限制是相当长一段时间内世界各国的通例。

在我国，中华人民共和国成立后，由于社会政治、经济、教育发展水平等的影响，高等教育对学生的家庭出身、年龄以及婚姻状况都曾有一定的限制。但随着我国高等教育逐渐从精英教育向大众教育过渡，这种限制也在逐步取消。例如，《普通高校招生暂行条例》中原有的“专业学校、技工学校的在校生和应届毕业生不得报名”的限制，随着高等职业教育的发展，在《2000年普通高等学校招生工作规定》中被取消，并规定“符合条件的应届中等职业教育（中等专业学校、技工学校、职业高中）毕业生，可报考高等职业教育”；《普通高校招生暂行条例》中规定的“上一年已被普通高等学校录取而不报到的考生不得报名”的规定也随着对学生受教育的选择权的尊重

① 约翰·罗尔斯. 正义论[M]. 北京: 中国社会科学出版社, 1988: 268—269.
② 王端起. 论现代法治的一个重要原则——机会平等[J]. 中央政法管理干部学院学报, 1998 (5) : 1.
③ 大须贺明. 生存权论[M]. 林浩, 译. 北京: 法律出版社, 2001: 33.
④ 中央编译局. 马克思恩格斯文集 (第 3 卷) [M]. 北京: 人民出版社, 2009: 435.
⑤ 欧爱民. 立宪主义语境下对我国宪法权利属性的考问[J]. 法学评论, 2006 (2) : 13.

被取消。从2001年起，高考取消了原有的年龄限制（25岁以下）和婚否限制（未婚），允许各个年龄阶段的人自由报名参加高考。可见，即使是机会平等，也存在一个发展的过程，它是随着社会的进步、民主思想的普及以及个人权利意识的觉醒而逐渐发展起来的。"法律和政治平等，还有利用机会的平等，就是带有这种意义的形式上的平等。称其为形式上的，并不是说它们在面临平等的特权时就会丢下我们不管，或者说我们所享有的平等只是徒有其表。形式意味着方法，而不是结果。因此，贬低那些促进了平等机会的形式条件（包括法律上与政治上的形式条件），或者把那些平等说成是虚构的或几乎毫不重要的东西，都是绝对不恰当的。"①

但是，仅有形式上的平等，也可能导致实质上的不平等，从而与旨在反对不合理差别的形式平等的宗旨相违背。为了弥补这一不足，采取某些合理差别，促使达到实质上的平等，从而在实质上提供平等发展的条件是必然的。正因为如此，各国宪法在规定平等权的同时，一般都根据个人在自然、生理和社会等方面的不同情况，作出了差别待遇的规定。宪法规定的这些差别待遇，其目的在于弥补平等原则对不同情况、不同的人不作区别的对待可能造成的事实上的不平等。我国宪法在规定公民在法律面前一律平等原则的同时，也针对现实生活中由于历史的、文化的、社会的、自然生理的等方面的原因，形成的人们在事实上不平等的客观事实，对某些人规定了特别的保护原则，要求国家立法机关在制定法律时充分考虑宪法规定的实行特别保护的原则，以实现法律上的平等。以平等为基本原则的受教育权平等也必须对特殊人群实行特殊保护原则，以保证这部分人的合法权益。因此，受教育权的平等是相对的平等。当然，补偿的方法与手段也是值得讨论的问题。

相对的平等是对合理差别的认同。根据宪法的分类，国家制定法律时作出的特别规定，即合理差别，属于对宪法平等权的补充。②在招生考试方面，主要表现为：根据人的自然生理差异存在着与他人的不平等，在宪法上和法律上所采取的合理差别对待，如《中华人民共和国残疾人保障法》规定国家和社会对残疾人的权利给予的保障与对非残疾人在法律上所作的合理差

① 乔万尼·萨托利. 民主新论[M]. 冯克利, 阎克文, 译. 北京: 东方出版社, 1998: 398-399.
② 周伟. 宪法基本权利司法救济研究[M]. 北京: 中国人民公安大学出版社, 2003: 82.

别；根据民族、性别等原因造成的人们事实上存在的不平等，在法律上所采取的合理差别规定，如少数民族、华侨等；根据学习专业需要对考生资格的合理限制，如对武警、公安、军人、飞行员等专业接近苛刻的身体要求等。当然，从绝对平等的角度来看，当招生名额有限时，对少数民族的差别对待与特殊保护措施的确造成了对非少数民族学生的“逆向歧视”与不平等。这个问题，在我国尚不存在分歧，《中华人民共和国高等教育法》第九条规定：“公民依法享有接受高等教育的权利。国家采取措施，帮助少数民族学生和经济困难的学生接受高等教育。高等学校必须招收符合国家规定的录取标准的残疾学生入学，不得因其残疾而拒绝招收。”《中华人民共和国宪法》第四十五条明确规定：“国家和社会帮助安排盲、聋、哑和其他有残疾的公民的劳动、生活和教育。”“国家对弱势群体的基本权利的实现直接负有积极的给予物质、程序和其他服务的义务。”①

二、高考领域受教育权的性质

高考领域的受教育权属于基本权利还是一般权利？或者说属于宪法权利还是法律权利？荷兰宪法学者亨利·范·马尔赛文(H. Van Maarseveen)和格尔·范·德·唐(G. Van der Tang)从对142部民族国家的成文宪法所做的一项比较研究中得出：51.4％的宪法规定了受教育权和实施义务教育，22.5％的宪法规定了参加文化生活、享受文化成果的权利，23.9％的宪法规定了教育自由和学术自由的权利。②在我国，《中华人民共和国宪法》规定，“中华人民共和国公民有受教育的权利与义务”，但大多研究者认为，宪法所规定的受教育权，并没有规定具体内容，也没有规定保障方式，这些都是由普通法律加以规定的。对宪法与普通法律的关系，芦部信喜认为，“宪法上规定了所有的内容，法律只是将宪法中的内容更加详细地体现出来”③。而且，诸多基本权利话题并不仅仅是一个单纯的基本权利问题，而是与国家基本制

① 郑春燕. 基本权利的功能体系与行政法治的进路[J]. 法学研究, 2015 (5) : 32.

② 亨利·范·马尔赛文, 格尔·范·德·唐. 成文宪法的比较研究[M]. 陈云生, 译. 北京: 华夏出版社, 1987:159.

③ 芦部信喜. 宪法Ⅲ人权 (2) . 东京: 有斐阁出版社, 1981: 372.

度、国家机构设置等结合在一起的问题。[①]因此，招生考试领域的受教育权不仅是基本权利，也是一般权利，但主要还是法律权利。虽然，在“齐玉苓案”[②]中针对招生领域的受教育权，创造性地提出了“宪法司法化”的解决途径。但经过充分的讨论，大多数研究者认为，“齐玉苓案”的特殊性在于侵害行为发生在1990年，当时我国还未制定教育法，因此受教育权无法借助具体法律规范得到救济，有其特殊性。而在今天，随着我国教育法体系的完备，受教育权的救济不必再通过“宪法司法化”的途径。事实上，2009年的“罗彩霞案”[③]便是通过法律诉讼获得了受教育权的法律救济。

高考领域的受教育权是社会权还是自由权？受教育权是一种具有双重特殊构造的基本人权，它包含社会权和自由权的内涵。自由权旨在保护个人免于国家不正当的行为，而社会权的目的在于使个人能够向国家提出创造和提供使之受益的政府纲领的要求。[④]招生考试领域的受教育权兼具社会权与自由权的特性，是一种复合性质的人权。作为一项权利，招生考试领域的受教育权更多地体现出社会权的特性，为了保证个人能够获得平等参与招生考试的权利，它要求国家建立起相应的考试制度、招生制度，并制定相关的招生考试政策和法规予以保障。同时，随着国家的发展，教育资源越来越丰富，公民能够获得的受教育机会也不断增加，如随着扩招政策的实施，过去不能上大学的学生也获得了上大学的机会，相信随着社会的发展，能够接受高等教育的人也将越来越多。作为一种自由权，受教育权要求学生有绝对的权利不受外界的干扰和侵犯，突出地体现在学生在填报志愿过程中，任何人不经

---

① 郑磊. 基本权利依据的选择范围与标准[J]. 浙江社会科学, 2014 (12) : 74.

② 1990年，齐玉苓参加统一招生考试取得超过委培生录取分数线的成绩，并被山东省济宁商业学校录取。但录取通知书被齐玉苓的同班同学陈某领取，陈某在其父亲的策划下，最终以齐玉苓的名义到济宁商校就读，后在某银行工作。齐玉苓知道后，对陈某提起民事诉讼。

③ 2004年，18岁的罗彩霞高考考了514分，但没有收到任何一所高校的录取通知书，而那一年她的同班同学王某虽然高考只有335分，却在其父亲的“运作”下，进入贵州师范大学读书，她在大学里的名字改成了罗彩霞。罗彩霞在落榜后选择了复读，并于2005年考入天津师范大学。2009年3月，罗彩霞办理银行业务时发现，竟然有一个女孩有着和她相同的名字与身份证号码。随后，罗彩霞以姓名权、受教育权被侵害为由，起诉王某、王某父亲等人。2009年10月26日，湖南省邵阳市北塔区人民法院对王某冒名顶替罗彩霞上大学案作出一审公开宣判。

④ 温辉. 受教育权入宪研究[M]. 北京: 北京大学出版社, 2003: 103.

学生的同意与授权，不得擅自更改学生的志愿，学生有选择学校的自由。自由包含两层含义：一是对个体而言，自由主要表征为“意志”与“行为”之间的一致性；二是对社会而言，强调个体自由之间的协调与并存，即你的自由不能侵犯和妨碍他人的自由。自由之间的协调并不是自然状态，而是基于相互平等的地位产生的道德状态。没有平等的自由只可能异化为“贵族寡头”的特权。因此，平等也是权利正义的价值内涵。受教育权是权利的下位概念，必然要继承和坚守权利的正义价值和道德精神——自由与平等。[①]

高考领域的受教育权利是行为权还是接受权？拉斐尔（D. D. Raphael）将权利分为两类：行为权和接受权。享有行为权是有资格去做某事或以某种方式去做某事的权利，享有接受权是有资格去接受某事或以某种方式受到对待的权利。当某人阻止你去做你有资格去做的事情时，你的行为权就受到了侵犯；当某人拒绝提供你有资格得到的东西或不给你有资格得到的待遇时，你的接受权就受到了侵犯。招生考试领域的受教育权主体既享有行为权，也享有接受权。这意味着，只要符合报考条件都有资格参加升学考试，只要满足国家有关招生的规定、学校的招生条件，学生就有资格被录取，任何公民或组织都不能因为其他原因剥夺学生的权利。

① 汪洋．受教育权的内涵结构与现实形态[J]. 现代教育管理, 2015 (11) : 64.

第四章

考试管理中的法律问题研究

考试不仅涉及考生基本权利的实现，也涉及教育行政部门管理权的行使。随着公众权利意识的觉醒，考生与考试管理机构管理权的冲突时有发生，平等考试权、考试资格的确定、考试的公平与公正、考生的知情权等问题已成为社会各界关注的热点问题。因此，有必要对考试管理中的法律问题进行专门的研究。

第一节
考试管理机构的法律地位

考试管理机构在高考管理中具有重要的地位，它不仅参与考试政策的制定，负责高考的命题、成绩统计分析与评价工作，而且在招生过程中，省级考试管理机构也是高校与学生的中介，监督高校招生工作。但关于考试管理机构的法律地位问题一直缺乏足够的关注，因此有必要从我国考试管理机构的历史发展与演变过程来探讨我国考试管理机构的法律定位问题。

一、中华人民共和国成立前，我国考试管理机构的变迁与发展

唐代实行科举考试后，逐渐形成了一套管理制度：主管考试的职能部门逐步明确，主试考官的选拔、任命和职权逐渐形成了规范，考试的时间与场次、考场设置、考场管理、防弊措施等也渐成制度。唐初，贡举[①]仅仅是知识分子取得为官资格的一套考试选拔机制，科举制度在选官、任官运作中并不起主流作用，因此，科举制度由吏部较低层次的官员主持。《大唐六典》记载，考功郎中、员外郎专职管理科举，考功郎中一人，从五品上；考功员外郎一人，从六品上。考功郎中、员外郎之职，掌内外文武官吏之考课。考功员外郎掌天下贡举之职。考功郎中掌判京官考课，考功员外郎掌判地方官考课。唐玄宗开元二十四年（736年）春，进士科考试中，主考官李昂与考生李权发生争端，引发科举考试管理的重大改革，考试管理的权限也因此由吏部转入礼部。

从历史的角度来看，考试管理机构由吏部转入礼部有其必然性。第一，它是科举制度影响力逐渐增强的必然要求。唐初时，传统的门阀观念逐渐动摇，士庶之间已无明显界线。当时，门荫入仕、举荐等选举形式的弊端日益

---

① 贡举是科举中的一种类型，是科举的常设科目，通常讲的科举都是指贡举，除非特别说明是武举、制举等。

凸现，既不能选拔真正的人才，也无法适应社会发展的需要，而科举制则愈来愈成为唐代社会选举制度的主流，不仅参加人数日益增多，录取名额也逐年增加，影响力也逐渐增大。不仅庶族寒门子弟驱驰于科场，以才艺为求仕之正途，而且高门大族子弟也感受到一种政治上的危机感，由科举而入仕的趋势日益明显。第二，科举制度影响力不断增强，但防止舞弊的管理措施不到位，导致科举制度弊端丛生，舞弊与行贿之风盛行，过去简单的防弊之法难以有效遏制各种请托与权力的侵蚀。在此情况下，低级官员难以应对科举制度的新情况，有必要对科举制度的管理进行调整。不少官员提出，考功员外郎职位太轻，难以服众，于是朝廷决定将主管科举考试的权限由礼部侍郎专掌。科举由吏部转为礼部管理，主管官员由从五品到正四品，这不仅是行政机关的转变，也不仅是主管官员地位与行政级别的提升，其中蕴含了考试机构分离与独立的规律。科举由吏部转入礼部管理实现了考试权与选任权的分离，由吏部既管考试又管官员任用的制度出现了分化，礼部掌管学校与文教，为考试管理机构的专门化以及考试的独立提供了基础，对排除人情干扰、提高科举考试的公平性与公正性有明显作用，同时也加强了科举与学校的联结。这一制度影响深远，为后世沿用。

贡举由吏部改归礼部管理之后，有关贡举的事务统归贡院，并设立专门的印信，作为权力的凭据；贡院事务往往不是上呈礼部，而是呈报中书门下，礼部贡院实际上成为中书门下的一个直属机构。另外，知贡举的品阶由从六品上升到正四品下。这样，不但使考试机关同铨选机关完全分开来，而且大大提高了考试机关的地位，也提高了贡举考试的地位。①但是，鉴于贡举事务专由某一职官主持，长此以往，很容易形成权倾一方、“座主”“门生”结党之势。因此，在唐德宗以后，知贡举者并不由礼部侍郎专任，而是经常由其他官员临时担任，并成为一种惯例，为其后历朝所沿用。

宋承唐及五代之制，亦由礼部贡院掌管省试的有关事务。设知贡举一人，主持省试，负责出题、阅卷，决定省试合格举人的去取高下，但其委派临时由皇帝派遣翰林学士、知制诰、中书舍人及六部尚书等官员担任。知贡

① 张希清.中国科举考试制度[M].北京:新华出版社,1993:110.

举不再是一个固定的职务，而是一个临时性的差遣。①

值得注意的是，清代会试还设有知贡举，满、汉各一人，以礼部侍郎充任。但与唐宋的知贡举不同，清代知贡举不负责出题、阅卷，而只是总管考场的事务。另有正、副提调官各一人，由礼部司官充任；监试官十二人（满、汉各六人），以科道官充任。此外，还有内收掌二人，外收掌一人，受卷官八人，弥封、誊录、对读官各四人，以各衙门进士及举人出身的官员充任。②

明清两代由礼部及仪制清吏司负责科举考试，前后达500多年之久。③主持科举考试的机构及其衍变遵循着这样一条规律：级别越来越高，行政组织越来越规范，机构越来越稳定，职能越来越专门化。

考试机构的专门化历程还伴随着贡院的发展。对此，刘海峰教授认为，“贡院不仅建筑规模宏大，而且考试规制严密，是科举制度和科举文化的具体象征。它是科举考试专门化、制度化的产物，反过来又保证了科举考试的专门化与制度化。晚唐至北宋前期，贡院不仅是一个考场，而且是一个具有一定行政职能的机构”④。唐玄宗开元二十四年（736年）开始设置贡院，并使用专门的印玺，使礼部贡院具有独立的职能。五代时，贡院的行政职能得到加强，其中尤以后唐突出。据《册府元龟》记载，各次有关科举考试事务的奏文多由礼部贡院上奏，而非由某位具体官员如礼部侍郎上奏，朝廷敕文也直接下发给贡院。知贡举官常更换，而贡院却是一个常设机构，并具有一定的行政职能。到宋徽宗时，礼部贡院设在辟雍内，成为一个独立的永久性的考场。

综上可以看出，古代考试管理机构有以下特点：第一，考试管理机构是行政机关，享有行政职能，其职能包括制度与法律建设、事务性管理（官员的选派、考务管理）和主导考试内容、程序的变革；第二，考试管理机构逐渐独立与专门化，对考试的实践发展、考试公平意义重大。

民国时期，设立独立机关来专掌考选权，是“考试权独立”思想的落脚

---

① 张希清. 中国科举考试制度[M]. 北京: 新华出版社, 1993: 110.

② 张希清. 中国科举考试制度[M]. 北京: 新华出版社, 1993: 113.

③ 王炳照, 徐勇. 中国科举制度研究[M]. 石家庄: 河北人民出版社, 2002: 191-192.

④ 刘海峰. 贡院——千年科举的背影[J]. 社会科学战线, 2009 (5) : 203.

点。中华民国临时政府成立之初，孙中山即以临时大总统名义发布《文官考试章程草案》，计划成立“文官考试委员会”。1914年通过的《中华革命党总章》第二十六条明确提出要设立考试院，并在第三十一条规定了考试院的职能有三项：一是考验党员才干而定其任事资格，二是调整职员事功而定其勋绩，三是筹备考试院之组成。1919年12月，孙中山在上海发表《孙文学说》，主张“以五院制为中央政府：一曰行政院，二曰立法院，三曰司法院，四曰考试院，五曰监察院”。1924年8月26日，正式公布了《考试院组织条例》《考试条例》《考试条例施行细则》等，从法律上确立了考试院的独特地位。根据《考试院组织条例》相关规定，考试院管理全国考试及考试行政事务，考试权与行政权分离独立。在孙中山看来，考试院院长应由总统提名，经立法院同意任命，只对国民大会负责。除院长外，行使考试权的还有考试官，由考试官代表考试院行使考试权，而考试官必须超越党派，并不受行政干涉和其他机关的牵制，完全依据法律独立行使考试权。由此可见，孙中山所理解的考试权的独立，不仅是机构的独立，还包括职权的独立，更是行使考试权之考试官人格的独立。但孙中山关于考试权与考试院的构想最终遭到了现实的打击。虽然考试院的构想与实践以失败告终，但考试院把考试选拔文官的权力从国家行政权中分离出来，其意义深远。考试院为国家设立的新型文官考试的最高主管机关，形式上不受其他政府部门的约束，独立行使考试选拔文官的职能。考试要真正发挥其功能，必须排除外界的影响，考试院的功能在于维护考试本来的意义与功能。这也是当前考试机构建设时需要思考的问题。

二、中华人民共和国教育考试机构的演变

中华人民共和国成立后，1949年中央人民政府政务院颁布的《大行政区人民政府委员会组织通则》规定，各大行政区设立文教委员会或文教部，对中央教育部负责，统管本辖区的文教事务。此后，省、县两级地方政府也陆续建立了管理教育事务的专门职能机构。在招生事务上，《关于高等学校一九五〇年度暑期招考新生的规定》指出，1950年各大行政区教育部负责组织领导该地区各地招生委员会进行招生工作，但直到1952年也没有形成专

门的招生考试管理机构来负责进行统一的管理，而是由临时的机构来组织。

1952年，为便于组织领导高等学校的招生工作，中央成立全国高等学校招生委员会，由教育部部长任主任，一些著名大学的校长或副校长、教务长任委员，领导全国高等学校统一招生考试工作。各大行政区教育部在全国高等学校招生委员会的直接领导下组织大行政区的招生委员会，负责本区的招生考试工作。大行政区招生委员会由该区高等学校（或主要高等学校）教务长（或教导主任）及有关部门代表组成。大行政区招生委员会设专门机构，负责办理本区高等学校招生及与外区招生委员会联系事宜。各校招生名额由各大行政区教育（文教）部根据全国招生计划审批，列入全国高等学校招生计划。全国高等学校招生委员会组织命题，编制评分标准、参考答案。[①]自此，招生与考试两个重要的环节都由国家进行统一管理，而大行政区招生委员会主要负责招生与考试的具体事务。

1953年，为加强对高等学校统一招生的领导工作，在中央人民政府高等教育部领导下，成立了全国高等学校招生委员会，该招生委员会设办公室负责处理经常性工作。设有考区的省市成立高等学校招生工作委员会分会，由各省市教育（文教）厅、局会同该省市各高等学校校长及有关部门代表组成，在各大行政区高等学校招生工作委员会的领导下，组织该区各省市的招生工作。[②]

1955年，在各大行政区机构撤销的情况下，为了高等学校统一招生工作能够顺利进行，国家委托湖北、四川、陕西、辽宁各省教育厅，会同原大行政区范围内的各省教育厅和高等学校等有关部门，组织成立中南、西南、西北、东北行政区高等学校招生工作委员会，统一组织领导各个地区范围内的省市的高等学校统一招生工作，并在录取阶段集中进行录取工作。华东地区高等学校招生工作委员会由上海高等教育管理局组织领导，华北地区高等学校招生委员会由高等教育部、教育部责成华北地区的高等学校会同有关部门组织。[③]1958年，撤销了大行政区高等学校招生工作委员会，建立各省、

① 杨学为. 高考文献 (上) [M]. 北京: 高等教育出版社, 2003: 11.
② 杨学为. 高考文献 (上) [M]. 北京: 高等教育出版社, 2003: 17.
③ 杨学为. 高考文献 (上) [M]. 北京: 高等教育出版社, 2003: 106.

市、自治区的招生机构，统一组织领导当地的招生工作，基本形成了主要由省级教育管理部门来负责招生与考试管理具体工作的体制。

1965年，由于高考工作繁重，高等教育部在《关于一九六五年高等学校招生工作的通知》中将各省、市、自治区招生委员会及其办公室改为常设机构，要求将招生委员会的领导成员基本固定下来，建立常设办公室，以原有干部为基础，根据招生任务、考生数量，适当抽调所在地区高等学校的干部。招生委员会的日常工作，委托高等教育厅（局）领导。

“文化大革命”结束后，教育战线拨乱反正，开始恢复招考制度。1977年10月12日，国务院批转了教育部《关于1977年高等学校招生工作的意见》，规定各级党委要加强对招生工作的领导。省、地、县要建立高等学校招生委员会，由党委负责同志挂帅，有关部门负责人和教师代表参加。在此基础上逐渐形成了我国目前招生考试组织机构的基本模式并固定下来，即主要由省级招生委员会及其办公室对招生、考试进行日常组织管理与实施。

改革开放以后，这种以国家为主体，以政府机构的各级部门具体负责的招生考试管理模式受到了挑战。1985年，《中华人民共和国教育法》颁布，第一次以法律的形式规定我国实行国家教育考试制度。国家教育考试由国务院教育行政部门确定考试种类，并由国家批设的招生考试机构承办。1987年颁布的《普通高等学校招生暂行条例》规定，国家教育委员会主管全国普通高等学校招生工作，组织全国普通高等学校统一招生考试。省（自治区、直辖市）、市（地）、县人民政府分别成立普通高等学校招生委员会，各级招生委员会在本级人民政府和上一级招生委员会的双重领导下负责本地区的招生工作。招生委员会主任由本级人民政府负责人兼任，副主任、委员由教育部门及其他有关部门、高等学校的负责人兼任。招生办公室是招生委员会的常设机构，配备专职干部。这一阶段，教育考试机构并未独立存在，考试组织事务与高等学校的招生事务混合在一起；在机构形态上，教育考试机构与招生机构共体，属于行政机关。

三、现阶段我国考试管理机构的法律定位

1987年，经国务院审核，我国正式设立国家教委考试管理中心，其性质

是国家教育委员会的直属事业单位。国家教育考试管理的独立机构从此诞生，教育考试机构从与招生机构共体的状态中脱离出来。同时，各省也成立了专门的教育考试机构。1990年，在转变政府职能的背景下，国家教育委员会考试管理中心经过职能部门调整及人员编制改革，开始演变为事业单位性质的国家教委考试中心。

1994年，国家教委考试中心与自考办合并建立新的考试中心，整合了教育系统国家级考试的资源和职能。1998年，国家教委改为教育部，国家教委考试中心相应改为教育部考试中心。世纪之交，为适应社会需要，教育部考试中心加快了面向社会开考的各类证书考试的开发与设立，形成了以入学考试、自学考试、社会考试、海外考试为四大支柱内容，初具专业化水平的社会组织，并建设国家题库、考务指挥平台、应急处置预案、命题基地以及考试评价研究院等，在网络评卷、考务指挥、标准化考场建设等方面制定了一系列规范。[①]这一时期，考试中心可以称为准行政机关。从组织管理上看，我国现有的招生考试体制统一性比较强，招生考试机构从属于国家的上级教育主管部门。高考体现了国家意志，强调公平性、选拔性和有效性，但各省考试管理机构的法律定位却比较模糊。

在教育考试管理机构的设置上，各大省级教育考试机构中，多数是教育行政部门主管的事业单位，履行一定的行政职能，少数属于政府的直属机构，还有的省级教育考试机构属于教育行政部门内设的职能机构。从行政级别上看，多数是副厅级，少数是正厅级，还有的是正处级。从机构编制来看，多数是事业单位编制，少数属于国家公务员序列，又有事业单位编制。从考试机构的名称来看，取名为教育考试院的有北京教育考试院、河北省教育考试院、上海市教育考试院、江苏省教育考试院、浙江省教育考试院、广东省教育考试院、四川省教育考试院、西藏教育考试院、宁夏教育考试院，取名为教育招生考试院的有天津市教育招生考试院、山东省教育招生考试院等，取名为招生考试院的有黑龙江省招生考试院、云南省招生考试院等。此外，还有招生考试管理中心（如山西省招生考试管理中心）、考试管理中

---

① 王和军. 教育考试机构专业化建设比较及其路径的思考[J]. 中国考试, 2011 (4) : 8.

心（如陕西省考试管理中心、青海省考试管理中心）、招生考试中心（如内蒙古教育招生考试中心）、招生考试办公室（如辽宁省招生考试办公室）、招生工作办公室（如河南省教育委员会招生工作办公室）、招生办公室（如甘肃省招生办公室）、考试局（如海南省考试局）、大中专招生办公室（如新疆维吾尔自治区大中专招生办公室）等。考试机构的名称、编制等方面的不同，反映了对教育考试机构的定位不一。

当前，国家对考试机构的性质没有作明确的统一规定。值得思考的一个问题是，我国教育考试机构在专业化程度上还有待提高。考试机构在日常工作中主要依赖行政指令和管理经验进行考试管理，在考试技术开发、考试专业化水平、考试研发能力等方面还有待进一步提高。

研究者对未来考试机构的法律定位有不同的看法。有研究者认为，在现有国情下，中国的国家教育招生考试离不开行政权力和行政组织，招生考试机构理应定位为国家行政机关，名称应改为“教育招生考试院”（时机成熟后还可考虑改为“国家考试院”），国家级教育招生考试机构级别应确定为副部级，省级教育招生考试机构应统一为正厅局级，分别为国务院和省级政府与教育行政部门并列的政府职能部门，人员编制均为公务员编制。[①]但更多的研究者认为考试机构应转变为专业化机构，认为加强考试管理，完善专业考试机构的功能，提高服务能力和水平，是对教育战线各级招生考试机构的总体要求。[②]如考试应由专门的考试中介机构来组织实施，教育考试机构应从教育行政部门的附属机构转变成真正具有独立法人资格的社会中介机构。[③]教育考试机构应顺应事业发展的趋势，深刻把握事业和行业走向，学习借鉴国外先进教育考试机构的经验，积极参与业内专业化服务竞争，加速专业化建设。[④]教育考试机构向专业化、社会化和服务性组织转型，就是要淡化原有的行政管理色彩，优化人员结构，转变工作职能，强化考试研究，提高服务质量，将教育考试机构转变为真正意义上的“考试专业机构”；抑

① 邱可. 试论国家教育考试机构定位[J]. 考试研究, 2012 (6) : 55.

② 姜钢. 深入贯彻落实《纲要》精神　加强考试机构专业化建设[J]. 中国考试, 2012 (1) : 3.

③ 陆建明. 教育考试机构管理体制的比较与改革方向述评[J]. 中国考试, 2008 (6) : 11.

④ 乔丽娟, 等. 对我国教育考试机构专业化建设的几点思考[J]. 中国高等教育, 2006 (7) : 51.

或引进竞争机制，允许创办非营利的、非官方（或民间）的考试机构，实现“考招分离”。[①]专业化考试机构应在继续发挥考试与招生管理职能的同时，不断拓展服务领域，特别是与考试有关的评价服务，使教育考试能更好地服务于政府决策，服务于教育教学，服务于学生发展。[②]

笔者认为，将各省级教育考试机构转变为独立法人资格的社会中介机构不仅存在相当大的风险，也不符合国家教育考试本身的要求。国家教育考试的性质要求省级考试管理机构必须履行一定的行政管理职能，由国家教育法律对其职能进行确定与规范。但作为组织机构，教育考试职能部门应进一步强调其服务性与专业性，而不是行政性。省级考试管理部门应该逐渐拓展其社会考试的职能，引进市场化机制，增强专业性，提高服务质量。

① 黄建平. 英、美、日、韩及台湾地区考试机构文化建设对我国大陆的启示[J]. 中国考试, 2015 (12) : 48.
② 张静. 关于加快教育考试机构专业化建设的思考[J]. 考试研究, 2012 (6) : 61.

第二节
考试信息公开与考生查阅高考试卷权

考生是否拥有查阅试卷的权利是近年来社会关注的问题，因为无法查阅试卷引发的法律诉讼事件的数量呈增长趋势，但法院和考试院对这一问题给出了不同的答案，值得我们思考。

一、有关考生查阅试卷政策的演变与发展

考生是否能够查阅试卷不是一个新问题。早在科举时代，关于考生查阅试卷就有明文规定。为了保证科举的公平性，杜绝权力干扰，从唐朝开始就设置了考生对考官的监督条款。唐开元二十五年（737年），法律规定进士科发榜后，其所录取者所试杂文，均可查看。五代时期，专门规定了有关查卷与陈诉的内容：九经、五经、明经呈帖由之时，试官书“通”“不”后，有不及格者，唱落后，请置笔砚，将所纳帖由分明，令自阅。或是试官错书“通”“不”，当与改正。如怀疑者，便许请本经当面检对，如实是错，即于帖由上书名而退。如考试官去留不当，许将状陈诉，再加考校。如合黜落，妄有披述，当行严断。今年举人有抱屈落第者，许将状披诉于贡院，当与重试。如贡院不理，即诣御史台论诉。请自试举人日，令御史台差人受举人诉屈文状，并引本身勘问所论事件。或知贡举之官及考试之官已下，敢有受货赂，升擢亲朋，屈抑艺能，阴从请托，及不依格去留者，一事有违，请行朝典。[①]至清代，《钦定科场条例》里详细记载了考生查阅试卷的意义以及程序：乡、会两试落卷，在查核所填士子姓名后，由各承办科场官员出示晓谕，以原始卷票为凭，准士子将原卷领回阅看。乡、会两试落卷，有遗失不能领出者，除将经手书吏彻底查究外，亦将内、外收掌官分别议处。各房落卷，俱令同考官批出不荐缘由，放榜后令本生领取原卷阅看，如同考官妄抹

① 王傅. 五代会要 (卷23) [M]. 上海: 上海古籍出版社, 1995: 373-374.

佳文，本生即赴部具呈，查明纠参；若本生文本平常而不安义命，妄行呈控者，除革黜外，仍交刑部从重治罪。士子于榜前抄录闱中文字，送人批点，榜后漫生怨望刊刻落卷者，将该生及加批之员交部分别议处。[①]《钦定科场条例》对考生查阅试卷后随意控告的行为进行了限制，虽然这一制度的初衷是防止落第举子闹事，但在实践中却对监督考官公正判卷起到了一定的作用。咸丰五年（1855年），浙江监生楼尚宾参加顺天乡试未能中试，领出落卷后呈诉。经过查阅，其头场考试已由同考官批出不荐缘由，第二场考试中文章破、承题有蓝笔误点四句。落卷点句错误，当时并无同考官处罚条例，遂参照中试试卷圈点错句罪，将同考官罚俸一年。同时，该年乡试考官李鹤年亦被罚俸一年。

1953年，在《全国高等学校招生委员会关于今年高等学校统一招生发榜后从人民来信、来访中发现的问题及处理经过的报告》中，记载了关于考生查阅试卷的要求："个别未考取学校的社会知识青年，自信其考试成绩已达到录取标准，要求检查考试成绩。如北京考生×××，八门考试成绩总共178分，数学7分，史地8分，英语0分，经查后告之确因考试成绩不够标准未能录取，但不能允许本人查看试卷（因此例一开，影响今后工作太大）。而该生坚持认为系评卷时发生错误，三番五次地写信给人民监察委员会提出诉讼，到部来访时大哭大闹，认为招生委员会不公平。"[②]1979年，《高等学校招生考务工作细则》对查阅试卷作出专门规定：查阅试卷由省、市、自治区招生办公室组织进行，成立查卷领导小组，由各科阅卷大组组长和试卷收发站负责人及省、市、自治区招考组负责人组成。下设各科查卷组，抽调阅卷骨干教师若干人组成。考生对本人考试成绩如有怀疑，可在得到本人成绩通知单三天内，向县（区）招办提出申请，填写《查阅试卷申请表》，说明要求查阅的科目和理由。由县（区）招办汇总，派专人送到试卷收发站，统一办理查卷手续。逾期一律不予查阅。查卷必须通过县（区）招办派出的查卷人员统一办理，其他任何组织和个人（包括考生及家长）一律不予接待。查卷领导小组和查卷工作人员，一律不许私自受托查阅考生试卷，凡考生或家

① 杜受田，等. 钦定科场条例（卷17）. 续修四库全书（第830卷）. 上海：上海古籍出版社，1995：38.
② 杨学为. 高考文献（上）[M]. 北京：高等教育出版，2003：37.

长来省、地（区）招办或给查卷领导小组来信、来电或来访要求查卷的，一律转交县（区）招办派出的人员汇总，统一办理查卷手续。试卷收发站按照《查阅试卷申请表》抽调试卷，密封考生姓名、考号，分科交查卷组查阅。查卷有严格手续，不得丢失损坏。查阅组查阅试卷必须由两人共同进行，不得拆封考生的姓名、考号。发现错误，要认真仔细研究，经查卷领导小组审查同意后，才能更改，并盖校对章。查卷组查阅后，将试卷退回试卷收发站。试卷收发站核对密封等无误后，根据查卷情况填写《查阅试卷申请表》，并填写《查卷花名册》一式二份，一份留存，一份交县（区）招办派出的人员带回，转告考生本人。试卷收发站无权更改试卷分数，查卷组不能填写《查阅试卷申请表》。查卷只查错评漏评，不查评分宽严。对查出的错评、漏评、错登分、错计总分等，均应予以更正。查卷工作人员必须遵守党纪国法，不得将查卷情况向外泄漏，不得营私舞弊、私自涂改试卷，违者必究，情节严重的，要严肃处理。查阅试卷的起止日期，由省、市、自治区招办确定。[①]可见，这一时期，关于考生查阅试卷主要有两点：一是考生不能自己查阅试卷，而要通过县（区）招办汇总，派专人到试卷收发站，统一办理查卷手续；二是查卷只查错评、漏评等，不查评分宽严，对查出的错评、漏评、错登分、错计总分等，予以更正。

但随后这一规定逐渐被废止。1988年出台的《普通高等学校招生统一考试管理规则》规定，“考试成绩及时通知考生本人。考试成绩不公布，不查卷。考生答卷应保存至当年12月31日”[②]。1991年出台的《普通、成人高校本、专科招生全国统一考试工作规则》规定，“考生答卷、答题卡按国家秘密级材料管理，保存期为本次考试结束后半年。考试成绩在通知考生本人前，按国家秘密级材料管理，任何人不得泄露。国家教委考试中心和省级招生、考试机构定期向考生、有关单位提供考试分数、试题评价及考生质量分析报告等必要的考试信息。任何单位或个人未经考试主管部门同意，不得擅

---

① 杨学为. 中国考试史文献集成（第八卷）[M]. 北京: 高等教育出版社, 2003:172.

② 普通高等学校招生统一考试管理规则[EB/OL]. http://www.chinalawedu.com/falvfagui/fg22598/59766.shtml.

自向社会发布考试信息”[①]。直到2004年，《2004年高等学校招生全国统一考试考务工作规定》明确规定，评卷结束后，考试成绩通知考生本人，省级考试机构制定具体的成绩通知办法和答卷复查办法。此后，这一规定成为考生查阅试卷的基本模式。《2012年高等学校招生全国统一考试考务工作规定》指出，省级招生考试机构应制定成绩复查办法及程序，向考生提供成绩复查服务。成绩复查办法及程序应告知考生。《2016年普通高等学校招生全国统一考试考务工作规定》也作出了类似规定。

从2006年开始，各省级招办开始对考生复查试卷制定相应的规则和办法。如《2006年江西省普通高等学校招生工作规定》明确规定，允许考生申请查核考分。查核考分仅限于查核答卷是否漏改、漏统。如有误，予以更正并将查核有误科目的查卷费退回给考生。对于答题评分宽严等问题，不属查核更正范围。查分过程中，答卷不与考生和家长见面。考生申请查分时间为6月26日至6月28日，7月1日查分工作结束。《2010年甘肃省普通高等学校招生全国统一考试考务管理工作规定》明确规定，考生对成绩有疑问时，可申请查核考分。查核考分仅限于查核答卷是否漏评、漏统计。如有误，省招生办须予以更正。答题评分宽严等问题不属查核更正范围。由省招办组织专人负责查核，答卷不与考生和家长见面。《2016年陕西省普通高等学校招生全国统一考试成绩复核实施办法》规定：高考成绩复核工作分为首次复核和再次复核。成绩复核工作在省高考评卷工作领导组的领导下，由评卷工作组和仲裁组学科专家负责实施。高考成绩复核通过“陕西招生考试信息网”（http：//www.sneac.com）申请和回复。考生可以在高考成绩公布之后，填报高考志愿结束之前，通过“陕西招生考试信息网”提出成绩复核申请，未按规定方式或不在规定时间内提出的申请不予受理。考生可以申请复核的事项包括考生基本信息、是否考生本人答卷（答题卡）、是否有漏评、小题得分是否漏统（登）、各小题得分合成后是否与提供给考生的成绩一致等方面。超出本条规定事项范围的申请不予受理。考生申请首次复核或再次复核每次仅限一个科目。评卷工作组在系统提示受理考生的首次复核申请后，应根据

① 杨学为. 中国考试史文献集成(第八卷)[M]. 北京: 高等教育出版社, 2003: 178-179.

考生申请的具体内容进行首次复核，并及时将复核结果提交查询系统。考生对首次复核结果有异议的，可在获取首次复核结果之后申请再次复核；仲裁组在系统提示受理之后进行再次复核，并将最终认定结论提交查询系统；仲裁组对再次复核作出最终认定结论后，省高考评卷组织机构不再受理其他有关的异议申请。其他各省份也基本制定了类似的规定，如宁夏、江苏、湖南、青海等。总结各省份关于考试成绩复核的基本观点，可以概括为三点：一是两次复核，再次复核后是最终结论。二是复核的内容各省略有不同，如江苏主要包括：①核查评卷过程：是否符合国家及省评卷工作实施规范和相关规定。②核查申请人答卷情况和相关考试信息：考生手写姓名、准考证号是否与条形码相符；是否考生本人答卷；是否有漏评；科目总分是否等于各题得分之和；选测科目等级转换是否准确。湖南规定申请复核的事项包括：考生基本信息；是否考生本人答卷（答题卡）；是否有漏评、漏阅等；小题得分是否漏统（登），各小题得分合成后是否与提供给考生的成绩一致等。成绩复核不重新评阅试卷，评分标准、评分细则的宽严问题不在复查范围之内。四川则规定：主要审核考生信息与答题卡是否一致；扫描图像是否清晰、完整；是否存在漏评、漏阅；非选择题每题是否经过双评或双评以上，给分是否超出规定阈值；各小题得分合成后是否与提供给考生的成绩一致等。但各省份也有共性，如均规定审核内容不包括评分宽严等问题。三是考生不允许亲自查看试卷。

二、当前考生查阅试卷权的情况

我国关于考生查阅高考试卷的政策逐渐确定为“考生提出申请可以由专人负责复查”的模式，但这一模式与不少考生的要求有一定差距，进而引发了一些法律诉讼问题。

2008年，河南省兰考县考生刘某怀疑自己的高考考分有误，向河南省招生办提出查分申请，招生办拒绝。刘某认为，依据新近实施的《政府信息公开条例》，考生试卷属于政府信息的范畴，应当公开到考生本人。而被告河南省招生办拒绝考生查阅试卷，不仅违背了该条例第二十六条“按照申请人要求的形式予以提供”的规定，而且剥夺了考生的知情权，有行政不作为之嫌，故请求法院依法判令被告公开试卷信息，以维护原告的合法权益。河南省招生办认为，全省的招生工作有严格的管理程序，考生的试卷是机密，国家有关机关有严格的规定；同时表示，试卷信息涉及个人隐私，按照《政府信息公开条例》第十四条关于“行政机关在公开政府信息前，应当依照《中华人民共和国保守国家秘密法》以及其他法律、法规和国家有关规定对拟公开的政府信息进行审查”的规定，不予公开。2008年7月，一审宣判刘某败诉。刘某上诉，二审法院认为，根据《政府信息公开条例》的规定，“行政机关对符合下列基本要求之一的政府信息应当主动公开：涉及公民、法人或者其他组织切身利益的……”本案中，学生刘某要求公开高考试卷，其申请内容符合上述规定，判决河南省招生办对刘某公开其高考试卷。[①]

2010年，参加高考的考生小谷根据答案对各科进行了估分，但发榜后的成绩与他估算的成绩有出入，小谷向北京教育考试院高等学校招生办公室（简称“高招办”）递交申请，要求公开他本人高考理综、数学及外语经过评阅的试卷及评分标准。高招办作出回复，拒绝了小谷的请求。高招办的理由是高考评分标准属于不得公开的信息。随后，小谷将北京教育考试院告上法院，要求法院判决其重新做出具体行政行为。一审法院判决驳回了小谷的起诉。法院根据《教育工作中国家秘密及其密级具体范围的规定》指出，高考的“评分标准属于秘密级事项”，“考试后不应公开的试题和考生答卷以及考生的档案材料只限一定范围的人员掌握，不得擅自扩散和公开”。因而，北京教育考试院的拒绝回复，并无不当。小谷不服，提出上诉。北京市第一中级人民法院审理后认为，虽然小谷申请公开的是经过评阅后的考生答卷，但其中涉及相关的评分标准。按照规定，评分标准属于秘密级事项。而依据《政府信息公开条例》的规定，涉及国家秘密的政府信息不得公开，故北京教育考试院的答复并无不当，因而终审驳回小谷的诉讼请求。[②]

2014年，为了圆自己和母亲的“高考梦”，湖南岳阳籍作家张一一以30

---

① 疑考分有误　河南考生要求招办公开试卷获支持[EB/OL]. http://edu.people.com.cn/GB/116076/8949573.html.

② 考生要求查阅高考试卷遭拒　状告考试院被驳回[EB/OL]. http://jiaoyu.eol.cn/ji_chu/ji_jiao_news/201106/t20110612_632350.shtml.

多岁“高龄”顶住社会压力参加了高考。让人始料未及的是，已出版过10多本书、发表过上千万字文学作品的青年作家，高考语文分数未能过半，作文更是仅得29分。张一一对自己的高考作文得分不服气，并质疑文综试卷第25题参考答案有误，将湖南省教育考试院告上法庭，要求公开2014年湖南高考命题人员名单、命题和评分程序、作文阅卷者以及文综试卷第25题参考答案的依据和理由，此举一度引发社会各界热议。《中国教育报》、人民网等媒体先后发文《语文评分之争要向考试改革求解》《作家告考试院是一次“法治创作”》等，对张一一推动高考和教育改革之举予以肯定。这一事件引起了各界热议，也可见这一问题是社会普遍关心的问题。

2015年，江苏考生小闻语、数、外成绩高出一本分数线19分，只因历史得了C等，按江苏省选修科目等级划分办法，C等即表示成绩在全省考生中排名50%—90%，因此被很多优秀大学拒之门外。小闻怀疑评卷老师误判，向江苏省教育考试院及其主管部门江苏省教育厅提出申请，要求查卷。江苏省考试院回复称，成绩准确无误，但对于小闻的具体分数，则未公布。江苏省考试院称考生答卷属于“国家秘密级秘密”，不属于行政公开的范畴，因此，考生或家长不能查看考生答卷。2015年10月，小闻的母亲陈女士向教育部提出了行政复议。教育部回复称，考卷“不属于国家秘密，但只限一定范围的人员掌握，不得擅自扩散和公开”，并要求撤销此前江苏省教育厅作出的“不予公开答卷”的行政回复，要求其于15个工作日内对陈女士的申请重新作出回复。查卷被拒后，小闻一纸诉状将江苏省教育厅告上了法庭。2016年4月7日，江苏省首例高考考生状告教育厅案在南京市中级人民法院公开开庭审理。①

2015年，湖北9名考生及其家长因为实际成绩与估算成绩悬殊，怀疑答题卡扫描时有“误判”。存在同样疑问的考生还有不少，他们普遍反映理综试卷的分数比预估分数低了30至50分，怀疑理综答题卡是湖北省自制的，答题卡格式与全国卷不一致，导致答题时出现了偏差。当年9月3日，9名考生的家长填写了《政府信息公开申请表》，次日快递给湖北省教育考试院，

---

①江苏首例高考生状告省教育厅案开庭[EB/OL]. http://jsnews2.jschina.com.cn/system/2016/04/08/028309435.shtml.

申请公开“2015年理科综合高考答卷和答题卡扫描图像、评卷信息（含评卷过程数据）、答卷各科成绩”等相关信息。按规定，考试院应在15天内给予回复，家长们却一直没有收到。直到11月16日，几名家长主动前往湖北省教育考试院，才拿到一份退回的答复函件，函件中拒绝了他们的申请。无奈之下，9名考生联名将湖北省教育考试院告上了法庭，之后武昌区人民法院开庭审判。①

以上案例中，除了2008年河南考生诉河南省高招办一案，二审法院判决招生办对刘某公开其高考试卷外，其余的诉讼基本以各种理由败诉。理由之一，根据《教育工作中国家秘密及其密级具体范围的规定》第五条：考试后不应公开的试题和考生答卷以及考生的档案材料属于教育工作中只限一定范围的人员掌握的信息，不得擅自扩散和公开；理由之二，根据各省普通高等学校招生工作规定，考试成绩由考生本人登录省教育考试院网站查询，不公布，不查卷。而近年来各省份基本都明确规定考生不允许查阅试卷，并对考生成绩复核的范围作了限定，其中评分宽严不属于复核范围，可见，考生试图通过法律诉讼的方式实现查卷查分的目的基本不可能实现。

但也有省份允许学生查阅试卷。2015年，河北省首开考生查卷的先河。2015年6月下旬，河北省考试院针对一些对高考成绩有异议的考生，进行了试卷核对。考生按程序提出申请后，允许考生按照一定流程查阅本人试卷，一份卷子大约可以看10分钟，但不能携带手机等设备，且每位前来核查的考生，都配有一名老师专门解答问题。确认无误的考生，需在“核对无误”单子上签字。如果考生仍存异议，考试院还会组织第三方专家进行核查。若确有误的，考试院会安排该名学生重新填报志愿，不耽误考生录取。

三、关于考生查阅高考试卷权的再讨论

考生究竟是否应该拥有查阅高考试卷的权利及拥有多大的权利是一个值得讨论的问题。从考生的角度来看，高考事关考生的命运，查阅试卷是考生不容漠视的权利；而且从考试公平的角度来看，让考生查阅试卷，对考试管

① 湖北9名高考生申请评卷信息公开遭拒 状告考试院[EB/OL]. http://www.chinanews.com/gn/2016/04-01/7819800.shtml.

理、考务工作、阅卷等都有监督作用。实际上，科举时代就有考生查阅试卷的先例，2015年河北省也曾有允许考生查阅试卷的案例。近年来，高考阅卷工作日趋严密，为减少差错，许多科目实行了网上阅卷。阅卷中设置了多个环节的复查制度，以一系列严格措施来确保阅卷质量。但不可否认，由于时间紧、人力不足等因素，难免出现阅卷马虎甚至批阅出错等问题，虽然有复查环节，但也不能完全保证没有“漏网之鱼”。这也是河北省21名省人大代表针对高考成绩复查政策存在弊端，联名提出建立高考成绩复查救济制度建议的重要原因，其要义是让考生亲眼看到自己的试卷评阅情况，找出自己的失分原因，解开心中的“疙瘩”。

对省级考试管理机构而言，考生查阅试卷会带来三个方面的不利影响。第一，考生查阅试卷会增加查卷工作量，如果提出查卷的考生特别多，完成查卷工作需要很长时间，但高考录取是要求在一定时间内完成的，留给查卷的时间不可能太多。马怀德说：“如果开放了查卷，但凡考得差的学生都可能提出查卷，考试机构有没有这个负担能力，要付出多少成本，考试、录取秩序怎么维护都是问题。”第二，考生查阅试卷也会对考试命题工作带来压力。北京语言大学的彭恒利指出，试卷公开必然会引发对答案和评分规则的讨论，评分规则直指命题思路，这会给命题人带来压力。他认为，命题人需要合理设计分数的等值，把试卷的难易程度保持在稳定范围内，如果评分规则过度曝光，考试辅导机构就会摸清命题人的思路，结果将破坏命题的公平性，这是个案和大局的关系，不能捡了芝麻丢了西瓜。[①]第三，考生查阅试卷可能会引发新的腐败，造成考试不公平。如果有人利用查分钻空子，出现权钱交易，尤其是一些主观题，比如把作文得分20分改成30分，会给高考工作带来新的问题。

从试卷与分数的性质来看，根据《教育工作中国家秘密及其秘密具体范围的规定》，国家教育全国统一考试在启动之前的试题（包括副题）、参考答案和评分标准属于绝密事项，国家教育省级统一考试在启用之前的试题（包括副题）、参考答案和评分标准属于机密级事项；国家教育全国、省级和地

① 刘博超. 查卷遭拒考生诉考试院教育厅，高考成绩复核为何不能看试卷？[EB/OL]. http://www.thepaper.cn/newsDetail_forward_1423305.

区（市）级统一考试命题工作及参与人员的有关情况，国家教育地区（市）级统一考试在启用之前的试题（包括副题）、参考答案和评分标准，国家教育全国、省级、地区（市）级统一考试在启用之后的评分标准属于秘密级事项；考试后不应公开的试题和考生答卷以及考生的档案材料虽不是国家秘密，但属于只限一定范围的人员掌握，不得擅自扩散和公开的工作秘密。工作秘密被定义为“机关单位在其公务活动及内部管理中产生的，不属于国家秘密，泄露后可能危及国家安全、公共安全、经济安全和社会稳定，在一定时间内只限一定范围人员知悉的事项”。目前，学界对待工作秘密的基本态度是在批判其范围的不确定性和随意性导致政府信息公开与保密界限不清的同时，又承认工作秘密受到豁免公开保护的必要性，以此作为前提强调建立可能的立法保护模式，如划入国家秘密范畴里进行保护，或者规定为明确的政府信息公开例外。[①]但不少研究者也认为，事实上高考结束后不少报刊、网站对考题、答案包括评分标准进行研究讨论，因此其性质很难界定为工作秘密。[②]而且，《教育工作中国家秘密及其秘密具体范围的规定》属于2001年制定的法案，应该根据2010年修订的《中华人民共和国保守国家秘密法》及2014年颁布的《中华人民共和国保守国家秘密法实施条例》进行相应的修改和调整。

根据《中华人民共和国保守国家秘密法》，国家秘密的密级分为绝密、机密、秘密三级，显然考生的试卷、评分标准等并不属于国家秘密。《中华人民共和国政府信息公开条例》第九条规定，“行政机关对符合下列基本要求之一的政府信息应当主动公开：（一）涉及公民、法人或者其他组织切身利益的；（二）需要社会公众广泛知晓或者参与的；（三）反映本行政机关机构设置、职能、办事程序等情况的；（四）其他依照法律、法规和国家有关规定应当主动公开的”；第十条规定，“县级以上各级人民政府及其部门应当依照第九条的规定，在各自职责范围内确定主动公开的政府信息的具体内容”，并重点公开“扶贫、教育、医疗、社会保障、促进就业等方面的政策、措施及其实施情况”。同时，条例也规定，“行政机关不得公开涉及国家

① 梁艺. 工作秘密不予公开的合法性反思[J]. 时代法学, 2015 (2) : 52.

② 伏创宇. 论国家考试信息是否应当豁免公开[J]. 教育与考试, 2016 (3) : 54-55.

秘密、商业秘密、个人隐私的政府信息。但是，经权利人同意公开或者行政机关认为不公开可能对公共利益造成重大影响的涉及商业秘密、个人隐私的政府信息，可以予以公开”。显然高考分数、试卷包括评分标准并不属于免于公开的信息范围。

笔者认为，增加考生查卷环节，固然会增加工作量，但因考卷直接牵涉学生的受教育权，可以逐步放开与推进考生查阅试卷的权利。第一，针对增加查卷环节，可能出现很多考生都要求查卷的现象，可通过信息公开收费和程序审批进行调节，可根据考生平时成绩、高中学校证明等方式进行管理和调节，即只有考生平时成绩与高考成绩出现较大偏差，并经学校和专任教师证明和认可的情况下，才能提出查卷申请。第二，考生查阅试卷可能会对命题工作带来压力，这一观点值得讨论。因为高考后的试卷与标准答案事实上已经公开，评分标准也因标准答案的公布属于可视与可以把握的范畴，命题工作的压力并不会因为考生查卷而增加，而且通过考生与社会的监督提升命题的质量本身属于考试改革的重要内容。为了避免查阅考卷带来的其他影响，笔者建议可以通过电脑扫描学生试卷存档实现方便快速查阅。第三，考生查卷的确可能带来对评分宽严以及主观题评分的质疑①，这也是各省（区、市）要求查卷只针对漏评、漏统计等情况的主要原因，但信息技术的发展，为主观题查卷提供了更多可能性，我们可以从改客观题分、不改主观题分到主、客观题分均可改逐步推行，从而提升考生的满意度和服务考生的质量，促进高考制度的完善与发展。

---

① 伏创宇. 考试评分决定的性质及其司法审查[J]. 教育与考试, 2017 (3) : 51-52.

第三节
户籍改革、迁徙自由与考试平等权

高考改革中的诸多不公平问题与弊端都与户籍制度有着千丝万缕的联系，但户籍制度的改革不是简单而笼统的摈弃与废除，这使得高考中的公平问题需要更为深入而复杂的思考与讨论，而不仅是道德上的评论与建议。

一、迁移自由与户籍制度改革

迁徙自由指在法律合理的规制下，公民有自主选择居住地的自由。[①] 1791年，法国宪法首先规定了迁徙自由。《世界人权宣言》宣称:“人人在各国境内有权迁徙和居住。人人有权离开任何国家，包括其本国在内，并有权返回他的国家。”《公民权利和政治权利国际公约》也规定:“合法处在一国领土内的每一个人在该领土内有权享受迁徙自由和选择处所的自由。”

在我国，《中华民国临时约法》第六条第七款中就有“人民有居住迁徙之自由”的规定。其后颁布的《中华民国训政时期约法》及《中华民国宪法》亦有此类规定。[②]

1949年颁布的具有临时宪法性质的《中华人民共和国政治协商会议共同纲领》中规定:“中华人民共和国人民有思想、言论、集会、结社、通讯、人身、居住、迁徙、宗教信仰及示威游行的自由权。”1950年，根据公安部的决定，城市开始建立新的户籍制度。1951年，《城市户口管理暂行条例》出台，规定由公安机关统一管理户籍，以户为单位进行户口登记。1953年，城镇人口数量激增使得城市粮食供应出现紧张，住房、教育、医疗等资源也面临短缺。[③]政务院发布《关于劝止农民盲目流入城市的指示》，规定除了与

① 苗连营，杨会永. 权利空间的拓展——农民迁徙自由的宪法学分析[J]. 法制与社会发展，2006 (1) : 17.

② 祖智君，咬亮. 中国户籍制度的改革[J]. 河北学刊，2007 (2) : 248.

③ 中国城乡二元户籍制度形成的来龙去脉[EB/OL]. http://history.sina.com.cn/bk/jgcqs/2014-07-31/141684947.shtml.

工厂签订合同者，不再给农民办理入城手续；此前已经进城的农民，如果没有合理理由的，也要被劝说回家。随后，城乡人口流动的口子进一步缩小。

1955年6月，《国务院关于建立经常户口登记制度的指示》发布，规定全国城市、集镇、乡村都要建立户口登记制度，开始统一全国城乡的户口登记工作。1958年，《中华人民共和国户口登记条例》明确对人口自由流动实行严格限制和管制，并将城乡居民区分为“农业户口”和“非农业户口”两种不同户籍。严格的二元户籍管理制度逐渐在国家计划调控下成为最重要的基础制度之一，并演化出二元的福利制度、教育制度、医疗制度、就业制度等。在优先发展重工业和优先发展城市的政策下，所有资源向城市倾斜。国家为国有经济单位和城镇职工提供住房、医疗、教育等福利待遇，却将非国有单位和农村户口的个人排除在外。①应该承认，户籍管理制度的形成是我国计划经济时代，经济效益低下、物资供应短缺、就业岗位有限的情况下所做的不得已选择，但因为户籍所造成的身份象征与隔阂以及由身份所带来的资源符号加深了城乡之间的差距与矛盾。

20世纪80年代，社会主义市场经济的逐步确立促使户籍制度做出了相应的初级改革。以“农转非”为突破口，1984年国务院发布的《关于农民进入集镇落户问题的通知》以及1985年公安部颁布的《关于城镇暂住人口管理的暂行规定》，标志着户籍政策为农民进行身份转换开放了门户。1994年，国务院颁布了《关于深化粮食购销体制改革的通知》，正式放开粮食零售市场，使粮食供应不再受国家计划和户籍的限制，粮食获取与户籍脱钩。1997年6月，国务院批转了公安部《小城镇户籍管理制度改革试点方案和关于完善农村户籍管理制度的意见》，其中明确规定：从农村到小城镇务工或者兴办第二、三产业的人员，小城镇的机关、团体、企业和事业单位聘用的管理人员、专业技术人员，在小城镇购买了商品房或者有合法自建房的居民，以及其共同居住的直系亲属，可以办理城镇常住户口。1998年7月，国务院批转了公安部《关于解决当前户口管理工作中几个突出问题的意见》，解决了新生婴儿随父落户、

① 王惠，贾密．户籍制度对公民基本权利的损害及反思[J]．河北法学，2017 (2)：115.

夫妻分居、老人投靠子女等几个群众反映强烈的问题，并规定在城市投资、兴办实业、购买商品房的公民及随其共同居住的直系亲属，凡在城市有合法固定的住房、合法稳定的职业或者生活来源，已居住一定年限并符合当地政府有关规定的，可准予在该城市落户。这也使得我国户籍管理中的“农转非”门槛一再降低，“农转非”的范围也逐渐扩大。2001 年，国务院批转公安部《关于推进小城镇户籍管理制度改革的意见》，小城镇户籍制度改革全面铺开，但改革的思路一直停留于更多地开放农业户口转为城镇户口的可能，因户籍所导致的区别对待却始终未被涉及。[①]事实上，户籍制度需要变革的并非户籍登记管理本身，而是附着在户籍之上的对于公民的差异对待。[②]在这样的背景下，各省、区、市开始了户籍制度改革。但不同城市由于经济、社会和人口、环境状况不同，户籍开放程度也不同，有的甚至出现倒退的情况。各地出现了积分制、准入制的改革，对不同人群进行专门规定。准入制是指根据不同种类人群予以特殊规定，比如按一般从业人员、人才引进、留学回国、亲属投靠、投资与购房等维度对人群进行划分，并制定相应的落户标准。整体而言，亲友投靠类的落户在大城市有从紧的趋势，而对于高学历等人才的落户规定则相对稳定。积分落户政策源于 2014 年国务院发布的《关于进一步推进户籍制度改革的意见》，文件对城区人口在 500 万以上的特大城市和超大城市、城区人口在 300 万至 500 万的大城市、城区人口在 100 万至 300 万的大城市提出建立积分落户制度的要求。[③]

目前，在国家大力推动下，各省、区、市进一步推进户籍改革。各省、区、市均提出要建立城乡统一的户口登记制度和居住证制度，并以居住证为载体，建立、健全与居住年限等条件挂钩的基本公共服务提供机制；对建制镇和小城市、中等城市、大城市、特大城市，分别提出了全面放开落户限制、有序放开落户限制、合理确定落户条件、严格控制人口规模等渐进放开的改革要求。当然，由于不同的发展历程，当前各地区户籍开放度在具体要求上仍有很

① 赵宏. 户籍改革与公民平等权保护[J]. 人民论坛, 2017 (4上) : 92.

② 赵宏. 户籍改革与公民平等权保护[J]. 人民论坛, 2017 (4上) : 93.

③ 孙文凯. 中国的户籍制度现状、改革阻力与对策[J]. 劳动经济研究, 2017 (3) : 55.

大差异，各大城市户籍开放度也存在显著差异，北、上、广、深四个主要城市获得户口难度最大，这意味着大城市的户籍制度进行彻底改革仍然存在较大困难，越大的城市和流动人口越多的城市，户籍开放度越低。①

二、户籍制度对受教育机会权的影响

户籍制度对受教育权的影响在高考阶段集中体现在受教育机会的差异上。具体而言，主要包括以下几方面的问题：

（一）“倾斜的高考分数线”在统一高考的背景下带来的省际录取机会的差异问题

2001年，青岛考生姜某（理科，高考成绩522分）、栾某（文科，高考成绩457分）和张某（文科，高考成绩506分）三人分别向教育部提起行政诉讼，诉教育部所做出的关于2001年全国普通高校高等教育招生计划的行政行为侵犯了他们的平等受教育权。张某认为，在青岛，文科专科提档线是509分，一般本科是539分，重点本科是575分，而北京的重点本科提档线是456分，两地分数线悬殊，存在不公平。其代理律师认为，教育部根据不同地域范围对招生人数作不同限定，这种限定使得不同地域的考生被划分成高低不同的等级，并在不同等级中参加高考，而等级之间分数标准线差异巨大，直接侵犯了包括三名原告在内的广大考生的平等受教育权。为此，三名考生请求法院判决被告所做出的关于2001年全国普通高等教育招生计划的行政行为违法，做出补救行政行为以纠正给原告造成的损失，并向被告以及国务院提出司法建议书，以避免今后再发生类似的事。②

不同省份高考录取分数线差异较大的问题已引起各界的广泛关注。在1999年的全国“两会”上，万鄂湘教授起草的“我国高等教育面临的问题与改革”提案，对部分经济发达省市的分数线与一些中部省份相差较大的现状提出质疑；在2000年的“两会”上，全国政协委员、中科院院士姚守拙又提交了“高考招生应在全国范围内按分数高低统一录取”的提案，受到与会

---

① 孙文凯. 中国的户籍制度现状、改革阻力与对策[J]. 劳动经济研究, 2017 (3) : 56-57.

②状告教育部的青岛三考生今天将向高法递诉状[EB/OL]. http://www.people.com.cn/GB/guandian/182/6188/200/08231542260.html.

委员的广泛关注；2000年2月24日，《中国青年报》以整版的篇幅开辟了“倾斜的高考分数线”讨论专栏，该专栏持续近一个月，刊发了大量文章，引起较大的反响；2001年暑期，《中国青年报》又陆续刊登了一组讨论高考分数线的文章。

可以说，青岛三考生状告教育部正是这一系列讨论推动下的一个结果。值得指出的是，该案主要针对的是北京、上海等经济水平较高、教育资源丰富的发达地区的高考录取分数线偏低的现实而言的，社会对经济、教育水平比较落后的欠发达地区，高考录取分数线也比较低的事实持基本认可的态度。

随后，教育部推出了“分省命题”的设想与实践，继上海（1987年）、北京（2002年）实行高考自主命题之后，自2004年起，天津、辽宁、江苏、浙江、福建、湖北、湖南、广东、重庆、山东、安徽、江西、四川、陕西等省市都开始单独组织本省市高考命题工作。至2006年，全国共有16个省市实行自主命题。但分省命题投入大、成本高、效率低，加上命题技术和质量等问题，使得一些省市高考试卷的难度波动过大，对中学教学产生了冲击，而且考试安全的压力过大，客观上削弱了高考的权威性。分省命题虽然可以在表面上消除各省分数线的差异问题，但近年来各省要求恢复统一高考的呼声日益强烈。2015年，教育部宣布扩大3个省使用国家统一试卷，2016年又扩大7个省，即2016年共有25个省份在高考中使用由教育部考试中心统一命制的试卷。虽然教育部考试中心根据各省份的不同需求，命制了4套全国试卷，供各省份选择使用，但毫无疑问，各地分数线的差异比较不可避免，“倾斜的高考分数线”问题伴随着各地教育不均衡的现实将再次凸显出来。

（二）“高考移民”问题

“高考移民”一直是高考管理中的重要问题。每年各地都会出现清理“高考移民”的措施。“高考移民”一般有两种倾向：一是流向经济发达、教育资源丰富、录取率较高的北京、上海等地区；一是流向经济欠发达、教育基础薄弱但相对比较容易被录取的少数民族和边远地区，如青海、海南等地区。

2005年海南高考理科状元李某因“高考移民”身份被查处。根据海南省

2002年高考相关政策，凡学籍未满两年的“高考移民”不能报考本科第一批院校，而李某在海南的学籍刚好差一个月满两年，因此被取消报考本科第一批院校的资格。

2008年的“高考移民第一案”，将“高考移民”问题纳入法律诉讼途径。考生高某原籍河南南阳，2006年，其父母在西安购买了一套商品房后，全家迁往西安。他们咨询得知，在西安买房落户，孩子也能随迁西安参加高考。然而，高考报名时，却接到不能参加高考的通知。据悉，这年西安市共取消88名有类似情况考生参加高考资格。于是，10名相同遭遇的河南籍考生将西安市招生办等教育部门起诉到法院。双方辩论的焦点围绕着陕招办［2007］28号文件中的规定“考生本人或随父亲（母亲）因军转安置、工作调动等正常迁转在陕落户者，不受户籍、学籍年限限制”。招生办代理人辩称，西安市高考报名文件的规定只限于“军转安置、工作调动、再婚或原籍在西安”四种情况，不包含因买房等其他原因迁入者。“10户家庭属于非正常落户，且10名考生及家长均未在西安入住、无西安学籍……”因此认定10名学生属典型的“高考移民”。2008年5月26日，10名考生的诉讼请求被法院驳回。6月2日，在教育部的协调下，河南省招生办同意接收10名学生回原籍考试。①

2011年至2015年，新疆查处“高考移民”600余人，其中，录取后由高校取消学籍者达130余人。2015年至2016年，海南处理“高考移民”119人。宁夏为了有效地防止“高考移民”的不正当竞争行为，对不在当地就读的本地户籍人口，参加高考要求的户籍年限由原来的6年调整为12年。2017年，福建省教育考试院取消63名“高考移民”2018年高考报名资格，另有362名考生资格还在进一步复核中，触动了家长敏感的神经，引发了公众的广泛关注。②

---

① 在西安败诉的河南籍高考移民学生将回原籍考试[EB/OL]. http://news.sina.com.cn/c/2008-06-05/080315685678.shtml.

② 海南新疆宁夏成高考洼地 高考移民为何屡禁不止[EB/OL]. http://society.people.com.cn/n1/2017/1122/c1008-29661774.html.

（三）异地高考问题，特别是进城务工人员随迁子女的异地高考问题

一般认为，异地高考问题与“高考移民”是不同的两种现象。研究者认为，异地高考与“高考移民”产生的根本原因存在区别，异地高考问题的根源是高考户籍制度与经济社会发展特别是城市化进程之间的矛盾；而“高考移民”产生的根本原因是高考招生利益分配的地区不均衡性。[①]从行为主体来看，异地高考的行为主体大多是进城务工人员随迁子女，无论是进城务工人员还是其子女均属于流入地的外来人口，这一规模庞大的群体普遍在经济、政治和社会支持系统方面处于相对弱势地位。“高考移民”则不同，在当前以户籍为本位的高考制度下，甘冒政策风险而移民参加高考的多是那些在经济资本、政治资本和社会支持系统中占优势的家庭子女。[②]

但也有研究者认为两者在本质上类似，都与高等教育资源分配不均衡及高考户籍制度相关，并且在形式和实质上有相似之处，只是两者在流动主体、流动目的和流动方向等方面都有所不同。[③]随迁子女考生因为包含了进城务工人员子女，使得随迁子女考生成为弱势群体的代名词，其公平参与高考的考试权也天然获得合法性与广泛的支持。

随着城市经济的发展和流动人口的增加，随迁子女的受教育问题成为社会关注的问题。2008年，一名非北京户籍考生因没有北京户口怀疑自己无法报名参加高考，服毒自杀。2011年1月，北京市“两会”前，30多名家长向100多名北京市人大代表寄送呼吁书及签名册。2011年北京“两会”期间，13名北京市人大代表联名递交了“合理解决非北京户籍居民的子女参加北京地区中考和高考”的提案。2012年2月29日，山东率先出台政策规定，自2014年起允许非户籍考生异地高考。但山东的异地高考政策并没有掀起波澜，事实上山东作为考生大省，考试竞争激烈，历来高考门槛较高，有意愿在山东参加高考的外省籍考生并不多。2012年3月，一些随迁子女家长发表了致全国人大代表、全国政协委员的公开信，呼吁代表、委员关注教育公平

---

① 欧颖，郑若玲．异地高考：理想与现实的两难问题[J]. 中国考试，2013 (1) : 10.

② 叶庆娜，陈绍华．农民工随迁子女高中教育与高中择校、高考移民的辨析及启示[J]. 西北人，2012 (4) : 106.

③ 刘惠．“异地高考”与“高考移民”的概念辨析及政策启示[J]. 教育科学研究，2013 (6) : 36.

问题，推动取消高考户籍限制的政策尽快落实。2012年9月，教育部等四部委出台《关于做好进城务工人员随迁子女接受义务教育后在当地参加升学考试工作的意见》，要求各地出台有关随迁子女升学考试的方案。2013年，有30个省份出台了相应的异地高考政策，分别从学生学籍年限、父母职业、父母其他条件等方面进行了规定。比较而言，山东、福建、河南、河北、江苏、江西、湖北、湖南等地区高考竞争激烈，异地高考门槛较低，主要对高中学籍、父母条件作出规定；而海南、宁夏、贵州、广东、广西、浙江等地区条件比较苛刻，增加了对初中学籍的规定；北京、上海、天津、内蒙古、云南、青海等地区则提出了更为苛刻的要求。

2017年，新疆出台规定，非新疆户籍来疆务工人员随迁子女，只要在这里有小学、初中和高中12年完整学籍，父母有12年合法稳定职业和居住证，并有社保缴费记录或纳税证明，孩子就可报名参加高考；或者来疆务工人员本人及随迁子女，有两年以上常住户口和连续三年完整学籍，也能报名参加高考。《2017年海南省普通高等学校招生考试报名工作实施办法》规定，满足“异地高考3个6”[①]“异地高考2个12”[②]的考生，可以在海南省报名参加高考，且不受报考批次限制；符合“异地高考3个3”[③]的考生，可以在海南省报名参加高考，但只能报考本科B批及高职专科学校；符合“异地高考3个有”[④]的考生，可以在海南省报名参加高考，但只能报考本省的

① “异地高考3个6”报考条件，即本人及其法定监护人在海南省有合法稳定的住所(含租赁)并连续居住满6年；本人初一到高三年级在海南省学校有学籍并连续在海南省就读6年，同时在海南省普通高中学校毕业；其法定监护人在海南省有合法稳定的职业，并按规定参加海南省从业人员各项社会保险(灵活就业人员参加从业人员基本养老和基本医疗两项社会保险)满6年。

② “异地高考2个12”报考条件，即考生本人小学一年级到高三年级在海南省学校有学籍并连续在海南省就读满12年，同时在海南省普通高中学校毕业，本人及其法定监护人在海南省有合法稳定的住所(含租赁)且就读期间连续居住满12年，其法定监护人在海南省有合法稳定的职业。

③ “异地高考3个3”报考条件，即本人及其法定监护人在海南省有合法稳定的住所(含租赁)并连续居住3年以上(含3年)不满6年；本人初中阶段在海南省学校就读并毕业，参加海南省中等学校招生考试取得海南省高级中等教育学籍并连续在海南省就读满3年，同时在海南省高级中等教育学校毕业；其法定监护人在海南省有合法稳定的职业，并按规定参加海南省从业人员各项社会保险(灵活就业人员参加从业人员基本养老和基本医疗两项社会保险) 3年以上(含3年)不满6年。

④ “异地高考3个有”报考条件，即本人及其法定监护人在海南省有合法稳定的住所(含租赁)，本人在海南省有高级中等教育学校就读经历，并取得高级中等教育学校毕业证书，其法定监护人在海南省有合法稳定的职业，可以在海南省报名参加高考，但只能报考本省的高职专科学校。

高职专科学校。广东省2017年8月出台的2018年异地高考政策规定的异地高考报名条件是：父母拥有合法稳定的职业、合法稳定的居所；父母在广东拥有3年的社保证明、居住证，子女有在广东就读的3年高中学籍。符合参加高考升学考试准入条件的进城务工人员随迁子女，按要求办理报名手续在广东省参加高考的，与广东省户籍考生同等录取。北京2018年的异地高考政策仍规定，进城务工人员持有在有效期内的北京市暂住证（或有效居住登记卡、居住证）或工作居住证，在京有合法稳定住所，在京有合法稳定职业已满6年，在京连续缴纳社会保险中的基本养老保险或基本医疗保险已满6年，随迁子女具有本市学籍且已在京连续就读高中阶段教育3年学习年限的，可报名参加北京高考。

部分学者认为，分省命题直接引发了严重的异地高考问题。据第六次全国人口普查结果，目前全国有2.2亿人离开户籍所在地迁居异地工作或生活。京、沪、深等城市，非户籍人口已超过35%。在目前高考报名、录取采用学籍与户籍双重认定的前提下，随迁子女必须回户籍所在地参加高考。而由于各省教材不同、分省命题和考试，随迁子女回户籍所在地参加高考又面临难以融入的障碍。为此，张千帆教授提出，如果恢复全国统一考试，随迁子女高考问题便可自动消失。[①]另一种观点提出将户籍与高考资格脱钩，允许流动人口子女在经常居住地参加高考。刘海峰教授则认为，“全国统一命题无法化解异地高考困境”[②]。事实上，“倾斜的高考分数线”“高考移民”、异地高考问题有着共同的成因，从表面上看，这三类现象都与户籍制度有紧密联系，但实际上取消户籍制度，实行迁徙自由，这些问题与现象也不会马上解决。户籍制度背后的二元教育体制、分省定额的高考录取制度以及教育发展不均衡等才是问题的主因。

三、美国的“教育移民”及相关诉讼案例

“他山之石，可以攻玉。”在美国，虽然没有城市和农村户口的区分，但仍随着身份不同，如本州公民与非本州公民、居留条件不同，存在优惠享有

① 张千帆. 张千帆教授谈异地高考[J]. 中国西部, 2012 (9) : 32.

② 刘海峰. 全国统一命题无法化解异地高考困境[J]. 教育发展研究, 2013 (9-10) : 1.

上的差别，从而对学生的受教育权、学费等产生重要的影响。美国宪法保障迁徙自由，但迁徙权的核心问题是新移居该州的其他公民是否有权享有本州居民所享有的优惠与豁免权。[①]美国宪法第四条第二款规定，“每一州公民得享有其他各州公民的一切特权与豁免权”，这被称为州际特权和豁免权条款。按照这一规定，每一州的公民都应该享有其他州的州公民待遇，但事实上并非如此，各州都设立了州公民待遇的基本条件和限制，以维护本州公民的权利。

在“瓦兰第斯诉科莱因案”（Vlandis v. Kline）中，法院宣布“州可以确立州内身份的合理标准，以使那些实际上不是该州的真实居住者而仅是为了教育目的而来到该州的学生，不能享有本州的学费优惠比例”[②]，从而确定了以真实居住目的作为判断学生是否能够享受教育优惠的标准。在“马丁内兹诉白纳姆案”（Matingez v. Bynum）中，得克萨斯州的教育法律规定，如果一个孩子不和父母或者其他法定监护人住在一起，其首要目的仅仅是为了进入这个学区的学校就读，则学区有权拒绝这个孩子免费进入公立学校接受教育。一个出生在美国的公民莫尔斯离开居住在墨西哥的父母的家，和居住在得克萨斯州麦阿伦的姐姐居住在一起，他要求免费进入麦阿伦的公立学校就读。麦阿伦学区认为莫尔斯移居美国的主要目的仅仅是为了进入麦阿伦的学校读书，因此拒绝莫尔斯免费入学。孩子的家长就此起诉，而最高法院判决支持该州的法律，从而确定了真实居住标准的合宪性。[③]

在“托尔诉莫雷诺案”（Toll v. Moreno）中，[④]马里兰大学因拒绝向持有G-4签证（这是一种提供给政府人员、国际协议组织成员以及所在家庭成员的非移民类别签证）的外侨提供和州内居民学生一样的学费优惠待遇（preferential treatment，这些学费优惠的对象是永久居住公民和外国移民学生）被起诉。1973年，马里兰大学宣布了一项关于州内居民学生学费的政策。根据这一规定，马里兰大学向州内居民学生和永久居住的外侨学生提供区别于其

① 曹淑江, 张辉. 美国流动和迁徙人口的教育法律与政策及其对中国的启示[J]. 外国教育研究, 2007 (1) : 62.

② 刘海波. 法律技术与户籍制度困局[J]. 浙江学刊, 2006 (5) :136.

③ 刘海波. 法律技术与户籍制度困局[J]. 浙江学刊, 2006 (5) : 136.

④ U.S. supreme court education cases[M]. Malvern: Center for Education & Employment Law, 2005: 38-40.

他学生的入学、学费及监管上的待遇。条件是学生的经济来源为马里兰州的单亲、双亲或者住在马里兰州的夫妻，经济支持到即将入学学期注册日期的最后一天需达到连续6个月以上，或者学生经济在注册之前独立至少12个月以上；学生在马里兰州居住时间到注册日期的最后一天需达到连续6个月以上。1975年，朱安·卡洛斯·莫瑞诺、朱安·帕布罗·奥特罗和克莱尔·B.霍格就读马里兰大学，其经济来源都是自己的父母，而他们均是持G-4签证的外侨。但大学拒绝向他们以及其他所有的外侨提供同等待遇。为寻求法律保护，三名学生提出集体诉讼，声称大学的政策违反了诸多联邦法律，如"正当程序条款"（the Due Process）、"第十四条修正案之平等保护条款"及"主权条款"。

地区法院判三名原告及原告所代表的G-4签证持有者胜诉。在地区法院看来，大学拒绝向三名学生提供与永久居民同等待遇的优惠学费政策，其依据是不可驳回的法律推定，即推定G-4签证持有者不能真实地成为马里兰州的永久居民。但不管根据联邦法律，还是马里兰州法律，这样的推定结果无法形成一种"普遍的存在"。根据1973年"瓦兰第斯诉科莱因"一案来看，州内居民学费优惠政策违反了"第十四条修正案之平等保护条款"。同时，法院也宣称马里兰大学不能只根据一份"不可驳回的非居住民推定"就拒绝向原告提供同等待遇。

高等法院第四巡回法院同意地区法院的判决。巡回法院认为，就联邦法律来看，G-4签证持有者可视为"永久居住民"。但关键问题是，G-4签证持有者是否无法从法律上成为马里兰州的永久居民。巡回法院将此问题转交马里兰州高等法院，得到的回复为"否定"，即"根据马里兰州永久居住法，G-4签证持有者及其依靠者无法成为马里兰州的永久居住民"。有意思的是，在该问题转交之后、马里兰州高等法院回复之前，马里兰大学针对这项政策提供了一份澄清补充说明书，指出州内居民学生的含义不会在原有基础上发生改变，支持现行政策。然而，不管这份说明书是否遵守马里兰州的现行法律，但其宣称的大学利益涉及以下几点：向与马里兰州保持密切关系以及为马里兰州经济发展做出更多贡献的人员提供更高的教育补贴，以此限制大学经费支出；在向有倾向成为永久居住民的学生提供教育服务方面努力实现平等化；有效管理大学政策和诉讼程序；禁止对外侨学生的入学、学费、管理方面进行区别对待。

巡回法院认为这份澄清补充说明书意味着大学立场的变化。在说明书出台之前，大学关心的重点是永久居民；说明书出台之后，永久居民不再是大学政策需要考虑的首要政策。巡回法院总结道，修改州内政策在法律上属于无效，原因有两点：第一，法院认为这一政策与“第十四条修正案之平等保护条款”相冲突。法院认为，这一大学政策受到质疑，是因为包含了外国人法律身份的定义与区分，而这需要足够严格的审查和相关政策分析。否则就是第二种情况，法院会认为州政策涉及移民制度，而这就侵犯了国会特权，违反了“主权条款”。巡回法院基于这些理由维持了原判。

法院虽然判决马里兰大学对外国人身份的界定侵犯了国会特权，但事实上并没有判定马里兰大学对州内居民实行优惠政策违宪。一般而言，美国虽然在宪法上确定了公民自由迁徙的权利，但也认同州优惠待遇和公民待遇的限制性条件，包括等待期的要求，如在本州居住一年以上、真实居住等。由此可见，美国宪法承认州际特权和豁免权条款，其目的是禁止歧视，但事实上宪法并不禁止对州公民的身份及其优惠权利进行限制，这对于我国制定高考政策具有启发意义。

四、坚持户籍与高校招生机制改革，促进高考公平

高考制度与户籍基本呈现紧密的“捆绑”状态，使得高考户籍制度成为其显著的制度属性。[①]除高考户籍制度的原因，“倾斜的高考分数线”“高考移民”、异地高考等问题背后还有更为深层次的原因。

（一）由历史原因形成的分省招生录取的体制和分省定额的招生机制

1952年之前，高考并不强调按省或行政区进行名额分配，事实上学生来源不足一直是高考中的主要问题。从1952年开始，为统一计划、统筹办理全国高等学校招生工作，改变以往招生中的混乱现象，教育部明确规定，无论什么学校，凡招收一定程度的学生和青年，其招生名额必报请各大行政区教育（文教）部，根据全国招生计划审核批准。也正是在1952年，教育部

① 李丙龙. 高考移民与异地高考的差异分析[J]. 教育评论, 2013 (3) : 48.

发布了《一九五二年暑期全国高等学校招生计划》，计划招生50000人，其中华北地区名额15550，华东地区名额15910，东北地区名额6020，中南地区名额7560，西南地区名额3300，西北地区名额1660。[①]但1952年全国高中毕业学生仅有37143人[②]，名额计划的意义有限。1953年，全国高等学校计划招生7万人，但高中毕业生仅54193人，工农速成中学毕业生1750人。[③]1954年，《关于保证完成一九五四年全国高等学校招生计划的决定》指出，“今年高等学校计划招生9万多人，但今年全国仅有高中毕业生和工农速成中学毕业生7万多人”[④]。1953年，在《为全部实现高等学校招生计划而努力》中，针对地区调配指出，“学生少的华北、东北和西北区的考生，以分配入本区学校为原则；学生多的华东、中南和西南区考生当中，报考华北、东北、西北区（学校）的，分配到各该区；华东、中南、西南区考生原则上不得互调”[⑤]，但这种调配也主要针对各大行政区高级中学毕业生的数量与各区高等学校招生数量不平衡的问题。

从1955年开始，报考人数与招生计划出现了不平衡，1955年计划招生91100人，在超额录取3930人的基础上，仍出现了6万多名考生不能被录取的情况。[⑥]但1956年招生计划高达17万人，高中毕业生仅15.6万人，不能满足高校招生的需求，经过努力扩大生源，报考人数高达36万人，最终录取189849人。[⑦]1957年，高中毕业生为19.9万人，但高校招生计划仅约12万人。[⑧]为解决学生的地区分布和各地区的高等学校招生任务之间的不平衡，教育部再次确定了招生地区划分的基本原则：①主要为本省、自治区、直辖市培养干部的高等师范、农科、医药院校，原则上应该招收本省市的学生；②北京大学、清华大学、哈尔滨工业大学、交通大学、北京农业大学、北京师范大学、北京医学院七校在全国各地招生，军事、国防工业、外交性质的

① 杨学为. 高考文献(上)[M]. 北京: 高等教育出版社, 2003: 7-8.
② 杨学为. 高考文献(上)[M]. 北京: 高等教育出版社, 2003: 7-8.
③ 杨学为. 高考文献(上)[M]. 北京: 高等教育出版社, 2003: 22.
④ 杨学为. 高考文献(上)[M]. 北京: 高等教育出版社, 2003: 54.
⑤ 杨学为. 高考文献(上)[M]. 北京: 高等教育出版社, 2003: 31.
⑥ 杨学为. 高考文献(上)[M]. 北京: 高等教育出版社, 2003: 139-140.
⑦ 杨学为. 高考文献(上)[M]. 北京: 高等教育出版社, 2003: 178, 223-224.
⑧ 杨学为. 高考文献(上)[M]. 北京: 高等教育出版社, 2003: 228.

高等学校和其他部分高等学校，因专业情况特殊，需要到其他地区招收一部分学生的，由全国高等学校招生委员会另行规定；③除上述性质以外的其他高等学校，原则上应当在原大行政区范围内招生；④华北、西北地区由于学生来源少，这两个地区的一部分高等学校，除了在所在地区招收学生以外，还可以在华东、中南地区招收一部分学生，西北地区和云南、贵州两省的一部分高等学校可以在四川省招收一部分学生，招收的名额，由全国高等学校招生委员会规定。[①]

1958年，高校招生计划为14.8万人，后增加到15.3万人，全国高中毕业生有20万人，加上工农速成毕业生22万人，大大超过了招生计划。为了更好地完成国家的招生计划，教育部规定，各校的招生范围应该根据就地取材与地区调剂相结合的原则作统一安排，具体情况为：①主要为本省、市、自治区培养干部的学校，原则上应招收本省、市、自治区的学生；②全国性的学校可以在全国各地招生；③协作区性质的学校，原则上在学校所在地的协作区或者原大行政区范围内招生；④学生来源较少的地区的一部分学校，可以到学生来源较多的地区招收一部分学生。根据这些原则，教育部和各省、市、自治区及各学校协商后，拟定了全国高等学校招生人数地区调剂方案。[②]这也是最早的按照省计划招生的方案。此后基本形成了高考分省定额的传统，即中央各部门所属高等学校在各省、市、自治区的招生人数，由教育部调配方案。省、市、自治区所属高校一般在各省、市、自治区招生，如果需要到其他省份招收部分新生，由各省份之间自行协商决定。[③]

就地取材与地区调剂相结合的原则，在1977年恢复高考后仍发挥了重要作用，教育部出台相关规定明确了招生计划按照国家计划执行。面向全国的院校及专业实行全国招生，面向地区的院校及专业在地区范围内招生，面向省、市、自治区的院校在本省、市、自治区招生。1983年，教育部规定，中央部门所属高等学校的招生来源计划由教育部汇总平衡，下达各省、市、自治区执行。全国重点院校在某些地区如按原定计划录取，不能保证基本质

---

① 杨学为 .高考文献 (上) [M]. 北京: 高等教育出版社, 2003: 272.

② 杨学为. 高考文献 (上) [M]. 北京: 高等教育出版社, 2003: 318.

③ 杨学为. 高考文献 (上) [M]. 北京: 高等教育出版社, 2003: 396.

量，允许调整到其他省、市、自治区录取，调整幅度以不超过20%为原则。[①]1983年，教育部开始改革招生来源计划，提出招生来源计划应同国家及各地的现代化建设需要相适应。制订招生来源计划必须根据人才培养规划，尽可能考虑各方面的实际需要，注意把招生来源计划和毕业生分配适当结合起来；同时，必须贯彻择优录取的原则，在考生质量好、数量多，政治思想品德考核、考试、体检、中学建档等工作比较好的省、市、自治区，多安排一些招生名额，并促进人才的合理流动。[②]

1984年，教育部出台《关于改革招生来源计划试点工作的通知》，选择上海交通大学、西安交通大学、南京大学、武汉大学、北京师范大学、华东师范大学六所院校进行改革招生来源计划的试点工作，确定试点院校在各地的招生名额，包括为中央部门培养和为地方培养两部分，培养比例根据学校、专业性质确定。师范院校大部分为地方培养，适当考虑中央部门在各地的需要；综合大学、理工院校中的通用专业，兼顾中央部门和地方两方面，专用专业主要根据培养目标和实际确定培养比例。之后，在总结试点院校和其他院校经验的基础上，教育部又出台《关于改革教育部部属高等学校招生来源计划的意见》，在教育部部属学校全面试行。

《关于改革教育部部属高等学校招生来源计划的意见》认为，1978年以来，中央部门所属高等学校招生来源计划都是根据“国家和各地现代化建设的需要，注意把招生来源与毕业生去向适当结合起来，择优录取，并促进人才合理流动”的原则编制的，但现行招生来源计划存在严重缺陷，主要体现在两方面：一是盲目性较大，难以根据国家及各地现代化建设需要安排招生计划，不利于择优，在考生质量好、数量多的地区不能多招生；二是计划管理体制高度集中，统得过死，限制了高等院校和地方的积极性，不利于学校同社会联系。为此，教育部提出高等学校应加强对社会需求的调查，同时要求各部委人事（干部）部门，各省、自治区、直辖市计划部门在做好人才需求预测的基础上，参考教育部部属院校培养能力和历年国家直接分配毕业生人数，于每年10月前向教育部提出下一年分专业、分地区培养学生人数建

① 杨学为.高考文献(下)[M].北京:高等教育出版社,2003:176.

② 杨学为.高考文献(下)[M].北京:高等教育出版社,2003:199.

议。同时，教育部也提出了编制培养学生计划原则，要求学校以年度计划招生数的60%左右，按专业编制为部门、地区培养学生计划。编制原则包括：①要在国家计划指导下，根据国民经济建设重点和社会发展需要制订为部门、地区培养学生计划，要充分考虑各校各专业特点，注意人才培养、使用效益。②为部门和地方培养学生的比例，根据学校、专业性质确定。师范院校大部分为地方培养，适当考虑中央部门的需要；专用专业根据培养目标和实际需要确定培养比例。③为院校所在地培养学生的比例，一般占所需专业的15%—20%；对全国供不应求的专业，比例适当缩小，布点均衡的专业可适当增加。④注意为边疆、少数民族地区培养人才。⑤布点均衡的专业，招生地区应尽可能集中，各学校可逐步形成地区分工；独设专业或有特色的专业，招生地区可适当铺开，也可考虑隔年轮流招生。为了更好地贯彻择优录取的原则，教育部也规定，学校首先应根据为部门、地区培养学生计划，结合毕业生去向，安排招生来源计划，年度计划招生数的30%—35%安排到考生质量与招生工作都较好的地区招生，并保留年度计划招生人数的5%—10%，待统考后由学校决定到考生志愿填报多、质量好、招生工作也较好的地区招生。此外，《关于改革教育部部属高等学校招生来源计划的意见》还要求改革由教育部编制、下达招生来源计划为由学校直接编制、发出。[①]该意见的基本精神在1987年的《普通高等学校招生暂行条例》中固定下来。

1987年，国家教育委员会印发《普通高等学校招生来源计划编制工作暂行规定》，确定了招生来源计划的编制原则，明确了国家教育委员会、中央其他部门和高等学校之间的职责和分工，提出了编制程序和其他相关事项。[②]1994年，国务院关于《中国教育改革和发展纲要》的实施意见指出，改革招生计划体制，试行国家任务计划与调节性计划相结合的体制。在人才市场、劳动力市场比较完善，全面试行缴费上学制度后，学校可根据社会需求和办学条件自行调整招生规模。国家通过制定学校设置及学位和学历证书的基本标准、审核办学条件、教学评估、拨款以及发布毕业生就业状况和人

① 杨学为. 高考文献（下）[M]. 北京：高等教育出版社，2003：213-215.

② 杨学为. 高考文献（下）[M]. 北京：高等教育出版社，2003：296-298.

才供求信息等手段，调控招生总规模和专业结构。[①]1998年，《中华人民共和国高等教育法》明确了高等学校根据社会需求、办学条件和国家核定的办学规模，制定招生方案，自主调节系科招生比例的自主权。

（二）高校特别是重点高校的地域分布不均衡

截至2017年5月31日，全国高等学校共计2914所，其中普通高等学校2631所（含独立学院265所），成人高等学校283所，但高校地区分布不均匀，尤其是重点高校集中分布在经济发达地区的各大城市。2017年，国家公布一流大学建设高校42所，一流学科建设高校95所，其中北京31所，江苏15所，上海13所，四川8所，湖北、陕西各7所，天津、广东各5所，辽宁、黑龙江各4所，吉林、浙江、安徽、山东、湖南各3所，福建、河南、重庆、新疆各2所，河北、山西、内蒙古、江西、广西、海南、贵州、云南、西藏、甘肃、青海、宁夏各1所。[②]近年来，关于部属院校招生地方化严重的问题再次引起了社会各界的热议，为此，国家出台各种措施进行了调整，如2009年教育部就发文要求各部属院校本科生招收学校所在地生源比例不得超过30%，但这一目标至今仍有高校没有达到。

各大高校的招生指标按照省份划分，同一所高校在不同省份的招生指标存在差异。以2009年北京大学的各省份招生指标为例，北京大学在北京市投放的招生指标为每万名考生66.8名，在天津是10.2名，在上海是4.8名，全国平均是2.2名，在山东和河南分别是1.1名和1名，在广东和安徽分别是0.68名和0.66名。也就是说，因为户籍和招生指标的差异，广东考生和安徽考生考入北京大学的门槛比北京考生要高得多。2017年，北京市高考报考人数是6.06万人，北京大学在北京的录取人数约为300人，录取比例约为0.5%；河南省参加高考的一共有82.6万人，有199人被北京大学录取，录取比例约为0.024%；而广东省2017年的高考人数为73万人，北京大学录取人数为148人，录取比例比河南省还要低。2017年各省的一本录取率的差距也相当显著，最高的上海市一本录取率高达69.9%，其次是北京市，一本录取

① 杨学为. 高考文献(下)[M]. 北京: 高等教育出版社, 2003: 528.

② “双一流”大学各省分布情况统计[EB/OL]. http://gaokao.eol.cn/news/201709/t20170922_1556179.shtml.

率是42.26%，海南为40.95%，山东为31.82%。

（三）高考招生名额分配问题复杂，且是社会关注的问题

2016年，教育部公布《关于进一步规范高等教育招生计划管理工作的意见》，明确部属高校要根据国家政策导向，综合考虑各省高考报名人数、生源质量等因素，科学制定分省招生计划安排原则和办法，严格控制属地招生比例。2017年，教育部发布《关于做好2017年普通高等教育招生计划编制和管理工作的通知》，要求进一步增加支援中西部地区和录取率相对较低省份的招生名额，中央部门所属高校要积极履行促进入学机会公平的社会职责，合理确定分省招生计划，向重点高校录取比例相对较低的省份倾斜。同时，国家继续实施重点高校招收农村和贫困地区学生的国家专项计划、地方专项计划和高校专项计划，国家专项计划招生规模安排6.3万人，地方专项计划招生规模原则上比2016年增加10%以上，高校专项计划招生规模不少于有关高校年度本科招生规模的2%。

但招生计划与指标的调整触动了相关群体的敏感神经，从2008年开始，教育部开始实施“支援中西部地区招生协作计划”，以实现省际高考录取率最低省份与全国平均水平的差距从15.3个百分点缩小到5个百分点以内的目标。2016年，“支援中西部地区招生协作计划”安排21万人，其中本科14万人。根据该方案，江苏、湖北、上海、浙江等12个省份向山西、江西、河南、湖南等10个中西部省份总计调出16万个高考招生名额，以平衡不同省份间的高等教育机会，其中湖北40000名、江苏38000名调剂名额为全国最高，引发了两省考生家长的强烈反响。2017年，“支援中西部地区招生协作计划”共安排28.7万人，其中本科16.7万人，引发了社会对减招名额、高考名额分配以及高考制度的大讨论。

从现实的角度来看，“高考移民”、流动人口的招考平等权所反映的现实在短时间内还不可能得到根本的解决，也难以通过司法得到解决。根据规定，经教育部批准（或备案）的具有普通高等学历教育招生资格的高校在国家核定的普通高等教育年度招生规模内，可按有关计划编制工作要求以及招生章程确定的招生计划分配原则和办法，编制本校的分省（区、市）、分专业招生计划（即招生来源计划）。各省级教育行政部门、有关部门（单位）

和各高校须在国家核定的普通高等教育年度招生规模内按有关计划管理办法编制、调整、执行招生来源计划。高校应根据我国经济社会发展的需要，加强对人才需求的分析、预测，结合自身办学条件、毕业生就业情况和各省（区、市）的生源情况，做好招生专业结构、层次结构、区域结构的调整，自主、科学、合理地安排招生来源计划。对此，刘海峰教授认为，1952年建立高考制度以后，逐渐在统一考试基础上，进行各校之间的调配，或实行计划招生，在一定程度上缓解了地区之间的不平衡状况。有人认为现在的重点大学在各省份录取名额差距巨大是因为实行招生指标的计划管理所致，但实际上，不实行计划管理，各省份之间的差距可能更大。①

的确，如果不实行分省录取与分省定额制度，很可能更不公平。北京、上海等大城市经济发达，教育条件优于中西部省份，但现在的分数线在向边远落后地区倾斜的同时，也向教育资源丰富的大城市倾斜，使得这些地方"低分数线、高录取率"，而一些生源大省则面临"高中比高"的激烈竞争态势。这显然有悖于考试公平原则，背离了维护区域公平的分省录取制度的初衷。②各地录取分数线差距巨大，公平吗？无疑存在一定的不公平。一些考试竞争激烈地区的考生前往经济和教育不发达地区，挤占该地区的招生名额，同样也不公平，但这也是针对现有高考录取制度的一种反应策略，有一定的必然性。招生计划调整受到政治、经济、文化、教育、人口、就业等多种因素的制约，不仅承载公平理念的形成，也蕴含着维护和保持社会安定的深远考虑。一千多年的科举发展史已经告诉我们，从不分地区完全凭科举考试成绩取士到南北卷制度，再到分省定额取中制度，是录取制度发展的必然，也是更为公平、合理的制度。如果按分数在全国统一录取，那么，京、津、沪等大城市的高校，很可能出现生源名额被少数几个高分省份所"瓜分"，而其他省份却寥寥无几的局面，一些边远省份甚至可能会重演录取"遗漏"的历史，这不但会造成地区之间更大的不平衡，而且会给国家的安定统一带来隐患。③由于这一问题涉及公民的基本权利，笔者认为，国家应

① 刘海峰. 全国统一命题无法化解异地高考困境[J]. 教育发展研究, 2013 (9-10) : 1.
② 郑若玲. 考试公平与区域公平: 高考录取中的两难选择[J]. 高等教育研究, 2001 (6) : 56.
③ 郑若玲. 考试公平与区域公平: 高考录取中的两难选择[J]. 高等教育研究, 2001 (6) : 56.

该综合考虑政治、经济、人口、文化、高校布局等多方面的因素，出台相应的法规，对高校如何编制招生计划作出清晰而具体的规定。目前，高校在履行招生权时，往往根据过去形成的传统和经验进行调整，缺乏详细而科学的论证，更缺乏公开的解释与说明。为了保证公平与维护考生的权利，有必要要求各高校，特别是教育部直属高校，确定编制招生来源计划的基本原则和程序，使各省在录取机会上实现基本公平。我们固然应该允许部分省份的招生计划存在一定幅度的调整和修正，但也需要公开调整的基本范围、理由和程序，从根本上杜绝“高考移民”、异地高考所导致的问题。要对北京、上海等高校集中的地区的招生计划进行合理的调配，必要时可以采取听证会的方法来进行，从而平衡北京、上海等发达地区与其他各省份之间的利益和考生权益。

户籍制度改革不能一蹴而就，因噎废食。户籍制度改革，其目标是在保障公民迁徙自由的基础上，革除户籍制度的利益分配职能，保证社会制度的正义性与公平性，最终实现城乡统一下的公民权平等。然而这一目标的实现只能循序渐进地推进。其实，即使立刻废除户籍制度，也不意味着户籍制度背后所隐含的二元教育体制会马上得到解决。二元教育体制的形成以及各地教育水平的差异是逐渐形成的，其调整也需要时间。在重视个人权利的背景下，每个人都希望维护自己的权利，但不同个体的利益冲突需要制度上的逐步完善来解决。比如其他省份的人希望获得北京、上海户口从而拥有目前北京、上海市民所享受到的社会待遇，自然就会遇到北京、上海市民保护现有权益、防止被外来人口瓜分的巨大阻力。在两者的博弈之中，户口迁移审批制度无论怎么改革都很难两全。[①]对教育而言，公民在享受教育权利的同时也要承认一定条件的限制与许可是合理、合情与合法的，如何确定一定的条件和限制才是考试平等权的核心内容。我国在坚持户籍改革的同时，逐渐放开考试与受教育权的限制，但这需要一个长期的过程。

① 王太元. 从迁徙自由到自由迁徙——户籍改革的科学发展之路[J]. 人口研究, 2008 (1) : 49.

第四节
高考加分问题研究

对高考加分，历来就有不同的观点。反对者更多从公平出发，要求尽快规范甚至取消高考加分政策，以便减少“以权谋分”的腐败现象；支持者则强调加分制度的本来目的，即补充高考成绩作为高校招生标准的不足，引导素质教育的发展，呼吁应对高考加分政策进行改革而不是简单地取消或废止。究竟应该如何看待高考加分政策中涉及的公平问题？如何看待当前社会对加分政策的批评？有必要从高考加分制度的演变历史，当前争议较多的奖励性加分、地方加分以及补偿性加分出发，探讨高考加分制度的改革方向与建议。

一、高考加分的历史演变

（一）1950年—1976年：从宽录取到优先录取

1950年，教育部《关于高等学校一九五〇年度暑期招考新生的规定》首次谈到了“从宽录取”政策，即对于有三年以上工龄的产业工人、参加工作三年以上的革命干部及革命军人、兄弟民族学生以及华侨学生，考试成绩虽稍差，得从宽录取，只需报考时缴验有关机关、部队、工厂、团体的证明文件。[①]1951年，关于从宽录取政策有了进一步说明和限制，教育部《关于高等学校一九五一年暑期招考新生的规定及一九五〇年招生总结》规定，特殊考生在考试成绩上虽稍差，但可望在一学年内补习及格者，得从宽录取。在从宽录取的对象上，该规定有进一步细化与说明，其招收对象包括：①工厂、矿山、农场等产业部门的青年工人，工龄在三年以上者；②工农家庭出身或本人是工农成分的干部，参加革命三年以上者；③非工农家庭出身，本人又非工农成分的干部，参加革命五年以上者；④少数民族学生；⑤华侨学

① 杨学为.高考文献(上)[M].北京:高等教育出版社,2003: 4.

生。在录取程序上，除了缴验有关机关、部队、工厂、团体的证明文件，还专门强调了学生录取后，学校应积极设法适当补习。[①]1952年，从宽录取政策进一步延续，产业工人、革命干部、少数民族学生和华侨学生仍享受该政策优惠。[②]

1953年，我国开始实行“优先录取”政策，高等教育部、教育部联合发布的《关于全国高等学校一九五三年暑期招考新生的规定》中指出，工农速成中学本届毕业生及合于以下条件之产业工人、革命干部，当其成绩达到所报考系科的录取标准时，应优先录取：①工厂、矿山、农场等产业部门的工人，工龄在三年以上者；② 工农家庭出身或本人是工农成分的干部，参加革命三年以上者；③非工农家庭出身，本人又非工农成分的干部，参加革命五年以上者；④少数民族学生、华侨学生缴验有关机关团体的介绍函件者，当其成绩达到所报考系科的录取标准时，应优先录取。[③]可见，优先录取与从宽录取并非简单的文字表达上的差别，事实上却蕴含了不同的招生理念，从宽录取政策强调的是特殊照顾政策，即学生在没有达到一定成绩标准时，给予特殊群体特殊照顾政策；而从优录取政策强调的是质量标准，即特殊群体达到一定成绩录取标准后给予优先机会。

此后，优先录取成为我国高考招生的主要政策之一，1954年、1955年的招生规定中都阐释了这一基本思想。1955年《关于全国高等学校一九五五年暑期招考新生的规定》中规定，工农速成中学毕业生及合于以下条件之一者，当其成绩达到所报考专业的录取标准，在与一般报考青年成绩相同或相近时，应优先录取：①工厂、矿山、农场等产业部门的产业工人；②工农子女、工农成分的干部；③复员建设军人、转业军人；④少数民族学生；⑤华侨学生。[④]也是从这一年开始，军人成为从优录取的对象。从1954年开始，教育部专门发布了录取办法规定，对优先录取政策进行解释：①对优先录取的产业工人、工农干部及在职干部，应将其报告单单独抽出排列考虑分配；

① 杨学为. 高考文献 (上) [M]. 北京: 高等教育出版社, 2003: 6.
② 杨学为. 高考文献 (上) [M]. 北京: 高等教育出版社, 2003: 12.
③ 杨学为. 高考文献 (上) [M]. 北京: 高等教育出版社, 2003: 20-21.
④ 杨学为. 高考文献 (上) [M]. 北京: 高等教育出版社, 2003: 110.

②为照顾这些考生的特点，使他们有更多的录取机会，规定其各科成绩适当加分，参加第一类考试者，除政治常识外，每门科目平均增加10分，总共增加50分；参加第二类考试者，每门科目平均增加15分，总共增加60分，然后将其报名单分类混入一般考生报名单中按成绩顺序录取分配。[①]1955年，对该规则进行了调整，对于优先录取的学生，其入学条件不能降低，只是当他们的学科考试成绩达到所报考专业的录取标准，在与一般考生考试成绩相同或相近（指总分相差在10分以内）的情况下，优先录取。[②]

1956年，从优录取的对象进一步扩大，包括：①工人、农民、工农速成中学本年毕业生、工农干部；② 复员建设军人、转业军人；③参加革命工作满三年的在职人员；④烈士子女；⑤少数民族学生、华侨学生、香港学生、澳门学生。[③]但对于优先录取学生，规定在与一般考试成绩相同或相近（总分少20分左右）时优先录取。[④]其具体做法是在录取分配时，不管分级的高低，按比一般考生每一分级低10分的标准，将符合优先录取条件的考生，在一般考生录取之前先行录取后，再录取一般考生。如：在录取总分320—300的一般考生前，应把成绩在290分以上合乎优先录取条件的考生先行录取，再录取总分320—300的一般考生，并以此类推。[⑤]

1957年相关文件则规定，只有在优先录取考生的学科成绩与一般考生的成绩相同时，才优先录取。[⑥]同时，为了执行优先录取政策，规定录取每一分级的考生时，应将同一分数内符合优先录取条件的考生先行审查录取完毕后，再录取一般考生。而对于少数民族学生，则专门规定，如果他们的学科考试成绩达到最低录取标准，汉语水准达到能够听懂课，在按照分级逐级进行录取时，应将比一般考生每一分级低10分左右的少数民族考生先行录取，再录取一般考生。[⑦]

---

① 杨学为. 高考文献(上)[M]. 北京: 高等教育出版社, 2003: 66.
② 杨学为. 高考文献(上)[M]. 北京: 高等教育出版社, 2003: 127.
③ 杨学为. 高考文献(上)[M]. 北京: 高等教育出版社, 2003: 186.
④ 杨学为. 高考文献(上)[M]. 北京: 高等教育出版社, 2003: 210.
⑤ 杨学为. 高考文献(上)[M]. 北京: 高等教育出版社, 2003: 212.
⑥ 杨学为. 高考文献(上)[M]. 北京: 高等教育出版社, 2003: 272.
⑦ 杨学为. 高考文献(上)[M]. 北京: 高等教育出版社, 2003: 288.

1958年开始实施保送制度，优先录取政策出现分化：①对于工人、农民、工农速成中学毕业生、工农干部以及参加革命工作满十年的在职干部、转业军人、复员军人，政治、健康条件合乎标准，学科成绩达到一定标准（入学后能够跟班上课）的，采取在录取一般考生以前优先录取的办法；②对于报考的少数民族学生、烈士子女、转业军人、复员军人、退伍军人、参加革命工作满五年的在职干部、参加工农业劳动满两年的青年知识分子，以及华侨学生、香港学生、澳门学生，采取同等成绩优先录取的办法。[①]此后，高校录取新生，按照统一规定的标准，对新生的政治、学业、健康条件进行审查，择优录取，每年的招生规定中不再专门出现优先录取政策。但1962年，教育部下达《关于高等学校优先录取少数民族学生的通知》，要求恢复优先录取少数民族学生的照顾办法，对少数民族学生报考全国重点高等学校和一般高等学校的，按照“同等成绩，优先录取”的办法录取；少数民族学生报考本自治区所属高校，他们的成绩达到教育部规定的一般高等学校录取新生的最低标准时，可以优先录取。[②]1964年，在《华侨事务委员会、教育部、劳动部关于一九六四年处理归侨学生升学和落考生安置工作的意见》中，重申了对华侨学生采取同等成绩优先录取的政策。

这一时期高考加分政策以补偿性加分为主，补偿对象主要是少数民族学生、华侨学生、转业军人和工农干部等，补偿措施则经历了从宽录取到优先录取的变化，反映了招生政策中质量标准的加强。而在具体操作层面，主要是在同等成绩或相近成绩（降低一定分数标准）情况下，优先录取。

从1966年开始，高校招生取消考试，采取推荐与选拔相结合的办法。“文革”期间，高校招生停止了4年，全国统考中断了11年。1970年中共中央《关于北京大学、清华大学招生（试点）的请示报告的批示》，规定废除招生考试制度，实行群众推荐、领导批准和学校复审相结合的办法，招收具有三年以上实际经验、年龄在20岁左右、有相当初中以上文化程度的工人、贫下中农、解放军战士和青年干部，注重政治审查，强调对家庭出身、直系亲属和有影响的主要社会关系都要调查清楚，并需有证明材料，等等。

---

① 杨学为. 高考文献(上)[M]. 北京: 高等教育出版社, 2003: 328.

② 杨学为. 高考文献(上)[M]. 北京: 高等教育出版社, 2003: 432.

在这种情况下，高考加分政策也无从谈起了。

（二）1977年—1999年：优先录取、降分录取，优惠政策对象扩大

1977年，高考恢复，国务院批转教育部《关于一九七七年高等学校招生工作的意见》中，强调要注意招收少数民族学生，文化程度可适当放宽，但进入汉语授课院校的要具有一定的汉语听写能力；要注意招收一定数量的台湾省籍青年、港澳青年和归国华侨青年。[①]教育部提出，招生工作对各类考生一视同仁，不加照顾，取消了任何特权，这一点深得人心，今后仍要坚持。[②]1978年，国务院侨务办公室、教育部《关于接收华侨、港澳学生回国和到内地升学的意见》中规定，华侨、港澳学生在考试成绩相同条件下，可优先录取。在此情况下，有关“适当放宽要求”的政策重新启动。《关于一九七九年高等学校招生工作的意见》中，明确指出：对边疆地区少数民族考生的录取分数线和分数段，可适当放宽；暨南大学、华侨大学对台湾、港澳青年和归国华侨青年，可适当放宽要求予以录取。面向本省、市、自治区的院校，对教育基础比较薄弱的县（没有考生进入最低录取分数线的），可以低于最低录取分数线择优录取若干名；学科竞赛成绩特别优秀的青年可以不参加高考，由教育部分配入学。[③]1980年又规定，对应届高中毕业生中连续两年被评为“三好学生”的学生以及工作积极、表现突出的学生干部，在与其他考生同等条件下，优先录取。

1983年是高考加分政策的重大调整年，这一年的相关政策大大拓宽了高考加分的对象，包括：①对具有三年以上实践经验的省、市、自治区级以上的劳动模范、先进工作者、“新长征突击手”等优秀青年，必要时可适当降低分数要求，择优录取；②对边疆、山区、牧区少数民族聚居地区的少数民族考生，可适当降低录取分数，择优录取；③对散居在汉族地区的少数民族考生，在与汉族考生同等条件下，优先录取；④对归侨青年、华侨子女、归侨子女和台湾省籍青年，统考成绩达到当地规定的分数线的，可照顾录取；⑤对受到地区级以上表彰的应届高中毕业生中的“三好学生”和优秀学生干

① 杨学为. 高考文献（下）[M]. 北京：高等教育出版社，2003：71.

② 杨学为. 高考文献（下）[M]. 北京：高等教育出版社，2003：101.

③ 杨学为. 高考文献（下）[M]. 北京：高等教育出版社，2003：114.

部，以及高中阶段参加地区级以上体育竞赛获单项前五名的队员或集体前三名的主力队员，分别由地区级以上教育行政部门或体育运动委员会证明，考分达到当地规定的分数线，可提上一个分数段提供考生档案材料；⑥对个别身残志不残、身体条件不妨碍所报专业学习且德育、智育特别优秀的考生，考试总分低于分数线10分以内的，经特殊批准后录取。[①]1984年，高考加分政策对象增加了省、市、自治区级以上科技发明创造奖获得者。[②]1985年，增加了退役的义务兵，在与其他考生同等条件下，优先录取。[③]1986年，增加了获得“国家二级运动员”称号的考生，以及政治思想品德方面有突出事迹或相关科目成绩以及平时成绩特别优秀的考生，在总分略低于最低控制分数线的情况下，经所在中学推荐，高等学校考核，省、自治区、直辖市招生委员会批准，可以录取。[④]

1987年，国家教委颁布《普通高等学校招生暂行条例》，以法律的形式确定了高考加分政策的具体方式。①适当降低分数，由学校审查录取或在同等条件下优先录取: 高中阶段受地区级以上表彰的“三好学生”、优秀学生干部；政治思想品德方面有突出事迹者；相关科目或平时成绩特别优秀者；省、自治区、直辖市级以上科技发明创造奖获得者或单科竞赛优胜者。②高中阶段参加地区级以上体育竞赛获单项前五名的队员或集体前三名的主力队员，获“国家二级运动员”称号的考生，总分低于同批录取学校控制分数线20分以内，可提供档案，由学校审查后择优录取；近两年参加重大国际比赛以及由国家举办的全国性大赛获前六名；近两年获“运动健将”“国家一级运动员”称号的考生，总分低于同批录取学校控制分数线50分以内，亦可提供档案，由学校审查后择优录取。③对少数民族聚居地区的少数民族考生、归侨、华侨子女、归侨子女、台湾省籍考生、荣立二等功以上的退役军人、烈士子女可以适当降低分数择优录取。④对于散居于汉族地区的少数民族考生，在与汉族考生同等条件下，优先录取。⑤实践经验丰富的优秀青年

① 杨学为. 高考文献 (下) [M]. 北京: 高等教育出版社, 2003: 175-176.
② 杨学为. 高考文献 (下) [M]. 北京: 高等教育出版社, 2003: 198-199.
③ 杨学为. 高考文献 (下) [M]. 北京: 高等教育出版社, 2003: 227.
④ 杨学为. 高考文献 (下) [M]. 北京: 高等教育出版社, 2003: 244—245.

及有特殊贡献的公民，可适当降低分数，择优录取。[①]

值得关注的是，从1987年开始，在照顾录取政策上，省、自治区、直辖市招生委员会的权力增大，对于第一类“适当降低分数优先录取”的情形，由省、自治区、直辖市招生委员会决定，学校审查录取，而在此以前省级招生委员会的职责是提供档案，由学校决定录取。随后，我国的高考招生录取政策在十几年里没有发生大的变化，直到2000年才再做出调整。

这一时期，高考加分政策基本稳定，形成了补偿政策、鼓励性政策以及同等条件优先录取政策并存的局面，其主要形式是通过降分录取来实现特殊照顾。鼓励政策的出现反映了高考录取制度强调质量和摆脱只按高考成绩录取、实现全面评价的努力，但这也使得这一时期优惠政策的对象大大增加了。

（三）2000年—2009年：加分录取、降分录取以及优先录取

从2000年开始，高考加分政策进行了调整，确定了降分录取、加分录取、同等条件优先录取三种不同的类型，而且对照顾对象进行了适当调整。①增加分数投档，对象包括：高中阶段受地区级以上表彰的“三好学生”、优秀学生干部；政治思想品德方面有突出事迹者；省、自治区、直辖市级以上科技发明创造奖获得者或单科竞赛优胜者。②适当降低分数要求投档，对象包括：近两年参加重大国际比赛以及由国家举办的全国性大赛获前六名的考生、高中阶段获“国家二级运动员”以上称号的考生、少数民族聚居地区的少数民族考生、归侨、华侨子女、归侨子女、台湾省籍考生、荣立二等功以上的退役军人、烈士子女等。③同等条件，优先录取，对象包括：散居于汉族地区的少数民族考生、退出现役的义务兵等。而且，省、自治区、直辖市招生委员会的权力也有所扩大，在体育比赛前六名以及获“国家二级运动员”以上称号的考生加分中拥有决定权。[②]2001年，除了将高中阶段参加重大国际比赛以及由国家举办的全国性大赛获前六名、获“国家二级运动员”以上称号的考生调整至加分投档，明确规定全国中学生学科奥林匹克竞赛省赛区一等奖以上获得者加分投档外，更为重要的是，明确了加分或降低分数

① 杨学为. 高考文献(下)[M]. 北京: 高等教育出版社, 2003: 283–284.

② 教育部颁发2000年普通高等学校招生工作规定[J]. 中国高校招生, 2000(3): 7–11.

要求投档的基本原则，即一般不得超过20分。一考生如有多项增加或降低分数要求投档的情形，一般不得累计，仅取其中最高一项的分值。同时，省级招生委员会决定权的范围和事项也增加了。[①]

2004年，自谋职业的城镇退役士兵、在服役期间荣立三等功的退役军人，可增加10分投档；在服役期间荣立二等功（含）以上或被大军区以上单位授予荣誉称号的退役军人，可增加20分投档。也正是在这一年，省级招生委员会的权力得到了明显增强。根据规定，各省级招生委员会只要不超过20分加分和降分录取的基本原则，可以决定加分或降分幅度，同时经省级招生委员会讨论可以决定增加政策性照顾项目，经教育部备案、核准后及时向社会和所有招生学校公布，即拥有法律效力。正是这一规定，省级的加分政策迅速增加。如2004年浙江省规定，加20分投档项目中的高级中等教育阶段参加竞赛并获一等奖的考生，除了全国竞赛外，增加了浙江省（含全国）青少年信息学（计算机）竞赛、浙江省亿利达青少年发明奖、浙江省青少年科技创新大赛（优秀科技创新项目奖）、浙江省青少年生物和环境科学实践活动个人奖；还规定，对于少数民族考生、归侨、华侨子女、归侨子女和台湾省籍考生、烈士子女以及自谋职业的城镇退役士兵、在服役期间荣立三等功的退役军人，加10分投档。[②]湖南省的相关规定甚至突破了20分的界限，规定普通高中应届毕业生高中阶段参加省级以上体育比赛，获个人项目前六名或经省统一测试合格的“国家二级运动员”，报考高水平运动队的考生，可以加50分；在国际体育组织举办的各种正式比赛中获前八名和全国性体育比赛(包括为参加世界中学生体育比赛举办的全国性选拔赛)中获前六名及获得“运动健将”“国家一级运动员”证书，报考高水平运动队的考生，可以加80分；在服役期间荣立个人二等功以上的退役军人，可以加50分。[③]2005年，黑龙江省规定，在黑龙江省工作的省级（含）以上优秀专家和具有博士学位人员的子女，所报考省内院校时调档线降低20分投档，由

① 2001年普通高等学校招生工作规定[EB/OL]. http://edu.sina.com.cn/l/7423.html.

② 浙江省2004年普通高校招生录取工作细则[EB/OL]. http://www.qtedu.net/zsks/gkxx/200407/86.html.

③ 湖南2004年普通高等学校招生工作实施办法[EB/OL]. http://learning.sohu.com/2004/05/06/68/article220036868.shtml.

院校审查决定是否录取。[1]2005年，河南省规定，农村户口的独生子女考生由学校在同等条件下优先录取。[2]2005年，北京规定，对获得区、县级“见义勇为”荣誉称号人员，在录取时，增加20分向学校提供档案，由学校审查录取。[3]

2006年，加分照顾政策增加了更多项目，根据《2006年普通高等学校招生工作规定》，在鼓励性加分项目上增加高级中等教育阶段获得全国青少年科技创新大赛（含全国青少年生物和环境科学实践活动）、“明天小小科学家”奖励活动及全国中小学电脑制作活动一、二等奖者；高级中等教育阶段在国际科学与工程大奖赛、国际环境科研项目奥林匹克竞赛中获奖者；在同等条件下优先录取增加驻边疆国境的县（市）、沙漠区、国家确定的边远地区中的三类地区和军队确定的特、一、二类岛屿部队现役军人的子女，残疾军人，残疾人民警察，一级至四级残疾军人的子女，一级至四级残疾人民警察子女考生等项目。[4]2006年，贵州省规定，在贵州省农村地区连续居住五年以上，具有农村户籍的独生子女户和二女结扎户女孩考生，总分加10分；对在贵州省三个自治州所属各县（市）及少数民族自治县和贫困县连续工作或任教十五年以上的汉族干部、公办中小学教师和卫生技术人员的子女，由县级以上人民政府人事部门出具证明，招生部门审查公示，考生志愿报考省内院校，其总分符合低于省本科最低投档控制分数线10分以内投档要求的，可提供档案，由学校审查录取。[5]重庆市在2007年规定，三峡库区淹没城市乡镇的考生可加5分，并且三峡库区淹没城市乡镇考生可以再累加一项分值最高的加分项目，累加后的分值不得超过20分。[6]广西壮族自治区2007年规定，获自治区级青少年科技大赛一等奖的考生，可增加20分投档，对农村执行计划生育政策的有女无儿户的女孩考生，总分降10分；对

---

① 2005年黑龙江省普通高等学校招生工作规定[EB/OL]. http://zs.cdtu.edu.cn/info/1009/1356.htm.

② 河南省2005年普通高等学校招生工作规定[EB/OL]. http://www.huaue.com/gkzc/200547164800.htm.

③ 北京市2005年普通高等学校招生工作规定[EB/OL]. http://learning.sohu.com/20050321/n224783231.shtml.

④ 2006年普通高等学校招生工作规定[EB/OL]. http://www.eol.cn/article/20060222/3174359_2.shtml.

⑤ 贵州省2006年普通高等学校招生工作规定[EB/OL]. http://gaokao.chsi.com.cn/gkxx/gz/200604/20060420/458063.html.

⑥ 重庆市2007年普通高等学校招生实施办法[EB/OL]. http://www.huaue.com/gkzc/200745153245.htm.

留学回国人员的随归子女考生，总分降20分。[①]青海省2007年规定，对农牧民独生子女报考省内大、中专院校的，给予10分的照顾，由学校审查录取；在向各省属高等学校投档时，给六州少数民族考生按35分加分投档，给其余地区少数民族考生按20分加分投档。[②]云南省2007年规定，报考本省师范院校的教师子女，报考省内医学院校的在边境地区、贫困山区乡（镇）卫生院工作的医疗卫生技术人员的子女，同等条件下优先录取；在各州、市人民政府确定的内地高寒贫困山区工作十年以上，并且现仍在这些地区工作的教师子女，第一志愿报考师范院校的加20分。2009年，宁夏回族自治区规定，教师子女考生在第一志愿第一专业报考区内普通高校师范类专业的，向该志愿院校投档时，可在考生高考文化课总分的基础上增加10分投档，由学校审查后择优录取。[③]

这一时期，补偿政策、鼓励性政策以及同等条件优先录取政策基本稳定下来，同时这三类政策也出现了分化，主要体现在表现形式上，表现为以加分为主要特征的鼓励性政策、以降分为主要特征的补偿政策以及同等条件下优先录取政策。而且，由于省级招生委员会权力的增大，各地出现了很多针对本省（区、市）的特殊加分政策，为加分政策出现争议埋下了伏笔。

（四）2010年至今：加分政策的调整与矛盾

2010年，教育部开始对省级加分政策进行限制，规定各省（区、市）增加分数或降低分数要求投档的项目一般不应超出教育部确定的范围。有关省（区、市）确需增加的政策性照顾项目，须经本省级招生委员会研究确定，并报教育部核准备案后方能向社会公布。有关省（区、市）自行增加的政策性照顾项目及分值仅适用于向本地区高校投档时使用，且分值不得超过20分，同时不得与其他项目分值累加。同年，教育部等五部委联合下发了《关于调整部分高考加分项目和进一步加强管理工作的通知》，加强对高考加分

① 广西2007年普通高等学校招生工作规定[EB/OL]. http://edu.people.com.cn/GB/8216/31559/31598/5834300.html.

② 青海省2007年普通高校招生实施办法出台[EB/OL]. http://edu.people.com.cn/GB/8216/31559/31560/31587/5538973.html.

③ 宁夏回族自治区2009年普通高等学校招生规定[EB/OL]. http://www.jyb.cn/gk/gkzc/200905/t20090505_269978_2.html.

政策的管理与审查，调整部分加分项目，规范加分程序与流程，系统清理地方性加分项目，明确要求各地调整两类加分项目：学科竞赛和体育特长生，并指出调整政策“从2011年秋季进入高中阶段一年级的学生开始适用”，即从2014年高考开始实施和执行。

这意味着，2014年参加高考的考生需要面对“全国联动”的加分“瘦身”：全国中学生数学、物理、化学、生物、信息学奥林匹克竞赛决赛，部分科技类竞赛获奖者的保送资格被取消，加分不超过20分；全国奥林匹克竞赛省赛区一等奖的保送和加分资格均被取消；体育特长生规定项目为8项，各省（区、市）自选项目一般不超过2个，加分均不超过20分。

2014年，《国务院关于深化考试招生制度改革的实施意见》指出，大幅减少、严格控制考试加分项目，2015年起取消体育、艺术等特长生加分项目；确有必要保留的加分项目，应合理设置加分分值；探索完善边疆民族特困地区加分政策；地方性高考加分项目由省级人民政府确定并报教育部备案，原则上只适用于本省（区、市）所属高校在本省（区、市）招生；加强考生加分资格审核，严格认定程序，做好公示，强化监督管理。2014年12月，教育部印发的《关于进一步减少和规范高考加分项目和分值的意见》就进一步减少和规范高考加分项目做出规定，取消了体育特长生加分项目，指出在高级中等教育阶段获得重大国际体育比赛集体或个人项目前六名、全国性体育比赛个人项目前六名、“国家二级运动员”（含）以上称号的考生，均不再具备高考加分资格。2014年，各地的高考体育加分呈现“节制”状态，以往名目繁多的加分项目被大幅砍掉。以浙江为例，体育加分从原来的32个项目削减到8项，加分赛事由200多个减为30个，并取消了“三模三电”的加分。湖南省规定，从2015年1月1日起，湖南取消部分全国性高考加分项目，包括体育特长生、中学生学科奥林匹克竞赛、科技类竞赛、思想政治品德有突出事迹等五类加分项目。此后获得相关奖项、名次、称号的考生均不再具备高考加分资格，但考生的相关特长、突出事迹、优秀表现等情况可记入学生综合素质档案或考生档案，供高校录取时参考。

2015年，教育部对高考加分政策进行了重大调整。对于鼓励性加分，2014年12月出台的《关于进一步减少和规范高考加分项目和分值的意见》

提出，自2015年1月1日起，获得相关奖项、名次、称号的考生均不再具备高考加分资格；考生的相关特长、突出事迹、优秀表现等情况记入考生综合素质档案或考生档案，供高校录取时参考。2015年1月1日前在高级中等教育阶段已取得相应称号、奖励、名次的应届高级中等教育学校毕业考生，由生源所在省级招生委员会决定，可在考生统考成绩总分的基础上适当增加分数投档，由高校审查决定是否录取。同一考生如符合多项增加分数投档条件的，只能取其中最高一项分值，增加的分值不得超过5分。同时规定，经共青团中央青年志愿者守信联合激励系统认定，获得5A级青年志愿者称号的，在与其他考生同等条件下优先录取。此后，教育部要求继续规范、减少高考加分政策，但各省仍保留了部分省级加分项目。如河南省2017年规定，烈士子女、在服役期间荣立二等功（含）以上或被大军区（含）以上单位授予荣誉称号的退役军人可加20分投档；入选国家“千人计划”和省“百人计划”的海外高层次留学人才的中国籍子女可加10分投档；2012年12月31日（含）之前迁至移民安置区的南水北调中线工程丹江口水库移民的考生加5分投档。河北省2017年仍保留了农村户口独生子女的加分政策，只适用于省内高校招生。

从2010年开始，对高考加分政策的争议直接引发了高考加分政策的调整，因此鼓励性加分项目基本被取消，省级加分项目被严格限制，但社会对未来高考加分政策的方向呈现出矛盾状态，鼓励性加分有没有存在的合理性，各省（区、市）从本地区出发制定的相关加分政策是否可以持续，对加分项目的规定如何管理仍是值得探讨的问题。2015年新增的“经共青团中央青年志愿者守信联合激励系统认定，获得5A级青年志愿者称号的，在与其他考生同等条件下优先录取”是在暗示未来的加分政策将回到同等条件下优先录取的模式吗？这些问题都是在制定高考加分政策时需要深思的问题。

二、社会对高考加分的争议及评价

对于高考加分政策，社会和学界有不同的观点，基本可分为两类：反对和支持。

反对者认为，高考加分是腐败的温床，为走后门、找关系开了方便之门，有违公平。随着“浙江高考航模加分”“重庆31名考生民族成分造假”等一系列事件曝光，社会上对高考加分政策呈现出人人喊打的局面。有研究者2012年进行的全国高校抽样调查发现，获得高考加分者多数来自重点中学，大多进入重点高校；城市考生比农村考生有更多的高考加分机会；那些父母社会阶层高、文化程度高、行政职务高、经济条件好的考生，有更多的加分机会。某种程度上甚至可以说高考加分已异化为社会优势阶层的特权和福利，使高等教育入学机会更加不均等，并强化了高校中的阶层隔离。[①]中国青年报社社会调查中心的一项调查显示，面对越来越不被信任的高考加分政策，77.2%的人表示赞同高考回归“裸考”。[②]不少研究者认为，一些初衷不错的制度，如特长生、“三好学生”、优秀学生干部加分等政策，在现实中易沦为“腐败通道”。比如，在2004年高考中，参加某省招生办复审测试合格的248名高考体优生中，所持二级运动员证书属违规办理的有50名，属社会不法人员伪造的有2名。高考加分制度之所以腐变，重要原因之一在于加分制度本身的缺陷，即对程序公正的忽视，其操作过程往往是封闭的、不公开和不受监督的，没有在操作程序方面进行严密规定。[③]

支持者认为，错的不是高考加分制度，是人，加分制度本身有其合理性。比如，劳凯声教授认为，加分制度出台是基于这样一种考虑：通过一张试卷反映出来的是一个人应对考试的能力，但我们教育的目的是培养全面发展的人，加分制度有助于高校全面了解一个学生各方面的特长，就这个意义来看，加分在理论上无可厚非，也更能适应高等学校的入学标准。哪些比赛应该加分，哪种情况不应该加分，这些事关公平公正，都应该得到充分重视，但这些都不足以说明加分制度本身存在根本缺陷，不论加分政策是否完善，现行加分制度都应得到坚决执行。[④]刘海峰教授认为，应该加大照顾性加分的力度。他认为，对于照顾性加分，人们一般不会产生疑义，因为这是

---

① 董美英，程家福. 谁是高考加分政策的受益者[J]. 高等教育研究,2016(1): 14.

② 李永聪. 高考加分制度的宪法学思考[J]. 天津市经理学院学报,2011(3): 22.

③ 车模比赛挂钩高考加分引争论 市民建议取消[EB/OL]. http://edu.sina.com.cn/l/2005-10-26/1328129014.html.

④ 车模比赛挂钩高考加分引争论 市民建议取消[EB/OL]. http://edu.sina.com.cn/l/2005-10-26/1328129014.html.

维护社会公平和正义的题中之义。对于烈士子女这类考生，还可以加大照顾力度，甚至可以考虑在满足某些条件的前提下保送入学。[①]周洪宇教授认为，高考加分仍有存在的必要性，需要完善，而不是取消。真正的公平并不仅仅指机会平等，有人认为大家都不加分就公平了，实际上这是对公平的片面理解。[②]

当前，对高考加分的批评集中在奖励性加分上，特别是对“三好学生”、优秀干部、体育特长生、艺术特长生以及奥赛优胜者的加分政策上，对其批评意见主要集中在三点：一是加分造假现象严重，使得奖励性加分成为权力寻租的重灾区；二是对加分的功利化追求影响了中学的正常秩序，使得加分的最初目的逐渐异化；三是鼓励性加分的对象大多是社会资本与文化资本占优势地位的阶层，奖励性加分加剧了大学招生中的不公平。值得思考的是：取消了奖励性加分，只按照高考成绩来录取就真的公平吗？

省级加分政策也是社会关注的焦点问题。一方面，考虑到各省、自治区、直辖市情况有差异，教育部授权各地享有一定的自主权，各省（区、市）可以在教育部规定范围内确定加分的幅度与方式。如同样是少数民族加分政策，各省（区、市）从降20分录取到加5分录取各有不同。另一方面，随着高考加分制定权的下放，省级招生委员会成为制定加分政策的重要主体。据统计，2010年教育部规定的高考加分项目仅14种，而各地的规定有近200种。对此，教育部等五部委联合下发了《关于调整部分高考加分项目和进一步加强管理工作的通知》，系统清理地方性加分项目并规范加分程序。但2014年各省（区、市）实行调整后的加分政策时，部分省（区、市）仍保留了农村独生子女降10分、特别优秀高水平运动员成绩只需达到第二批本科录取控制分数线的65%、留学回国人员子女降10分、先进劳模青年降20分、受市人民政府或省综治委表彰的见义勇为应届毕业生降10分等项目。对此，有研究者指出，各地加分政策混乱，出台过程不透明，随意性明显，并强调应取消地方政府的加分权限和自由裁量权。据了解，2014

① 车模比赛挂钩高考加分引争论 市民建议取消[EB/OL]. http://edu.sina.com.cn/l/2005-10-26/1328129014.html.

② 高考加分政策：“瘦身”完善，还是彻底摒弃[J]. 中小学管理，2010 (9) : 58.

年，全国性加分项目共11项，其中鼓励类6项、扶持类5项。2015年，全国性鼓励类加分项目全部取消，地方性加分项目从2014年的95个减少到2018年的35个，减幅达63%，省级高考加分权力大大萎缩，但各省（区、市）制定高考加分的自主权是否应该保留一定的空间仍需要讨论。

相对而言，社会对于补偿性加分的认可程度较高，对其争议的焦点也主要集中在身份造假上，但个别腐败现象并不足以影响补偿性加分的合理性。以少数民族加分为例，给予少数民族考生一定加分以帮助文化、语言、教育水平差异较大的少数民族考生获得平等的入学机会，其本质是通过形式的差别待遇实现实质上的平等。但也有研究者指出，即使是具有合理性与合法性的对弱势群体加分的政策对“裸考”者而言也是一种不公平。

三、对高考加分问题的分析

对高考加分政策的讨论中，最核心的是公平问题。正如刘海峰教授所指出的，在考试选才方面，中国是一个特别注重公平的国度；但当社会把注意力越来越集中到公平，甚至因为公平而取消合理而必要的选才制度时，就不能不深刻地反思公平与选才之间的关系了。加分制度作为我国统一考试制度的重要补充，承担着促进学生全面而有个性地发展、为高校选拔多样化人才的功能，因此有其存在的合理性。但不同类型的加分政策因为公平问题而遭到不同的待遇：补偿性加分被基本保留，鼓励性加分被大量压缩，地方性加分部分被清理和取消。笔者认为，高考与加分制度的首要目标事实上是为高校选拔人才，而不是其他。取消高考加分就一定能带来公平吗？回答一定是否定的，高考加分政策的评判标准应该是质量，而不是公平。当然，选拔人才与公平之间的关系是复杂的，选拔人才离不开公平的秩序与环境。事实证明，如果没有公平的秩序，选拔人才也终将沦为空谈，相关制度也最终不得不调整甚至被废止。但当社会越来越关注公平而忽略了如何更有效地进行人才选拔时，对公平的过度追求则会限制加分制度改革的基本动力，压抑改革者的能动性，导致制度的停滞与墨守成规，从而使加分制度失去本身的意义和功能。我们应该依靠不断完善制度、规范管理，加强公开公示和社会监督，加大违规惩处力度等，实现招生工作的公平、公正和规范、有序，而不是通过简单的废止与取消的方式放弃对加分制度最初意义的坚持。

当然，在坚持选才是加分制度首要目标的前提下，对加分涉及的公平问题需要具体问题具体分析。虽然加分制度有其合理性，但现实中加分制度的异化却是一个不容回避的事实，特别是对加分的功利化追求直接影响了中学的正常教学秩序，加深了社会对加分制度的诟病。众所周知，高考作为分配高等教育资源的重要手段，在优质高等教育资源有限的情况下，名校选拔的高竞争性和高选拔性加深了考生对分数的依赖程度。在这种情况下，动辄以加分（或降分）为调整手段的加分项目自然成为中学与考生追逐的目标。但加分政策与素质教育本身并不是相互矛盾与冲突的关系，相反，培养学生具有一定的特长本身就包含在素质教育内。关键的问题是：如何确保通过加分引导中学培养特长生是合理的？如何保证所有学生的特长都有可能得到认可，并避免有限的认定范围导致新的不公平？对此，笔者认为，对特长加分的分值需要更为科学的论证以保证对中学教学的合理引导，同时也需要对特长加分的范围与认证进行探索。

四、对高考加分制度改革的建议

高考加分制度是当前高校招生制度的重要补充，要求取消高考加分、回到“裸考”时代的言论，虽然折射出社会对高考加分制度不合理现象的不满，但也只是简单而情绪化的表达。我们有必要在务实而理性的分析中坚持改革的基本心态，在不断实践与反思的基础上寻找未来加分制度改革的方向与价值。

首先，应对加分项目加大审查力度。高考加分政策因为牵涉个人的平等受教育权，有必要对加分项目的设定采取更为慎重的态度，实施严格审查。按照规定，地方的加分项目需要报教育部及相关部门备案，经同意后方可实施，但相关部门的审查标准是什么，特别是政府从当地经济与社会发展需要出发，应该如何对设定的加分项目进行限制与审查仍是值得思考的问题。有些加分政策是从国家整体利益、社会公平等角度考量设定的，但不能否认的事实是，这也在某种程度上构成对“裸考”学生的不公平。因此有必要对国家利益、社会利益、考生利益与学校利益之间进行适当的平衡和选择。我们固然要尊重大学和政府对于加分政策与合理利益的理解，但也应坚持政府与高校的利益必须从实践的角度给予合理的、原则性的解释与检验。同时，加分政策还必须经过严格的审查，确保这些加分项目与标准以及配套措施能够严格实施，保证其他考生的合法利益与公平待遇。

一些加分政策简单用分数作为实施某项政策的激励手段或补偿途径，违背了高考加分制度促进教育公平的初衷，容易引发新的社会公平危机。为了保证高考的公平与公正，要尽量避免出台此类应一时之需或满足部门、地区利益的高考加分政策。法律应该确认高考特殊照顾政策为什么一定要通过加分的方式进行，加分标准的合理性与科学性也需要足够的理论与证据支持，同时明确加分的对象及其合理性，并通过让人信服的数据与理由给予社会一个基本的解释。特别是省级加分项目，应该归属于严格的行政许可项目，需要广泛征求社会各界的意见，取得共识，并制定严格的法律程序，明确严格的保障与监督制度。对于同一类型的加分对象，常常出现同一省份对同一对象在不同时期的加分分值不同、不同省份政策有异，加上政策规定不够具体，对于政策的合理性与科学性论证不够充分，给考生造成新的不公平。因此，无论是照顾性加分还是鼓励性加分，必须坚持公平、公正的原则，对省级加分项目应该报以更加慎重、科学与法律的态度进行。高考加分政策被人诟病的关键在于政策制定过程及执行过程欠规范和透明。高考加分造假现象严重，与决策、执行缺乏严格的规定和统一的标准有直接关系。只有通过规范程序，完善高考加分制度，才能真正杜绝金钱、权力影响高考的行为，保护真正应该得到照顾的学生的权益，维护社会的公平与正义。规范加分程序的首要原则是程序公开、操作透明，这势必要求强化社会监督。在优质高等教育资源相对稀缺、公信力有待提高的现实情况下，社会监督更显得不可缺少。公众的普遍认可保证了利益调整的相对公平，也保证了不超出利益相对受损一方的心理承受底线。公开透明的公示制度是确保社会有效监督的重要前提。例如，教育部要求对于符合加分条件的考生，各省级招生部门要负责向社会公布，未经公示不能算入高考成绩。这不难看出，公示制度是保证加分程序规范、维护高考公平的有力举措。浙江省采取高考加分学校和省招考机构两级公示、省级测试的方法，将一批企图弄虚作假之徒拒之门外。高考加分政策的出台必须有严格的法律程序和保障制度，并明确相应的法律责任，这是保证高考加分规范运行的重要基础。

其次，应逐渐将加分制度改革纳入大学招生多元评价体系之中。高考加分作为一种制度性的矫正措施，设计初衷是为了弥补高校招生制度的种种缺陷，最大限度地体现社会公平。然而，在具体实践过程中，相关政策却与其立意存在一定的差距。这主要是因为高考加分政策制定不统一和执行过程中的人为因素造成的。我国高校招生的基本原则是“学校负责、招办监督”。随着高校招生自主权的扩大，大学按照自身办学特色和人才培养目标确定招生的多元评价体系将是改革的基本方向。在这一系统中，个人的基本能力、素质和发展潜力将得到全面、客观而公平的评估，成为大学招生的基本依据。按照多元评价的基本要求，大学从公平与人才选拔的角度出发，确定招生的基本规则，以学习能力或者高考成绩为基础，综合学生的能力、实践经验、特长、高中会考成绩与排名等因素，参考学生的个性与兴趣、背景和特殊经历，并按照一定的比例形成对考生的基本评价。这样，加分制度将成为大学多元评价系统中的一部分，加分的依据，如民族、特长、家庭背景等因素都成为整体评价系统中的附加或潜在因素。

最后，完善对加分学生学习的跟踪调查与数据库建设，深化加分制度的科学研究。开展高考加分制度研究，对指导我国高考加分制度改革的推进与创新、提高加分政策的科学性与有效性具有重要意义。当前，对高考加分的争论激烈而富有启发性，但遗憾的是，这些争论基本停留在理论与价值意义上，缺乏实践与数据的支持，争辩双方往往拿不出令人信服的证据，理论研究者与政策制定者也无法对高考加分政策的延续、革新或终结提出科学的建议。高考加分制度的改革不仅是一个理论问题，而且是一个实践问题。对高考加分的研究，不能仅仅是加分考察与评估加分政策，还需要把加分政策纳入整个人才培养与发展体系中，以确定加分政策的合理性和科学性。这不仅需要理论的探索，更需要追踪加分对象在不同学习阶段的表现、发展，研究加分政策的未来走向，分析高考加分与大学发展之间的关系，明确加分对象的范围与加分的标准、比重与程序，从而形成对加分政策不断优化与调整的科学机制。同时，相关部门应定期将相关研究向社会公布，从而为高考加分制度的改革与推行提供良好的社会环境。

第五章

高校招生中的法律问题研究

高校招生不仅牵涉考生基本权利的实现，也涉及教育行政部门管理权与高校招生自主权的行使。随着招生权力的下放，招生领域的核心冲突越来越体现为高校招生权与学生受教育权的冲突。近年来，随着法治观念的深入以及考生及家长权利意识的高涨，考生与高校因为招生问题交锋并诉诸法律的事时有发生，高校招生中的法律问题日渐成为社会关注的热点。因此，有必要对高校招生中的法律问题进行专门研究。

第一节 高考领域中的高校与学生法律关系问题研究

高校与学生是招生考试过程中最直接的参与者，两者之间的关系不仅涉及整个招生考试过程的法律性质，也涉及调节高校与学生之间关系的法律手段以及考生的法律救济等问题。高考领域高校与学生的关系、对高校招生行为能否提起行政诉讼等问题已成为社会普遍关注的议题。

一、民法关系论与行政法关系论

关于招考领域中高校与考生之间的法律关系一直存在不同观点，可概括为民法关系论、行政法关系论、权威机关判定论。

民法关系论认为，高校与考生之间是一种民事法律关系，招生实际是特殊的要约和承诺的过程，而考生填写志愿，正是民法中的意思自愿原则的体现。虽然意思自愿原则受到招生政策的限制，但随着高校自主权的落实，意思自愿原则将会得到很好的体现。因此，高校招收学生的行为应该遵守合同法和消费者权益保护法的规定。学校发放录取构成要约，考生报到构成承诺。学校的录取工作表明学校和考生已经进入缔约阶段。在此阶段，学校根据自身特点制定统一录取标准，从上线考生中择优录取。除此之外，学校另立标准导致某些原本应当录取的考生未能被录取，有违诚实信用原则，应当允许考生以缔约过失为由要求学校承担民事责任。[①]这一观点也得到了部分学者的赞同，在他们看来，办学属民事活动范畴，招生与报考均为学校和学生的民事法律行为……从高校、学生关系形成的过程来看，招生、报考、录取、注册，这是一个形成合意的过程，亦即订立合同的过程，这一过程充分体现了高校与学生的意思自治性。虽然高校与学生的入学合同订立的中间环

① 吴高程. 受教育权的民事救济[A]. 郑贤君. 公民受教育权的法律保护[C]. 北京: 人民法院出版社, 2004: 275.

节较多，周期较长，其中有些环节还有政府的介入（如招生人数、专业、条件的确定，提档分数线的确定、调整）。学校的表意行为通常由公布招生信息、招生录取（签发录取通知书）、注册三部分组成，学生的表意行为则由报考行为和报到注册两部分组成。可见，双方达成合意的过程为：学校公布招生信息、考生报考、学校招生录取、被录取新生报到注册。双方达成合意后，学校与学生合同关系依法成立，产生法律效力。[①]毫无疑问，在招生录取过程中，学校和学生是两个独立的民事主体，其法律地位应是平等的。招生录取活动完全可看作是学校和学生订立以教育和教学为内容的合同的活动。[②]但这种招生考试法律关系合同论或契约论的观点，由于回避了高校招生过程中的政府行为及其影响力，遭到许多研究者的质疑。

行政法关系论则认为，高等学校具有双重主体的身份，在录取过程中，高等学校是以行政主体的身份出现的，行使的是公共权力，高校与学生之间的关系具有不对等性，不是横向平等的教育民事关系，而是具有纵向隶属型特征的教育行政关系。[③]“入学关系属于行政关系。这一关系的双方主体一方是学生，另一方则包括高等学校及其相应的教育行政关系。”[④]针对合同论的契约关系，行政法关系论认为，从公立高校的招生来看，教育行政部门会强力介入，政府也历来将考试、招生作为一项行政工作，其性质是显而易见的，不能被解释为受限制的契约自由。[⑤]在他们看来，高校所拥有的招生自主权是有限的，公立高校必须按照国家规定的录取分数线及录取名额在所有考生中公平选择，其招生行为在很大程度上代表国家意志，无法自主选择学生，无权拒绝任何一个完全符合录取条件的学生，当然也就无法实现学校与学生之间的平等双向选择关系。因此，招生权属于公立学校的一项行政管理权，其在行使该项权力时与学生之间形成了行政法律关系，这一点应当与某

① 白呈明. 高校与学生合同关系探讨[J]. 复旦教育论坛, 2003 (6) : 33.

② 张弛. 学校法律治理研究[M]. 上海: 上海交通大学出版社, 2005: 67.

③ 郭志成. 普通高等学校招生录取权的司法制约问题[A]. 劳凯声. 中国教育法制评论 (第1辑) [C] . 北京: 教育科学出版社, 2002: 130.

④ 申素平. 中国公立高等学校法律地位研究[D]. 北京师范大学博士学位论文, 2001.

⑤ 冯娜. 高校权力的法律规制[A]. 邓正来. 法律与中国[C]. 北京: 中国政法大学出版社, 2005: 391-405.

些私立学校在招生过程中与学生之间形成的平等的契约关系相区别。[①]由于全国统一考试的本（专）科生招生属于教育行政部门与公立高等学校分工合作的模式，这一模式下的招生具有非常强烈的公共行政性质，教育行政部门也始终将其作为一项行政工作来抓，因此这类招生是一种公共行政活动。当公立高等学校违反国家有关规定录取学生，学生可以向教育行政部门提出进行监督的请求，或者直接以公立高等学校为被告，提起行政诉讼。[②]但行政法关系论也面临着挑战，有从事法律实践的研究者就认为，依据我国现行行政诉讼法，学校不符合行政诉讼被告适格主体的要求，学校行为也不是行政法、行政诉讼中法定的行政行为。准确地讲，学校与学生之间不存在着行政法律意义上的行政法律关系。对于学校行使管理权所产生的不对等关系，包括其他关系，无法启动司法程序，不能提起诉讼，可通过学校管理权行使、学生参与民主管理、教育行政主管机关处理或调解的方式来分别解决。[③]此外，仅仅因为高校与学生的关系是不对等的，就判断高校招收学生的行为属于行政法律关系也缺乏足够的说服力。

权威机关判定论认为，只要立法机关或司法机关以某种权威的形式宣告因高考招生发生的争议通过民事或行政诉讼加以解决，以保证合法权利得到有效的维护与救济就可以，没有必要严格区分招考领域的高校与学生的法律关系是民法属性还是行政法属性。但值得指出的是，行政法的理念与有限政府理念是彼此联系的，民法则建立在“自由”“平等”的理念基础之上，二者都出于个人主义、自由主义的关怀，但行政法为保障个人权利而对政府进行约束，民法为实现个人权利而放任平等主体基于意思自治的交往自由。[④]从这个意义上讲，高考领域的行政法与民法之争，实质上在于解答这样一个问题：把高校与考生之间的关系视为行政法关系，通过相对比较严格的行政

---

① 王景斌, 朱翠兰. 论教育行政法律关系及相对人权利救济[J]. 东北师大学报 (哲学社会科学版), 2005 (6) :115.

② 沈岿. 公立高等学校如何走出法治真空[A]. 郑贤君. 公民受教育权的法律保护[C]. 北京: 人民法院出版社, 2004: 204-209.

③ 何宁湘. 学校与学生之间的法律关系分析[EB/OL]. http://www.law-lib.com/lw/lw_view.asp?no=6052.

④ 沈岿. 公立高等学校如何走出法治真空[A]. 郑贤君. 公民受教育权的法律保护[C]. 北京: 人民法院出版社, 2004: 214.

法规则对学校的招生权加以控制；或者把学校与考生之间的关系视为民法关系、在放任自由的基础上加以适度限制，哪一种更有利于保障学校和考生各自应该享有的正当权益？[①]事实上，这一点正是行政法论者坚持的观点，他们认为即使法院作为民事诉讼案件受理，学生也仅能获得金钱赔偿，却并不能获得重新入学的机会，这样的结果也许并不是每一个学生都想要的。甚至可以说，在获得金钱赔偿与入学机会之间，也许会有更多的学生选择后者。对于这样一个对学生如此重要的权益，如果学生因为高等学校的违法或错误行为受到侵害，却并不能获得他期望获得的救济，不能不说是一个缺憾。[②]这样的观点充满了对权利的终极关怀，似乎更倾向于从应然的目标出发解释实然的状态。

因此，我们有必要深入高考领域的具体过程与权力分解中，探讨与解析高校与考生之间法律关系的属性问题。

二、招生自主权、学生志愿以及招生简章的法律属性

无论是民法关系论还是行政法关系论，都有几个关系到招生考试领域法律关系定性的关键性问题需要专门厘清：一是高校的招生自主权如何在法律上定性？二是高考志愿表在招生考试过程中的法律性质究竟如何？三是在招生考试过程中，高校的招生简章的法律地位如何？下面就这三个问题分析招生考试过程中高校与学生的法律关系。

（一）高校招生自主权的法律性质

关于高校招生自主权的性质以及是否应该接受司法审查（某种意义上，我国的行政诉讼制度等同于司法审查制度），学术界一直存在不同的观点。

常见的观点认为高等学校属于法律法规授权的组织，行使国家行政权力或公共管理职权。就招生行为而言，根据《中华人民共和国教育法》第二十八条："学校及其他教育机构行使按照章程自主管理、招收学生或者其他受教育者等权利"，《中华人民共和国高等教育法》第三十二条："高等学校根据

① 沈岿．公立高等学校如何走出法治真空[A]．郑贤君．公民受教育权的法律保护[C]．北京:人民法院出版社, 2004: 215.

② 申素平．中国公立高等学校法律地位研究[D]．北京师范大学博士学位论文, 2001.

社会需求、办学条件和国家核定的办学规模，制定招生方案，自主调节系科招生比例”，高校招生权来自于《中华人民共和国教育法》《中华人民共和国高等教育法》以及教育部颁发的有关招生的规定的授权，高校则依据法律授权，代表国家行使招生权，从而确定了高校招生过程中高校与学生之间的法律关系事实上是“不平等的”，属于行政法律关系，高校与学生之间的争议与诉讼应该属于行政诉讼的受案范围。

自治理论认为，学校招生的权力并不是来自于法律、法规的授权，而是属于学校自身享有的“自治权”。高校虽是按国家有关政策和基本原则招生，但每一所学校招收哪些学生却是由填报该学校考生的分数和所在地区的招生名额所决定的，高校应该按照学校的特色、人才培养目标、学科发展要求自主招生。就此而言，招生自主权属于高校的权利。高校根据自身的权利招生，学生则按照自身的意愿选择学校，高校与学生之间的法律关系属于各自意思的表达，因此，高校与学生之间的法律关系是平等的，高校的招生权不属于司法审查的范围。

特别权力关系理论认为，高校与学生之间是特别权利义务关系，不同于行政主体与一般公民的关系。该理论认为，国家和公共团体是行政主体基于特别的法律原因，在一定的范围内，对相对人享有概括的命令强制权利，而另一方（相对人）则负有绝对服从的义务。在法律救济上，这类关系排除司法救济途径。这些关系主要涉及国家和公民之间的紧密关系，其中主要是教育关系、监狱管理关系、公务员管理关系、兵役关系等。具体来说，特别权力关系理论具有四个特点：一是排除法律保留原则和依法行政原理的适用；二是特别权力关系相对人的基本权利受到限制；三是特别权力关系领域的特别规则不具备法的性质，而仅属于内部的行政规则和指令；四是排除司法审查，相对人对行政处分无权提起行政诉讼。[①] 基于这种特别权利义务关系，高校可以对学生的权利进行特殊的限制而不受一般法律的约束，如不必遵守法律保留原则、学生对学校的行为不服不能提起诉讼等。但这一理论虽然强调了高校的自主权，能避免外部过多地干预高校的办学自主权和学术自由，

① 杨临宏. 特别权力关系理论研究[J]. 法学论坛, 2001 (4) : 57-66; 杨解军. 特别法律关系论——特别权力关系论的扬弃[J]. 南京社会科学, 2006 (7) : 81-86.

但违反了行政法治原则，必然给本已处于弱势地位的学生带来更大的不公。因此，随着第二次世界大战以来法治思想的发展，权力关系理论由于违反了行政法治原则而受到多方面的质疑。批评者主张，与其他规则一样，特别规则也必须全面遵循法治的原则，必须尊重公民的基本权利。例如，德国司法界和学术界普遍认为，基本权利、法律保留和法律保护也适用于被视为传统特别权力关系的国家与公民之间的关系。特别权力关系理论在理论界和实务界的“领地”越来越小。

在此基础上，许多学者提出了基础关系理论和重要关系理论修正特别关系理论。基础关系理论将特别权力关系分为“基础关系”和“管理关系”。基础关系是指有关特别权力关系的产生、变更及消灭的关系。由于基础关系与公民的基本权利相关，因此被纳入司法审查的范围。而入学关系不仅关系到考生的受教育权，而且构成了考生接受高等教育的基础与起点，因此也是基础关系的一种，接受司法的审查。重要关系理论则将特别权力关系区分为重要性关系与非重要性关系，只要涉及公民基本权利的重要事项，不论是干涉行政还是服务行政，都必须由立法者以立法的方式决定而不能由行政权自行决定。因此，即使在管理关系中，如果涉及人权的重要事项，必须有法律规定。招生关系因为涉及公民的基本权利，理所当然属于重要关系，应通过立法的方式加以确定而不是交由高校的自主权来行使。

笔者认为，招生权在性质上属于教育行政职权，由国家教育行政部门、招生管理部门和高校按各自职责范围行使，各主体在招生工作中各司其职，招生权力的核心是招生名额的确定与分配。在《国务院办公厅关于保留部分非行政许可审批项目的通知》中，将全国普通高校本科生招生总量及分地区分部门招生计划审批、全国普通高校本科生分学校招生计划、高等学校面向全国招生和跨省招生生源计划审批定性为政府的内部管理事项，其实施机构为国家发展改革委和教育部。高校根据《中华人民共和国高等教育法》以及教育部相关政策和规定，按照国家核准的年度招生规模及有关规定编制并报送本校分省分专业招生计划，从而确立了招生权的基本构架。在招生实践中，国家教育行政部门对招生工作进行宏观管理，省级招生管理部门对招生单位的招生行为进行监督，高校则具有招生自主权。具体而言，高等学校有权根据社会需求、办学条件和国家核定的办学规模，制定招生方案，决定招生的具体数量和人员，确定招生范围和来源，自主调节系、科招生比例等。

从教育的角度而言，高校招生自主权天然地具有存在的价值与必要，它不仅是高校自身发展的需要，也是高校实现自主办学的基础。但从历史发展的角度看，20世纪80年代以后我国才逐渐形成“学校负责、招办监督”的录取体制，高校才逐渐获得部分招生权。但是，由于招生腐败等问题，使得扩大高校招生自主权存在很大的争议，赞同者希望高校能够获得更多的自主权，以选拔符合学校发展与培养目标的人才；而反对者则从维护社会公平、维护高考权威出发，对仅涉及少量招生名额的招生自主权也持怀疑与不满的态度。可见，高校招生自主权本身是一个不断发展的概念，在不同社会、不同时代有不同的内涵和体现，这与不同时代的文化传统、公众的接受度、政府的管理能力以及大学自身自治传统与能力等因素相关。从权力来源看，高校招生自主权是法律赋予高校的有限权利，其有限性源于我国高考制度的重要性与复杂性。正如“战争太重要，因此不能将决定权完全交给将军”一样，作为对高等教育这一社会稀缺资源进行分配的选择机制，高考太重要，因此需要通过分权实现制约、监督与权利的维护。高校自主权的范围也与政府的管理能力、高等学校的自治能力以及其他各种客观因素的影响和制约有关。

综上，笔者认为，高校招生自主权本质上是在分权基础上为实现高校选拔人才而拥有的有限的“自由裁量权”，既属于教育行政职权的组成部分，同时在经法律授权后，高校又获得一定的自主性。高校招生权的性质决定了高校的招生行为并不是简单的自主行为，也不完全是高校自身的意思表达，简单地判断高校与学生的法律关系属于平等的民事主体之间的关系是值得商榷的。

（二）志愿申请与招生简章

有不少研究者坚持招生考试领域的高校与考生之间的关系属于民法调整范围的观点，强调招生考试过程是高校与学生达成合意的过程，而志愿申请与招生简章则构成了高校与学生之间合同的构成部分。因此，有必要对志愿申请与招生简章的性质进行探讨。

《中华人民共和国合同法》第一章第二条明确规定："本法所称合同是平等主体的自然人、法人、其他组织之间设立、变更、终止民事权利义务关系的协议。"很显然，合同属于平等主体之间的民事法律行为，要遵从民事法律中关于民事法律行为的一般规定，在合同当事人所作的意思表示符合法律规定的前提下，合同方具有法律约束力，受到法律的保护。[①]但高校与考生之间就录取而言，事实上是无法处于平等的法律地位的。填报高考志愿从实质上来说，就是考生与院校之间按招生规则进行双向选择所签署的"大学录取协议"，但志愿申请在定性高校与学生之间的法律关系中一直是一个难题。从学生的角度看，学生有选择学校的自由，可以选择服从或不服从学校的专业调配，似乎有学校和学生达成共识的空间，但在民法理论上很难将其定性，因此有研究者建议不如将尊重学生志愿视为学校在执行公务时必须遵循的一个规则，把由此产生的纠纷作为行政争议处理，更有利于保障考生的正当权益。[②]其实，志愿只有在考生的成绩上线的情况下，才具有意义。因此，志愿申请只是录取过程的一个组成部分和前提，它并不独立决定录取过程的法律性质，而是从属于招生权力下的考生意思的表达，而高校则按照有关招生考试法规和本校制定的招生章程，对学生的志愿进行受理和审查，对合格者给予发放入学通知书的决定。

同样，高校的招生章程也不能简单地定义为学校表意的行为。招生章程实际上是具有法律效力的章程性文件，它是高校行使招生权的管理原则和标准，也是高校招生自主权的具体体现，其性质由高校招生自主权的性质决定。在前文中，我们已经确定学校招生规则主要是在教育部确定的规则下明细化的结果。

总之，高校招生并非纯粹的市场行为，学生也不是纯商业化的消费主体，因此高校与学生之间的法律关系并非民事法律关系，考生的表意行为——志愿申请与高校的招生章程从形式上看存在达成契约关系的空间，但招生过程中所渗透的招生权力的性质决定了高考领域高校与学生

① 李开国. 合同法[M]. 北京: 法律出版社, 2002: 36.

② 沈岿. 公立高等学校如何走出法治真空[A]. 郑贤君. 公民受教育权的法律保护[C]. 北京: 人民法院出版社, 2004: 208.

的法律关系属于行政法律关系。作为权力的一种，高校招生自主权本身具有的潜在侵犯性，以及实践中出现的招生权力的异化、权力腐败的问题使得高校招生自主权的扩大步履维艰。这也为高校招生自主权应该接受司法审查提供了可能性。而反对者则高举招生自主权的合法性以及高校招生的专业性与学术性的旗帜，质疑司法审查的必要性与价值。笔者认为，由于招生权本身涉及公民的基本权利——受教育权，因此司法审查的介入十分必要，这不是能不能的问题，而是如何进行的问题。

三、高考领域提起行政诉讼的可行性与路径选择

《中华人民共和国教育法》规定，“违反本法规定，侵犯教师、受教育者、学校或者其他教育机构的合法权益，造成损失、损害的，应当依法承担民事责任”，但对其诉讼方式没有作规定，因此，最初涉及招生考试领域受教育权侵害的都是提起民事诉讼。1995 年发生的首例高校招生纠纷案和 2004 年“闵迪诉苏州大学案”[①]中，法院都强调招生是自主管理的民事行为，不属于行政诉讼范畴，这就造成了“在实践上看，现行司法体制虽然建立了行政诉讼制度，在一定程度上为考生向高校与招办提起诉讼提供了某种可能，但是行政受案范围和民事范围均不包括因受教育权受到侵害而起诉行政管理者的案件”[②]的现象，在某种程度上，受教育权的救济似乎变成了无救济方式的“虚幻权利”。

---

① 2003年2月15日，闵笛参加苏州大学单独组织的艺术设计学专业考试，专业分为356分，通过了苏州大学艺术设计学专业合格线；4月6日，闵笛参加江苏省美术类专业统考，专业分为293分；6月，闵笛参加高考。6月29日，闵笛第一志愿填报苏州大学，专业为艺术设计、美术学、艺术设计学，并于7月1日把报考苏州大学的回执及各种材料以特快专递的形式邮寄给苏州大学招生办。7月14日，闵笛父亲得到女儿被退档的消息。2003年11月5日，闵笛向苏州市中级人民法院提起行政诉讼及行政赔偿诉讼，告苏州大学违反招生法定程序（省招办投档前5天完成招生录取工作），违反其在招生章程上公布的录取规则，没有执行分数优先、择优录取的原则，造成原告落榜的后果，要求苏州大学在媒体上向原告公开道歉，并赔偿由此带来的经济损失及精神损害。法院以苏州大学不是行政机关，招生是自主管理的民事行为，不属于行政诉讼范畴，驳回闵笛的起诉及赔偿请求。闵笛于10月12日向江苏省高级人民法院提起上诉。2005年2月4日，江苏省高院维持一审行政裁定。3月4日，江苏省高院维持一审行政赔偿裁定。

② 张玉光.对陈某诉外交学院案的几点思考——兼议施行中的高校招生录取体制[J].高等师范教育研究.1997(6):65.

如果要提起行政诉讼，必须满足两个条件：一是被起诉的一方必须具有行政诉讼被告资格，在我国只有行政主体和法律法规授权组织具备行政诉讼被告资格；二是法律对被起诉的一方的行为是否可以提起行政诉讼作出了明确规定。在我国目前情况下，高等学校虽然不具有行政机关的资格，但针对招生这一行为而言，高等学校属于法律法规授权的组织，行使国家行政权力或公共管理职权。

根据《中华人民共和国行政诉讼法》的相关规定，我国对行政诉讼范围的框定是以对大量可诉行为与不可诉行为列举的行为限定为主，以明确规定保护行政相对人的人身权、财产权的权利限定为辅的模式展开的，其导致的直接结果就是产生了法律规范列明的可诉行为与不可诉行为之间的“灰色行为”，高校招生诉讼问题便是典型的“灰色行为”之一。2000年，最高人民法院《关于执行行政诉讼法若干问题的解释》对行政诉讼的受案范围作了概括式的规定：“公民、法人或者其他组织对具有国家行政职权的机关和组织及其工作人员的行政行为不服，依法提起诉讼的，属于人民法院行政诉讼的受案范围。”2014年和2017年《中华人民共和国行政诉讼法》进行了两次修订，强调公民、法人或者其他组织认为行政机关和行政机关工作人员的行政行为侵犯其合法权益，有权依照本法向人民法院提起诉讼；并规定人民法院受理公民、法人或者其他组织提起的认为行政机关侵犯其人身权、财产权等合法权益的诉讼。同时，在国家行为、抽象行政行为、内部行政行为和行政终局裁决行为四种不可诉行政行为的基础上，增加了公安机关和国家安全机关依照刑事诉讼法的明确授权实施的行为、调解行为以及法律规定的仲裁行为、行政指导行为、重复处理行为和对公民、法人或者其他组织权利义务不产生实际影响的行为作为虽由行政主体实施但不可诉的行为。由于高校招生行为不属于该解释中不可诉行为的范围，当考生对具有法律授权的高校的招生录取决定不服时，可以提起行政诉讼，从而以推论的方式将高校招生行为纳入了行政诉讼的受案范围。然而，由于各法院对法律条文的理解事实上存在着不同的逻辑和思维方式，导致各地法院对招生案件可能作出完全不同的裁决。有鉴于此，寻求法律的明示仍是值得期待的途径。

要指出的是，通过行政诉讼的方式寻求考生受教育权的救济，往往需要花费不少的时间、金钱和精力。即使最终获得法院支持，也会因时间延滞无法实现入学的诉求。为了更好地维护考生的权利，同时实现对高校招生自主权的监督、发展与完善，有必要在相关法规的框架内寻找解决高校与考生因招生规则而产生分歧与纠纷的行政机制，加强高校与考生之间的沟通、交流，探索招生实践中高校招生自主权的内涵与边界，寻求高校与考生之间的协商解决模式。

《关于扩大普通高等学校录取新生工作权限的规定》规定，“省、自治区、直辖市招生委员会办公室要设立信访接待组，督促和协助高等学校解决好遗留问题，处理好本职范围内的善后工作”。但通过信访寻求招生考试领域受教育权的救济，却面临现实的困境：根据法律规定，高校拥有招生自主权，并对考生的相关问题与其他遗留问题进行解释，因此信访部门往往只能起部分解释或者疏通的作用，特别是对非本地区的高校往往鞭长莫及，缺乏有效的手段改变录取行为。为了更好地解决这一矛盾，部分省份的招生考试管理机构已经开始酝酿相应的改革，以便更好地维护考生的合法权益，保障考生受教育权的实现。比如，天津成立了招生考试仲裁委员会，聘请教育行政部门及有关部门的专家、学者和律师担任专职或兼职仲裁员，以解决高校与考生之间比较复杂和难以调和的分歧问题。但有学者认为，教育纠纷的仲裁一般适用于平等主体之间所发生的教育纠纷问题的解决，教育纠纷的仲裁不同于法庭的审判，也不同于行政机构的行政处理。适用于仲裁解决的教育纠纷，主要包括平等主体之间的财产纠纷、合同纠纷等。[①]而且，《关于执行〈中华人民共和国行政诉讼法〉若干问题的解释》中将法律规定的仲裁行为列入不可诉行为，因此仲裁似乎影响了最有效、最常用的救济途径——司法救济的运用。当然，这类改革所蕴含的基本价值取向与积极的探索实践精神，是值得期许的。以高校与各省级招生机构的信访部门为依托，通过授权的方式成立特别的临时委员会，吸纳包括学者、律师等专业人员与工作人员，建立学生群体以及家长群体与高校之间沟通与交流的渠道，解决招生纠纷将是进一步改革与试点的方向。

---

① 郝维谦, 李连宁. 各国教育法制比较研究[M]. 北京: 人民教育出版社, 1999: 33.

第二节
高考中的少数民族招生法律问题研究

对少数民族考生实施特殊的优惠政策是我国高考中长期坚持的重要制度，但多年来围绕这一政策的争议也一直不断。反对者高举“公平”的大旗，强调高考面前人人平等，要求取消对少数民族考生的特殊照顾政策；支持者则强调“补偿正义”的基本价值，认为对少数民族考生加分合情、合理、合法。未来少数民族考生高考加分政策如何调整，需要从公平与正义的角度、国家与社会发展的角度综合分析与考量。

一、少数民族学生高等教育入学机会的现状与问题

2010年第六次全国人口普查的数据显示：我国大陆总人口为133972万人，其中55个少数民族总人口为11379万人。同2000年第五次全国人口普查时相比，少数民族人口增加了736万人，增长了6.92%。少数民族人口占大陆总人口的比重为8.49%，同2000年相比，增加了0.08个百分点；同1964年相比，增加了2.7个百分点。与此相一致，我国少数民族人口的受教育机会也有上升趋势（见表5-1），特别是在高等教育入学机会方面增加明显。2004年以来，我国少数民族学生进入普通本专科高校入读的比例增加较快。2015年，少数民族学生在普通本专科高校学生比例中达到8.16%。少数民族学生攻读硕士研究生和博士研究生的比例也有一定程度的增加。2015年，少数民族硕士研究生与博士研究生的比例分别达到5.73%和5.80%。

表5-1 各级教育中少数民族学生比例[1]

年份	普通小学（%）	普通初中（%）	普通高中（%）	高等教育		
				普通本专科（%）	硕士研究生（%）	博士研究生（%）
2015	11.30	11.15	9.66	8.16	5.73	5.80
2014	11.20	10.89	9.15	7.82	5.71	5.47
2013	11.12	10.61	8.66	7.47	6.02	5.81
2012	10.70	10.03	8.15	7.44	5.89	5.23
2011	10.52	9.71	7.80	7.31	5.77	5.26
2010	10.54	9.42	7.55	6.76	5.04	4.68
2009	10.52	9.22	7.34	6.58	5.11	4.37
2008	10.36	9.03	7.15	6.33	4.72	4.00
2007	10.17	8.92	6.94	6.12	4.96	4.18
2006	10.09	8.76	6.74	6.19	4.74	4.26
2005	9.92	8.51	6.62	6.10	4.41	3.78
2004	9.76	8.20	6.55	5.81	4.04	3.95
2003	9.59	12.07	6.52	6.55		
2002	9.46	7.40		5.99		
2001	9.34	7.24		5.70		
2000	9.08	6.77		5.71		
1999	8.96	6.84		6.06		
1995	9.1	6.5		6.5		
1990	8.7	6.4		6.6		
1988	8.2	5.9		6.1		
1987	8.2	5.7		6.1		

但研究者发现，在我国少数民族学生的高等教育入学机会增加的同时，有三个现象值得关注。

第一，相对于汉族学生，民族身份并不总是有利于少数民族学生获得更多的教育。[2]事实上，少数民族学生的高等教育入学机会与汉族学生相比仍有一定的差距，而且越是高层次的高等教育，差异愈加明显。

第二，在少数民族内部，不同地区、不同民族、不同家庭经济背景的学生的入学机会呈现出差异性。研究证明，在控制学生高中成绩影响的情况

① 中华人民共和国国家教育委员会计划财务局. 中国教育统计年鉴1987[M]. 北京工业大学出版社，1988:20; 中华人民共和国国家教育委员会计划建设司. 中国教育统计年鉴1988[M]. 北京工业大学出版社，1989:22; 中华人民共和国国家教育委员会计划建设司. 中国教育统计年鉴1990[M]. 人民教育出版社，1991:18; 中华人民共和国国家教育委员会计划建设司. 中国教育事业统计年鉴1995[M]. 人民教育出版社，1995:13; 中华人民共和国教育部发展规划司. 中国教育统计年鉴1999[M]. 人民教育出版社，2000:18; 教育部. 教育统计数据2000—2016[EB/OL]. http://www.moe.gov.cn/s78/A03/moe_560/moe_567/.

② 陈建伟. 民族身份对少数民族教育获得的影响研究[J]. 民族研究, 2015 (4) : 28.

下，个体特征层面的性别等、家庭背景层面的父母受教育程度和月总收入、生源地层面的城乡和区域均对不同层次高等教育入学机会的获得有显著影响。①在少数民族群体中也是如此。比如云南省不同民族的考生获得高等教育的机会与质量都有相当大的差异。调查发现，纳西族和白族子女的入学机会最高，傣族和彝族次之。而且在不同类型高校中，这几个少数民族学生的入学机会差异不同。在高职高专院校中，不同少数民族学生的入学机会差异最小；在一般本科院校中，此差异较大；在重点本科院校中，此差异最大。②在同一少数民族内部，不同社会阶层子女的入学机会和质量也存在差异，优势阶层子女占有较大优势。③对于那些处于较低社会经济地位，特别是文化资源匮乏家庭的少数民族学生来说，他们需要应对族群分层与社会分层的双重挑战。④

第三，因为特殊的优惠政策，多方群体的利益冲突明显。不同地区不同的少数民族高考加分政策加剧了这一利益冲突。如山东与山西已取消少数民族考生加分政策，北京的少数民族考生在高考优惠政策中加5分投档。湖南省则规定，少数民族自治州、县和民族乡的少数民族考生，可以加20分；少数民族人口过半县的少数民族考生，可以加10分；其他散居区的少数民族考生可以加5分。而四川省不仅不同地区的少数民族可以加10—50分不等，而且部分地区的汉族考生同样也可以享受5—25分的加分。对大部分汉族学生的调查显示，他们对于少数民族学生的高考优惠政策持谨慎的支持态度，他们往往认为“裸考”是更加公平的制度，对少数民族考生的优待与补偿幅度不应过大，否则有失公平；而少数民族考生则倾向于巩固与增加高考中民族成分的加分幅度，追求更大的优惠。有研究者对内蒙古地区的调研显示，蒙古族学生显示出较强的民族语言倾向，他们认为不应该给所有蒙古族

① 汪雅霜, 娇怡程. 高等教育入学机会质量获得影响因素研究[J]. 江苏高教, 2016 (3) : 33.
② 杨倩. 云南省五个少数民族的高等教育入学机会差异分析——基于社会分层理论的视角[J]. 大学教育科学, 2015 (5) : 118.
③ 杨倩. 云南省五个少数民族的高等教育入学机会差异分析——基于社会分层理论的视角[J]. 大学教育科学, 2015 (5) : 119.
④ 谭敏, 谢作栩. 家庭背景、族群身份与我国少数民族的高等教育获得[J]. 高等教育研究, 2011 (10) : 57.

考生加分，而应该考虑考生掌握少数民族语言的情况，只给使用本民族语言的考生加分。对于有的满族、回族学生提出的“同是少数民族、理应统一加分”的诉求，多数汉族与蒙古族学生认为他们已经不使用本民族语言，且大多散居在城镇，没有加分的必要性。[①]

二、美国种族招生政策的法律审视

比较而言，美国是种族问题非常严重的国家之一。1964年，美国《民权法案》的通过对于美国少数族群具有里程碑的意义，它不仅为美国长期坚持的“肯定性行动计划”提供了法理依据，也直接推动了种族教育政策的发展与完善。1965年，美国总统林登·约翰逊签署了第11246号行政命令，旨在消除对少数族裔和妇女等弱势群体在就业、教育等领域的歧视，并督促大学采取相关措施帮助少数族裔和女性获得更多的入学机会和财政资助。“肯定性行动计划”以道德与良心为出发点，以种族和性别为基础，强调补偿与照顾，试图以“不平等的手段”达到结果平等与实质平等，但这与美国宪法的平等原则产生了冲突。

（一）“肯定性行动计划”

对作为弱势群体的少数族群采取特殊的入学照顾政策虽然符合“补偿正义”的原则，但也会引发对大学招生质量标准以及公平的争议。早在1974年，美国就出现了有关“逆向歧视”的诉讼。1978年，“加利福尼亚大学董事会诉巴基案”（Regents of the Univ. of California v. Bakke）[②]将美国的种族招生问题推到了风口浪尖，其焦点是加州大学为少数种族或其他处于不利地位的申请者保留特殊的配额制是否违宪。最高法院9名大法官以5∶4的比例否决了加州大学配额招收少数族裔学生的招生政策，认为在招生中考虑种族因素是允许的，但为少数族裔的学生保留特殊的名额则不符合宪法，从而取

---

① 李辰.教育公平与少数民族高考优惠政策[J].前沿，2017（4）：73.

② 加利福尼亚大学医学院要求候选人必须达到2.5的平均学分绩点，同时给予少数种族或其他处于不利地位的申请者特殊的招生政策，不仅不要求最低的平均学分绩点，而且在100个新生录取名额中保留了16个开放名额。巴基两次申请该院却最终落榜，但其成绩高于通过特殊录取政策进入该院的少数族裔学生，因而提起了诉讼，由此开始了复杂的诉讼流程。

消了招生中的配额制。[①]在这一判例中，最高法院启用了严格审查制度，强调针对种族的特别招生政策涉及“可疑分类标准”，需要对大学和政府的政策实施严格的实质性审查，要求其目的是出于迫切利益的需求，而且其实施的手段与目标具有直接的关联性。在这一经典判例中，最高法院肯定了“肯定性行动计划”的合法性基础是学生多样性带来的大学质量的提升，而不是基于种族的分类标准，简单以种族身份决定是否录取申请者过于机械。多样性的目标决定了种族只是其中的一个因素，而不是唯一因素，必须与学术能力、学习经验等众多因素一起考虑。

配额制的取消并不意味着种族招生问题的解决。在“格拉茨诉伯林格尔案”（Gratz v. Bollinger）[②]中，密歇根大学在招生政策中将黑人、拉丁裔以及印第安人作为考虑的对象，并给予特殊的20分加分政策。[③]而在“格鲁特尔诉伯林格尔案”（Grutter v. Bollinger）中，密歇根大学法学院采取了更为灵活的招生政策，其特点是以学术能力为基础，附加对申请者能力、实践经验以及潜在的学习贡献作为考虑的因素，对学生的申请、推荐信以及论文和学生的背景进行充分评估。两起诉讼案的主角格拉茨和格鲁特尔都以较高的成绩被拒绝，他们宣称自己受到了“逆向歧视”。2003年，联邦最高法院将两案并案审理，9位大法官以6：3的票数裁定密歇根大学违宪，但以5：4的票数支持了密歇根大学法学院的招生政策，赞成大学仍可将种族作为入学的一

---

① U.S. supreme court education cases[M]. Malvern: Center for Education & employment Law, 2005 : 42.

② 在1996年的招生中，密歇根大学仅将申请者分成本州申请者和外州申请者两大类，但在这两大类中仍会按照是否少数族裔以及评分细分。在“格拉茨诉伯林格尔案”中，詹妮弗·格拉茨（Jennifer Gratz）和帕特里克·哈马克（Patrick Hamacher）都以密歇根本州人以及白人身份申请密歇根大学，虽然他们都很优秀，但最终却被拒绝。密歇根大学在招生政策中通常会考虑包括高中成绩排名、入学考试（ACT或SAT）成绩、高中教学质量、课程强度、申请者的特殊环境、居住位置、校友关系、领导力在内的众多因素，并根据这些因素赋予每位申请者相应的分数，从而确定申请者能否获得入学资格。在这一诉讼中，密歇根大学当时的招生政策给予黑人、拉丁裔以及印第安人20分的加分。对此，学校解释说，将种族作为入学的一个考虑因素是出于政府利益以及学校多样化的考量，并相信这样的方式有助于纠正大学过去以及当前对少数族裔群体的歧视。但格拉茨和哈马克认为将种族作为招生中的重要因素违反了《1964年平权法案》以及宪法，形成了对白人学生的“逆向歧视”。

③ U.S. supreme court education cases[M]. Malvern: Center for Education & Employment Law, 2005: 47.

个考虑因素。[①]

（二）“百分比计划”

20世纪90年代的“霍普伍德诉得克萨斯大学法学院案”（Hopwood v. University of Texas Law School）[②]对“肯定性行动计划”产生了决定性的影响。该案中，第五巡回法院判决种族不能作为高校录取的依据，否则违宪，从而直接动摇了向少数族裔学生倾斜的“肯定性行动计划”录取政策。在此情况下，1995年，加州大学校委会率先通过了禁止加州大学在招生时使用“肯定性行动计划”录取政策的方案。1999年，加州州长格雷·戴维斯（Grey Davis）在他的就职演说中首次提出，每个公立或私立高中班级排名前4%以上的毕业生，都将被加州大学录取。同年3月，加州政府颁布了“本地录取”政策，即“前4%计划”（Top 4% Plan）的录取政策，并确定三年后实施。2001年，该计划将年级排名的标准调整为前9%。为了确保不同政策条款的相容性，加州大学董事会同意以双重录取方案对“前4%计划”加以补充完善，对年级排名前4%—12.5%的学生予以临时录取，如果这些学生在社区学院内完成前两年课程且获得的平均学分绩点不低于2.4，可转学进入申请高校就读。[③]得克萨斯州于1997年通过了《588号法案》（*Texs House Bill 588*），即“前10%计划”（Top 10% Plan）。[④]2000年，佛罗里达州州长吉

---

① U.S. supreme court education cases[M]. Malvern: Center for Education & Employment Law, 2005: 46.

② 得克萨斯大学法学院是一所顶级法学院，主要根据学生的本科年级平均成绩和法学院入学考试成绩所形成的复合成绩来录取，同时参考学生的专业、毕业学校的排名、背景、个人经历以及发展前景等。综合考虑很多潜在的录取因素，最终根据复合成绩将学生分成三类：“假定录取”“假定不录取”以及“自由决定区”。在自由决定区，每30个申请者的资料会被送到不同的招生委员会的附属小组并投票，获得2—3票的候选人会被录取，获得1票的人待定，而获得0票的人则被淘汰。但黑人和墨西哥人会被区别对待，首先他们进入不同分类的复合成绩比起白人和其他种族的候选者要低（如1992年白人进入假定录取区的复合成绩是199，被直接否定的复合成绩是192，而黑人和墨西哥人进入假定录取区的复合成绩只需要达到189，而被直接否定的复合成绩则是179）。学校降低标准的目的是为了保证学校学生中有10%的拉丁裔和5%的黑人。除此之外，学院还设立了单独的申请评估程序，与申请者的种族与优先录取相联系。在此情况下，霍普伍德以及其他三名白人申请者尽管在复合成绩上高出黑人和拉丁裔申请者，但最终被拒绝录取。詹姆斯·科尔曼.普及知识：被忽视的公共教育目标[J]. 教育与考试, 2016 (5) .

③ Top Four Percent [EB/OL]. http://www.ucop.edu/news/archives/2001/nov15artl.htm.

④ Fullinwider, R.K., Lichtenberg, J. Leveling the Playing Field: Justice, Politics, and College Admissions[J]. Journal of Higher Education, 2004 (77) : 376-378.

布·布什（Jeb Bush）签署行政命令“一个佛罗里达”（One Florida），即“前20%计划”，该决议取消了“肯定性行动计划”录取政策，确保在高中班级排名前20%且完成必修课的申请人可被录取到佛罗里达州的11个公立高等教育机构。①

三州的政策具有趋同性，均以“无种族色彩、种族中立”为原则，对州内高中，不论规模、地理位置和教学质量差别，采取统一标准，其目的在于避免“肯定性行动计划”录取政策所带来的诸多问题与挑战。同时，各州政府也希望实施该项目能吸引少数族裔学生、农村学校学生进入高等教育机构，从而为学生提供更多样的教育环境，实现特色、多样化人才培养的教育目标。②在“百分比计划”实施过程中，各州都赋予高中非常大的自主权，规定由各高中自行决定年级排名的标准、审核符合排名标准的学生，其优先录取资格的有效期为两年。申请者在第一次申请入学的前两学年中任一学年毕业于州内公立或私立高中，且学业成绩在所在高中毕业班级排名达到前X%要求，即可向州内任意一所公立高等院校提出入学申请，且被该校自动录取。③一般而言，学生可根据自己的真实情况申请，高校提前公布录取计划与标准，并对申请者进行审核，筛选过程对所有参与计划的高中与学生公开，允许社会监督。“百分比计划”出台后得到广泛支持，被认为是提高少数族裔入学率的有效手段，是否定“肯定性行动计划”录取政策的充分根据。但随着实践的展开，对“百分比计划”的批评日趋增多，研究者普遍认为“百分比计划”是否能够完全取代“肯定性行动计划”录取政策令人怀疑。

研究者发现三州自实施“百分比计划”以来，出现了少数族裔注册学生迅速下降的现象，特别是在高选择性大学，高校学生构成多样化的目标远未实现。实际上，由于“百分比计划”过分依赖高中为大学提供多元化的学生

① Percent Plan: How Successful Are They? [EB/OL]. http://www.diversityweb.org/digest/vol7no1-2/percent_plans.cfm.

② Texas House Bill 588, Section 51.803[EB/OL]. http://www.utexas.edu/student/admissions/research/HB588Law.html.

③ Moore, J. Race and college admissions: A case for affirmative action[M]. North Carolina: McFarland &Company, Inc., Publishers. 2005: 187-191

群体，因此当高中本身无法实现种族融合时，必然出现学生构成单一的情况。而且，由于考虑到高选择性大学毕业率低和高额学费等问题，少数族裔学生申请进入高选择性本科院校的比例非常低，这一矛盾是“百分比计划”的症结性问题。事实上，“百分比计划”进一步激化了矛盾，加剧了种族隔离。研究者也发现，作为“肯定性行动计划”的替代政策，“百分比计划”不仅没有削弱“逆向歧视”，反而激化了成绩较差的学生与成绩较好学生之间的矛盾。比如在私立精英高中，学生普遍成绩优秀却受“百分比计划”录取比例的限制而无法被精英大学录取；但是在教学质量相对较差的农村和郊区学校以及全黑人高中就读的学生，却可以相对忽略学业成绩和学校质量，根据学校排名自动获得录取资格。

此外，“百分比计划”本身存在设计缺陷，导致了一系列实践问题。第一，“百分比计划”规定学生在其高中的年级排名为唯一录取标准，导致“百分比计划”录取的学生成绩较之“肯定性行动计划”录取政策实施期间录取学生的成绩有明显下降的趋势。这种录取标准的转变，某种程度上可以说是一种误导，甚至是倒退——高中成绩与分数取代了综合评价，导致基础教育向应试教育方向转变，学生选课也越来越体现出投机行为，只关注毕业排名的需要，在课程难度上避重就轻而忽略课程本身以及个人兴趣。第二，生源质量下降，加剧了大学毕业率偏低的问题。第三，在一定程度上削弱了大学招生的自主权。第四，“百分比计划”引发了美国式的“高考移民”问题，诱发学生转学到少数族裔数量占多数的普通高中或全黑人高中[①]，造成所谓“反常激励现象”（perverse incentive）。即为了能够获得较好的学业排名，重点高中的学生宁愿转学至普通高中甚至低水平高中，以获得精英大学的录取资格[②]，从而抢占了少数族裔的机会，也背离了“百分比计划”的初衷。

社会对“百分比计划”的批评与反思反映出无种族差别的少数民族录取

① Moore, J. Race and college admissions: A case for affirmative action[M]. North Carolina: McFarland & Company, Inc., Publishers, 2005: 187-191.

② Cullen, J.B., Long, M.C., Reback, R. Jockeying for Position: Strategic High School Choice Under Texas' Top Ten Percent Plan. NBER Working Paper, 2011.

政策本身存在的不足。此后，各州对“百分比计划”进行了调整，如改变单一依靠年级排名的招生标准，采用多种招生方案，形成多渠道录取方式；增加了必修课的限制；调整“百分比计划”的录取比例，限制本州学生录取人数，增加外地学生录取机会；完善“百分比计划”配套保障制度；等等。

2013年的“费雪诉得克萨斯大学奥斯汀分校案”（Fisher vs. University of Texas Austin）对“百分比计划”产生了重要影响。在该案中，由于得克萨斯州取消了“肯定性行动计划”，得克萨斯大学实行“前10%招生计划”政策，高中排名在前10%的申请者可直接进入得克萨斯大学，学校剩下的1/4招生名额会考虑种族因素。费雪的学校排名不在前10%内，在剩余名额的选拔中也最终落选。最高法院大法官以7∶1的投票结果决定将此案发回巡回法院重新审议，并指出如果学校能够提供足够的证据证明，没有其他可行的种族中立录取政策保证机会平等以及实现大学的多元化，则大学的录取政策仍可将种族作为考虑的因素之一，从而裁定“肯定性行动计划”仍可在大学招生中使用，但也提出了更加严格的适用范围和审查规程。[①]第五巡回法院次年得出结论称，得克萨斯州在1998年实施了“前10%计划”，该录取政策采取种族中立的录取方式，并不考虑种族因素，但未取得它所寻求的多样性。因此，后期该校对招生政策加以调整并采用了多种录取方式，重新将种族作为整体招生制度的一部分，这是符合宪法和现行法律的。[②]2016年，联邦最高法院7名大法官以4∶3的投票结果裁定得克萨斯大学奥斯汀分校在录取新生时考虑种族因素的做法并不违宪。判决重新肯定了种族因素在大学招生中的地位。

（三）美国种族招生政策的启示

从“肯定性行动计划”到“百分比计划”，从“巴基案”到“费雪案”，美国的种族招生政策几经变迁，但纠结的问题无外乎两点：一是对少数种族实施特殊的照顾政策是否违宪，是否形成对白人学生的“逆向歧视”；二是

---

① Fisher vs. University of Texas Austin[EB/OL]. http://www.supremecourt.gov/opinions/12pdf/11-345_l5gm.pdf, 2018-2-23.

② Hennessy-Fiske, Molly. For Black Students at Texas, Supreme Court Remarks are a Burden Added[N]. Los Angeles Times, 2018-2-23.

大学在录取少数种族学生时应该如何应用“种族”这一概念。对此，联邦最高法院的回答是：第一，种族只能作为大学招生的潜在附加因素，而不是决定因素，必须灵活地而不是机械地使用。因此，对种族的特殊照顾政策只能放在学生背景的因素下综合考虑。就此而言，“肯定性行动计划”作为一定历史时期的产物在未来应逐渐取消。第二，在当前阶段，“肯定性行动计划”有其合理性，但面对个人的平等受教育权，对特殊群体的照顾政策必须严格限制和审查，寻求手段与目标的一致性与合法性，只有足够灵活、严格限制的招生计划与招生政策才能通过法律的审查。第三，招收少数族裔的学生虽然符合“补偿正义”的原则，但对于大学招生而言，质量标准是最重要的价值取向。多样的学生构成有利于大学不同阶层、不同身份的学生交流与了解，从而促进质量的提升，但少数族裔个体千差万别，在招生政策中，必须公平地对待每个人。招生规则的制定应围绕基本的学术质量要求，综合种族、个性与能力、家庭背景等因素，保证每个孩子都得到公平、灵活而微妙的考量，这是大学招生的核心。

三、科举时代的少数民族录取政策

翻开中国古代考试史，可以发现对少数民族录取政策进行法律上的限定是科举时代录取政策的重要内容。

坚持对少数民族实施一定的补偿是科举时代普遍遵行的原则，这不仅有利于实现边远地区的教化与发展，而且有利于政治上的稳定与统治，能够将社会上的能人志士网罗进政府中，既能树立政府的开明形象，又可以消弭社会上的反抗力量。考虑到边远少数民族地区文风相对不盛，按照统一的标准参加考试少有被录取者，明、清两代都实行过优待边疆地区的政策，或增加边疆省份的乡试名额，或对某一特定边远地区的举子实行优惠政策。[①]以清朝时期的科举录取政策为例，清政府对每省的中额分配有非常复杂的考虑：顺天，属于首善之地，因有八旗子弟及宗室子弟应试，“培养宜优”，因此多有优惠政策；而边远省份，即云南、贵州、广西、四川等省，“鼓舞宜亟”，

① 刘海峰. 台湾举人在福建乡试中的表现[J]. 厦门大学学报 (哲学社会科学版), 2013 (6) :70.

多有政策倾斜；其他省则是“中额宜均”。[①]根据《钦定科场条例》，顺天乡试分编“满”“合”“夹”“承”“旦”“贝”“南皿”“北皿”“中皿”字号。[②]每一字号代表不同的考区及录取名额。如“满”字号（满洲、蒙古）取中二十七名；“合”字号（汉军）取中十二名，加五经遗额二名；“夹”字号（奉天）取中四名；“承”字号（承德），取中三名；“贝”字号（直隶生员）取中一百一名，加五经遗额五名，共一百六名；“南皿”（江南、浙江、江西、福建、湖北、湖南贡监生）取中三十六名；“北皿”（奉天、直隶、山东、山西、河南、陕西、甘肃贡监生）取中三十六名，加五经遗额四名；“中皿”（四川、广东、广西、云南、贵州贡监生）无定额，每二十名取中一名，如零数过半，准其加中一名。[③]但分配给各省的名额，并不完全用于凭文取中，为了满足特殊利益，清政府针对特殊人群采取了定向配额制度，也就是所谓的保障性中额。[④]比较常见的政策措施是另行编号录取，增加录取名额，或者给予其他特殊优惠政策。一般而言，各省边远都府，有文风较逊者，准由该督抚体察情形后，奏请另编字号，划分取中。例如，湖南省“边”字号，湖北省“方”字号、“员”字号，以及陕西省、甘肃省“丁”字号、“木”字号、“聿左”字号、“聿右”字号、“聿中”字号等。并且，也准许多个府同编一字号，或两府间科轮流取中。[⑤]尽管另行编号的士子中额不多，但录取比例高，一般是三十名取一名，而湖南苗生则十五名取一名。显然，对另行编号的士子规定录取名额体现了政策倾斜。[⑥]

但并非所有边远地区、少数民族地区都可以得到照顾，清政府对民族问题相当敏感，其民族政策有差异。首先是南北的差异，总体而言对北方少数民族的政策优于南方；其次是关系的亲疏，对于自己出身所系的满族自然是极尽优待，而与宗室颇多姻亲的蒙古族也多承优渥恩宠。[⑦]

① 李世愉. 清朝在土司地区推行科举制度述略[J]. 青海民族研究, 2016 (4) : 4.
② 杜受田, 等. 钦定科场条例 (卷19) . 续修四库全书 (第829卷) [C]. 上海:上海古籍出版社, 1995: 53.
③ 杜受田, 等. 钦定科场条例 (卷19) . 续修四库全书 (第829卷) [C]. 上海: 上海古籍出版社, 1995: 53.
④ 李世愉. 清朝在土司地区推行科举制度述略[J]. 青海民族研究, 2016(4): 4.
⑤ 范哗. 钦定科场条例研究[D]. 厦门大学博士学位论文,2014.
⑥ 李世愉. 清朝在土司地区推行科举制度述略[J]. 青海民族研究,2016(4):4.
⑦ 王凤杰, 王力. 清代贵州少数民族科举探析[J]. 贵州民族研究, 2012 (3) : 103.

特殊照顾政策直接诱导了很多地方官员上书要求对该地的边远地区或少数民族地区予以特殊的照顾政策。因此，法律对这类特殊照顾政策进行限制，主要体现在以下三个方面。

一是严格限制获得特殊照顾政策的地区和少数民族范围。“僻在海外的琼州，其崖州、陵水、昌化尤远处天末，士子渡海艰难，距省乡试约尤二千五六百里，多畏惧不前，查山西、榆林、宁夏等处俱设‘木’字号、‘丁’字号、‘聿左’‘聿右’字号，各额中一二名不等，因此乾隆十五年上书恳请另编为‘厓’字号，额中一名。”但这一要求被拒绝，“于琼州府三州十县内摘出崖州、陵水、昌化、感恩四州县编号取中与陕西、甘肃‘聿’‘丁’等号属均编之列并不相同，而且一州三县士子欲另行编号取中，未免过优，亦与体制不合”。[①]同样情形的还包括湖北施南府，广西泗城、镇安等，均未获批。后湖北施南府于同治元年（1862年）时另编“方”字号；光绪十年（1884年），广西泗城、镇安获准于广西乡试加广中额内拨出一名轮流取中，直到光绪十五年（1889年），才获准另编字号。

二是严格控制另编字号录取的限制。乾隆三年（1738年），四川巡抚硕色上书称：“四川宁远一郡僻处极边，向系卫地。虽已建官学，从无登科之人。故请乡试照甘肃、宁夏之例另编字号于通省中额内额中一名，以示鼓励。”但清政府对另编字号录取方式作了严格限制：“查边郡文风固易振作，而伦才大典未可幸邀。若应试不过数人即定中额一名，恐士子不无幸邀，殊非选拔之意。请嗣后宁远一府应试士子至三十名以上者，准其另编字号，于本省额内取中一名，以示鼓励。如不及三十名之数，仍照常取中，毋庸另编字号。”[②]一般而言，特殊设定的“聿”“丁”“木”“田”“边”等字号应试士子需要达到三十名以上，才可另编字号，于本省额内取中一名，不及三十名，则仍照常取中。而嘉庆十三年（1808年）则规，定“凤凰、乾州、永绥、保靖四县苗生也准于应试人数在十五名以上者额外取中一名。如不足十五名，仍附通省取中，毋庸另编字号”[③]。还规定即便将来应试人多，亦

① 杜受田，等.钦定科场条例（卷19）.续修四库全书（第829卷）.上海:上海古籍出版社，1995: 65.
② 杜受田，等.钦定科场条例（卷19）.续修四库全书（第829卷）.上海:上海古籍出版社，1995: 56.
③ 杜受田，等.钦定科场条例（卷19）.续修四库全书（第829卷）.上海:上海古籍出版社，1995: 60.

不得加取，以示限制。为了打击少数士子冒籍录取，清政府制定了严格的惩罚措施，从重治罪。

三是随着民族地区的发展，对少数民族的优惠政策也会相应发生变化与调整。如“丁”字号，百年之后，宁远府“人材蔚起”，礼部考虑到，若只限定录取一名，反而不利于该府士子，遂于咸丰十一年（1861年）取消编号，与全省士子一起“凭文录取”。同治八年（1869年），取消了湖北施南府的“方”字号，改将郧阳府士子编为“员”字号，应试者至三十名取中一名。①

四、我国少数民族高考政策的反思与调整

（一）反思我国少数民族高考政策的理论基础：群体平等还是个体平等

“群体平等”与“补偿正义”相伴而生，成为美国“肯定性行动计划”的理论基础。哈利·布莱克门（Harry Blackmun）大法官在1978年“巴基案”中的名言——“为了克服种族主义，我们不得不先把种族纳入考虑……为了平等对待人们，我们不得不差异地对待他们”②，成为美国高校招生时考虑种族因素的有力依据。但“肯定性行动计划”录取政策一直面临存废的激烈争论，由此引发的“逆向歧视”等问题长期困扰着“肯定性行动计划”录取政策的合宪性。而标榜“种族中立”的“百分比计划”，宣扬个体平等的基本精神，却使少数族裔陷入更加不利的局面，试图将“个体平等”和“群体平等”两者兼顾而又皆不可得，既无法真正实现个体平等，也无法解决群体平等的困扰，反而带来种族间更为激烈的对立与冲突，暗示了个体平等理论和“百分比计划”本身的局限性。

少数民族招生涉及非常复杂的政治、经济、文化与社会发展等问题，不能单纯从平等角度进行解释，否则很难达成共识；也不能仅仅从个人利益出发，否则难以真正解决问题。正如F.科普林等人所说：“不考虑到社会经济地位的因素，讨论民族问题将毫无意义。不考虑民族因素所扮演的角色，对

① 李世愉.清朝在土司地区推行科举制度述略[J].青海民族研究2016(4):4.

② Regent of the University of California v. Bakke, 438U.S.65[EB/OL]. http://caselaw.lp.findlaw.com/scripts/printer_friendly.pl?page=us/438/65.html.

阶级体系所作的分析也是不完全的。也许社会阶级和民族的交叉分析，为系统全面地理解社会分层的本质提供了最有成果的方向。”[①]就此而言，我国在高考招生中给予少数民族特殊优待政策有一定的合理性。考虑到少数民族内部差异问题，如何兼顾个体平等，考虑不同地区不同背景下个人享有平等的高等教育入学机会是我国高校招生政策改革需要坚持的方向。

（二）反思我国少数民族高考政策中的核心问题：多样化与质量的权衡与抉择

1978年，美国联邦最高法院大法官刘易斯·鲍威尔（Lewis Powell）提出了“多样性益处”（benefits of diversity），为高校招生中给予少数族裔特殊优惠政策提供了理论支持。他援引美国宪法第一条修正案关于言论自由的条款，认为大学有权制定政策促进学生来源和校园环境的多样化。自此，多样化成为被美国法律认同、令人信服、符合政府重大利益的标准。美国联邦最高法院也一直坚持种族可以作为大学招生中的一个潜在而灵活的因素，并认同大学在坚持多样化原则下对学生进行综合考量，而不必拘泥于考试成绩的高低。同时，多样化也被认为是属于质量的一部分，一个多元化的学生群体将给学生以及高等教育机构乃至社会经济发展带来更多元的研究工具、手段和观点。但提高大学学生构成多样性、促进校园文化多元化的同时，却又常常要面对学生质量下降的问题。通过降低学术标准、录取“不合格”的学生不仅影响教育质量，也会牺牲效率，如政府不得不增加拨款，帮助这些学生进行“补习教育”，造成一定程度的浪费。

多样化理论为我国制定少数民族招生政策提供了理论参考。仅以民族身份作为加分的依据是否合理？同时毫无疑问，我国少数民族内部的差异和复杂性需要更加科学的政策考量。简单地以加分的方式实现对少数民族的特殊照顾既缺乏科学的论证，也在一定程度为少数民族考生贴上了“考分低”的标签。就此而言，我国少数民族的特殊招生政策需要进一步改革与完善。打破以民族身份为单一划分标准，统筹兼顾不同民族间的发展差异和水平差异，采取更加综合的招生评价标准，以促进不同民族之间的理解与融合应成

① F. 科普林, L. 格德沙尔德. 民族分层[A]. 马戎. 西方民族社会学的理论与方法[C]. 天津: 天津人民出版社, 1997: 168-190.

为我国少数民族招生政策的基本取向。当然，坚持多样化的前提下实现教育质量的整体提升还需要漫长的过程。增加教育投入，改善少数民族地区以及偏远农村地区的教育设施和教师质量仍是我国民族教育和农村教育的重点。

（三）反思少数民族学生入学机会与发展问题

当前少数民族教育的核心问题是如何在提升低收入家庭的少数民族学生进入大学的机会的同时保证少数民族学生的发展质量。

在美国，研究发现，入学机会的增加并不代表少数族裔学生的发展，少数族裔学生的大学辍学率高于白人学生，毕业率低于白人学生。“错配理论”（The Mismatch Theory）认为，让不符合标准的少数族裔学生进入精英大学实质上损害了少数族裔的利益，因为他们可能会面临辍学和无法毕业的危险，因此，建议少数族裔学生应该进入竞争较小、要求较低的学校。

在我国，有研究发现，少数民族学生毕业后，其未来的就业与发展呈现相对弱势的状态。对此，不少研究者提出，少数民族高等教育问题的关注点不应该只停留在扩大少数民族学生入学机会和录取人数上，更应该注重少数民族学生被录取后的学业成就、发展以及融入大学生活和对校园内文化多样性的促进程度上。从关注少数民族教育的“入口”政策到关注少数民族教育的全过程，特别是少数民族学生的学习和“出口”问题，反映了当前我国民族教育政策的新要求。我国应该适当增加综合大学招收少数民族学生的比例，以实现不同民族学生文化共享、民族融合、相互学习的校园生态。同时，我国也应进一步完善对少数民族学生的跟踪调查、数据库建设与研究，探索高校学生学习评价的新模式，提升少数民族学生的竞争力，从而为少数民族招生政策和民族教育发展提供实践依据和改革建议。

第三节
高考中的性别平等问题研究

消除教育性别不平等是联合国“千年发展目标”之一。《中国妇女发展纲要（2011—2020年）》提出：“保障妇女平等享有受教育的权利和机会，受教育程度持续提高。”《中华人民共和国教育法》第九条规定：“中华人民共和国公民有受教育的权利和义务。公民不分民族、种族、性别、职业、财产状况、宗教信仰等，依法享有平等的受教育机会。”性别平等，特别是高等教育入学机会中的性别平等问题一直是社会关心的重要议题，近年来我国关于教育中“男性弱势”的讨论更加剧了对高考中性别平等的关注。高校招生考试领域的性别平等的含义是什么？谁是应该受到特殊照顾的性别群体？高校招收学生是否应该考虑性别因素？这些都是值得研究与深思的问题。

一、高等教育入学机会中的性别问题及其现状

一般认为，女性是传统上的弱势群体。但近年来，教育中“男性弱势”已成为一个社会关注的现象。从受教育机会来看，近年来我国女性的入学机会明显增加，特别是在高等教育方面。从2009年开始，女大学生的在学人数已经超出男生，并有逐年增长的趋势。2015年女大学生在学人数比例高达52.42%。女性硕士研究生和博士研究生数量也呈逐年增长趋势，2010年女硕士研究生在学人数超过了男生，2015年女硕士研究生在学人数比例达到了52.15%。

表5-2 各级教育中女学生数比例[①]

年份	普通小学（%）	普通初中（%）	普通高中（%）	高等教育		
				普通本专科（%）	硕士研究生（%）	博士研究生（%）
2015	46.33	46.46	47.13	52.42	52.15	37.85
2014	46.26	46.69	48.06	52.12	51.65	36.93
2013	46.27	46.37	47.37	51.74	51.38	36.9
2012	46.26	47.09	49.41	51.35	51.46	36.45
2011	46.23	47.13	48.98	51.14	50.89	36.13
2010	46.23	47.21	48.62	50.86	50.36	35.48
2009	46.27	47.32	48.20	50.48	49.63	34.86
2008	46.39	47.36	47.75	49.86	48.16	34.70
2007	46.50	47.33	47.26	49.12	47.19	34.07
2006	46.66	47.27	46.83	48.06	46.36	44.01
2005	46.82	47.33	46.43	47.08	46.02	32.57
2004	46.96	47.37	45.81	45.65	44.15	31.37
2003	47.08	47.42	45.08	44.52		
2002	47.2	46.7		43.95		
2001	47.33	46.49		42.04		
2000	47.6	46.17		40.98		
1999	47.64	45.92		39.66		
1995	47.3	44.8		35.4		
1990	46.2	41.9		33.7		
1988	45.6	41.0		33.4		

值得关注的是，近年来的研究显示，在受高等教育机会上，女强男弱已经是常态。[②]

首先，过去的研究表明，我国高等教育在学科门类上也存在着明显的性别差异，理学与工学领域男生的入学机会高于女生，而人文社科领域女生的入学机会高于男生。[③]具体体现为在院校类别上，女生在理工院校、农林院校、林业院校的比例较低，而在师范院校、艺术院校、财经院校的比例较高；在专业选择上，女生在语言文学、历史、法学、外国语和经济学等专业中的比例远高于男生，而在物理、力学和工程、数学、计算机技术、化学等

① 中华人民共和国国家教育委员会计划建设司．中国教育统计年鉴1988[M].北京工业大学出版社，1989:22; 中华人民共和国国家教育委员会计划建设司．中国教育统计年鉴1990[M].人民教育出版社，1991:18; 中华人民共和国国家教育委员会计划建设司．中国教育事业统计年鉴1995[M].人民教育出版社，1995:12; 中华人民共和国教育部发展规划司．中国教育统计年鉴1999[M].人民教育出版社，2000:17; 教育部．教育统计数据2000—2016[EB/OL]. http://www.moe.gov.cn/s78/A03/moe_560/moe_567/.

② 男生考不过女生？对话"近10年高考试题难度的性别差异研究"课题负责人[EB/OL]. http://www.sohu.com/a/74836982_119661.

③ 杨倩．我国高等教育入学机会的性别差异研究[J]. 现代教育管理，2009 (1)：18.

学科专业中的比例较低。[①]对1982年至2010年高等教育入学机会性别差异变化状况的实证研究表明：入学机会的性别差异正在逐渐缩小，当前女生的入学机会已经超过男生；城镇和农村学生入学机会的性别差异也都缩小了，农村缩小幅度更大。[②]

其次，从学科来看，男生主要就读学科的分布范围由宽变窄，女生主要就读学科分布范围则不断拓宽。[③] 1982年，男生和女生都集中在理学、文学、法学和农学；到2010年，男生集中在工学和农学，女生则逐渐突破文科等传统的“女性学科”，拓展至工学、文学、管理学、理学、医学、农学等学科，其主要就读学科分布范围比男生更为宽广。[④]

再次，从高等学校类型来看，过去部属重点院校中男生远远多于女生[⑤]，但最新数据表明，重点高校的男女生性别比逐渐下降。2017年，清华大学男女生的比例为2∶1，2013年为2.02∶1，而更早以前，这一比例甚至达到5∶1。2017年，浙江大学男女生的比例为7∶5，2013年为6∶4，而十年前这一比例为10∶3。2017年，武汉大学男女生比例为4∶3，而十年前这一数据为1.59∶1。由此可见，重点高校女生的入学机会逐步增加，而且在传统的工科院校和工科学院也呈现出同样的趋势。

最后，从高考分数来看，女性高分人数呈明显增加趋势。有研究者统计发现，从1952年到1999年，各省（区、市）的“高考状元”人数男生占71.05%，女生只占28.95%；但从2000年到2015年间，男生“高考状元”只占总数的47.36%，而女生“高考状元”占到52.64%。[⑥]但在“理科状元”中，男生始终占据明显优势；而“文科状元”中，女生处于绝对领先地位，

① 宋韬. 我国高等教育入学机会性别差异现状述评[J]. 中国青年研究, 2006 (8) : 60.

② 杨倩. 高等教育入学机会的性别差异变化研究——基于内蒙古自治区的实证调查[J]. 黑龙江高教研究, 2016 (9) : 15.

③ 杨倩. 高等教育入学机会的性别差异变化研究——基于内蒙古自治区的实证调查[J]. 黑龙江高教研究, 2016 (9) : 16.

④ 杨倩. 高等教育入学机会的性别差异变化研究——基于内蒙古自治区的实证调查[J]. 黑龙江高教研究, 2016 (9) : 16.

⑤ 杨倩. 我国高等教育入学机会的性别差异研究[J]. 现代教育管理, 2009 (1) : 17.

⑥ 2000-2015年中国高考状元性别构成情况 女状元最强势[EB/OL]. http://bj.bendibao.com/news/201666/226757.shtm.

这也说明，男性与女性在学业优势上仍存在文理之别。

正如研究者所指出的，近三十年来，我国不同性别学生的（无论是总体的还是在不同类型高校中的）入学机会差异均呈现出逐渐缩小的趋势。当前我国女性的高等教育入学机会已经超过了男性。[①]但需要强调的是，虽然女性在高考竞争中逐渐处于领先优势，但女性内部受教育机会的差异与分化仍须关注。研究发现，城乡差异对女性接受高等教育机会的影响十分明显。研究者发现，在恢复高考以来的整体时段上，农村中男性接受高等教育的机会高于女性，而非农村地区男性接受高等教育的机会反而低于女性。分时段的研究表明，扩招之后仍然呈现出“农村男性占优、非农村女性占优”的格局，但无论是农村还是非农村地区，扩招后男性在高等教育机会上的优势均在下降，其中农村地区下降的幅度更大。[②]不过，尽管农村女性的高等教育入学机会逐渐增加，但仍处于弱势地位，农村女性仍是考生群体中的弱势群体。

二、男性弱势、男女有别的分数线及其成因

近年来，男性弱势的呼声日高，男女在发展上的确存在典型的性别差异。研究证实，在幼儿阶段，男孩的生理发育、心理发育都落后于女孩，3.5岁女孩的大脑语言区相当于5岁男孩的水平，而且，男孩这种落后状态会一直持续到青春期。英国学者杰夫·哈曼认为，在11岁时，男生口语能力、读写能力和计算能力的发育水平分别比女生晚11、12和6个月。[③]同时，研究也发现，我们的教育在帮助男性成长上效率较低。人们一般认为，到了中等教育阶段后期，男生往往就能追赶上甚至超越女生。但是，从20世纪90年代开始，女生的学业优势不断扩展和延伸，几乎在所有学科领域、在各级教育水平上，女生的学业表现都赶上或者超过了男生。[④]2010年孙云晓等人在《拯救男孩》一书中论述了男孩成长中的问题，认为男生的成

① 王伟宜，李洁. 高等教育入学机会性别差异的多维分析[J]. 教育研究，2015 (8) : 55.

② 张兆曙，陈奇. 高校扩招与高等教育机会的性别平等化[J]. 社会学研究，2013 (2) : 194.

③ 李文道. 应试教育对男孩更不利[EB/OL]. http://www.jyb.cn/high/sjts/201605/t20160511_659321.html.

④ 新高考后，女学霸将越来越多！专家说，这么做才能解决“男孩危机”[EB/OL]. http://www.sohu.com/a/116374038_395053.

长与教育出现了四大危机：学业危机、心理危机、体质危机和社会危机，并将应试教育看作对男生的“最凶猛杀手”。①

不少研究者将男性在教育中的弱势问题、高校性别比例失衡问题的症结归因于高考环节，特别是考试科目设置与成绩的权重上。②心理学研究早已发现，总体而言，女生的优势体现在言语、知觉和计算能力等方面，男生的优势体现在科学、机械、推理和空间能力等方面。学术界对高考成绩的性别差异展开研究，得出了较为普遍的结论，认为男女成绩差异表现出相对稳定的一致性，女生语文和英语两科成绩较好，而男生在数学上的优势在逐渐消解。③雷新勇对上海的高考英语测试成绩进行性别差异分析，发现男生平均分比女生低14.85分，大约相当于英语考试分数标准差的65%，而且试题和试卷均无显著的功能差异，这说明其成绩差异反映的是男、女生在英语语言发展程度上存在的差异。④侯宇楠对河南省某县2005年、2006年和2009年学生高考成绩性别差异的基本状况、学科差异状况进行了深入分析，发现高考越来越有利于女生：2005年、2006年文科和理科考试，男生总分都高于女生；但到了2009年，不管文科还是理科，女生成绩均高于男生，女生在语文和英语方面占有全面优势，男生在数学方面的优势却已不明显。⑤曾满超等研究了2011年山东省济南市考生在数学、语文、英语和三科总分上的性别差异，发现除数学成绩没有表现出显著的性别差异外，语文、英语和三科总分性别差异显著，女生的得分都显著高于男生。而且，低分段男生多于女生（男生最低分也低于女生最低分），中分段女生多于男生，高分段男女生人数相当。⑥李金波、杨军对某省2006年至2014年学生的高考成绩进行研究发现，在这9年中，女生的语文高考成绩一直高于男生，每年平均高出

---

① 孙云晓，李文道，赵霞．拯救男孩[M]．北京：作家出版社，2010：105-200.

② 辜也平．从大学生性别失衡看现行3＋X高考模式的缺陷[J]．福建师范大学学报（哲学社会科学版），2016（5）：159.

③ 男生考不过女生？对话“近10年高考试题难度的性别差异研究”课题负责人[EB/OL]．http://www.sohu.com/a/74836982_119661.

④ 雷新勇．上海高考英语分数的性别差异及其原因[J]．上海教育科研，2007（6）：45-46.

⑤ 侯宇楠．高中生学业成绩性别差异研究[D]．上海师范大学硕士学位论文，2012.

⑥ 曾满超，Mun Tsang．中国高考成绩的性别差异[A]．文明的和谐与共同繁荣——教育分论坛论文及摘要集[C]，2012：42.

男生5分左右，标准分的分差为0.22，而且这种差异有逐步拉大的趋势；这9年中女生的英语得分均显著高于男生，而且无论是采用100分卷还是150分卷，女生的平均得分均高出男生10分左右。他们还发现，女生历年高考英语分数的标准差均小于男生，亦即男生成绩的离散程度大于女生。[①]田金亭和朱强忠分析了某地区2011年、2012年高考数学成绩的性别差异，发现男生数学分数高于女生，但男女在数学能力上各有所长。[②]鉴于以上分析，有研究者预测，随着新高考改革的铺开，女性的高等教育入学机会将进一步增加，同时女性进入重点大学、传统男性优势专业与学科以及女性高考者的比例也将进一步提高。

研究者同时指出，大学扩招和高考科目改革是女生优势得以发挥的重要原因。刘海峰教授在2009年就指出：自从1999年扩招和实行"3 + X"科目改革之后，女生的优势进一步提升。2006年全国女生占报名总数的比例是46.5%，占录取总数的比例为48.9%，女生占录取总数的比例已超过占报名总数比例2.4个百分点。2009年女生占录取总数的比例估计将在50%左右，恢复高考30多年中女生占录取总数的比例，平均每年提高约1个百分点。[③]对某大学2010级6782名本科生的调查显示：文科生中女生的高考成绩优于男生：女生高考成绩排名前25%、前25%—50%的比例都高于男生，分别高出2.1%、1.5%；女生高考成绩排名后25%—50%的比例也高出男生5.8%；而男生高考成绩排名后25%的比例远远超过女生。理科生中女生的高考成绩也要优于男生：女生高考成绩排名前25%、前25%—50%的比例都高于男生，分别高出3.4%和2.2%；女生高考成绩排名后25%—50%的比例也高出男生9%；而男生高考成绩排名后25%的比例远远超过女生。[④]显然，女生成绩的分布优势是扩招后女生在高考中取得优势地位的重要原因。

---

① 李金波，杨军．高考学科表现的性别差异分析[J]. 教育与考试，2014 (6)：5-10. 李金波，杨军．语文课程学业成绩性别差异分析[J]. 语文教学通讯（高中），2015 (5)：8-20. 李金波，杨军．英语学科高考成绩性别差异的研究[J]. 基础教育研究，2015 (3)：64-67.

② 田金亭，朱强忠．基于高考数据的数学学习性别差异研究及启示[J]. 中国考试，2014 (7)：21.

③ 刘海峰：高考是否对女生有利 [EB/OL]. http://www.jyb.cn/gk/gksd/200907/t20090706_288600.html.

④ 蔡蔚萍．女性教育优势能否延续到劳动力市场——基于高考成绩、本科学业表现和就业情况的分析[J]. 当代青年研究，2016 (6)：54.

此外，研究还发现相对于考前填报志愿的制度而言，考后知分填报制度显著地提高了高校录取的女性比例，这些发现可以从风险偏好的性别差异来解释。此外，高中生师比的提高和女教师比例的增加显著提高了大学录取的女性比例，而高中和大学学费上升则显著降低了大学录取的女性比例。①

刘海峰教授认为，除了考试科目、内容、题型以外，完全以高考分数决定录取的招考模式，是导致一些院校和专业性别失衡的制度性因素。在普遍实行平行志愿录取模式的情况下，无论什么学校什么专业，录取新生基本上完全取决于志愿报考者的分数高低，高校很少有自主权。院校无法也不敢录取分数稍低一些的男生，导致部分院校的性别比例过度失衡。

向男生倾斜的招生政策得到了部分人的认同。有研究者指出，由于高考主要以记忆考试为主，所以女性在高考中往往比男性更有竞争力，而且现有的教育模式也更有利于女性取得好成绩，因此在录取上适当向男生倾斜并无不妥。但反对者则认为这样的招生政策显然有违公平的原则。2005年北京大学就曾因在小语种专业招生中对男女生设置不同分数线引发争议。实际上，一些特殊院校和专业对男女生设置不同的分数线一直存在。如国防生、公安等院校招生中“男女有别”由来已久。《新民周刊》曾报道，一些女生考分高的专业（文科为主）给予男生降低入学标准的优惠待遇，即在120%（最高为140%）投档范围内的男生，即使分数较低也可录取。一些学校认为女生比例在50%以上就达到了性别平等，或借口女性死读书、创造性思维差、后劲不足、毕业分配难，甚至以学生宿舍中厕所等设施无法让更多的女生入住等各种理由限制或少招女生。……“惠男抑女”，这已是众所周知的“合乎情理”的“潜规则”，也是未被公众所监督的教育不公正的客观事实。比如有一年，北京外国语大学在某省的文科女生投档线643分，男生629分，差距达14分；理科女生投档线647分，男生投档线632分，差距达15分；国际关系学院文科女生投档线624分，男生投档线601分，差距达23分；理科

① 吴斌诊，钟笑寒. 高考制度与大学录取率的性别差异[J]. 清华大学学报（哲学社会科学版），2014（2）：140.

女生投档线628分，男生投档线609分，差距达19分。[①]另一种做法是在自主招生中更青睐男生。如复旦大学2009年新生中女生总数超过男生，自主招生中男生比例却比女生高出两个百分点。有人称这是自主招生考试“更强调知识综合性和运用性”的结果，然而自主招生的推荐和面试环节中主观因素甚强。自主招生规模正在扩大，在名校总招生数中已占到一定比例，如复旦大学2012年仅在江苏、浙江、上海的自主招生数就超过700人。自主招生“有利于促进高考新生中男女生比例平衡”的效应被正面化，而压制女生的危险却似乎无人在意。还有人建议通过自主招生增加师范生的男生比例。[②]有研究者指出，2013年，有81所“211工程”高校、31所“985工程”高校在招生中存在性别限制。[③]

分数线性别差异问题引发了激烈的讨论与冲突，广州四名女生剃头抗议招生性别不公平事件就是一个例证，北京也有类似的事件发生。教育部《2013年普通高等学校招生工作规定》中专门规定要“杜绝录取歧视”，强调高校不得擅自规定男女生录取比例，不得以性别为由拒绝录取女生或者提高对女生的录取要求。但从“国家利益”出发，仍允许军事、国防和公共安全等部分特殊院校（专业）可规定男女生录取比例。部分院校抱怨，认为该举措会造成大学校园性别比例失衡，从而给社会发展带来重大影响。不过反对者则质疑：过去男生在大学校园占绝大多数，为什么当女生占优势时就成了一个不能接受的问题？一些人对于大学录取女生超过男生的评价是负面的，将其归咎于传统教育和考试中的弊端，这未必妥当。“男孩危机”其实在一定程度上意味着社会的进步。[④]刘海峰教授认为，无论怎么考，随着社会的进步，女大学生的比例都会逐渐上升。因此，女生在高考和高等教育中表现突出，不仅是一个客观现实，而且还将继续成为一个发展趋势。但高等教育

---

① 好反是错？——从高校分性别划线看男权布局[EB/OL]. https://www.douban.com/note/224423384/?start=100.

② 好反是错？——从高校分性别划线看男权布局[EB/OL]. https://www.douban.com/note/224423384/?start=100.

③ 高校招生的性别危机[EB/OL]. https://tieba.baidu.com/p/2568298439?red_tag=1520541405.

④ 男生考不过女生？ 对话“近10年高考试题难度的性别差异研究”课题负责人[EB/OL]. http://www.sohu.com/a/74836982_119661.

最好要有基本的性别平衡，高考改革应考虑到性别方面的公平。[①]不少研究者认为，需要改变考试科目，比如不考英语，或者加入男生占优势的物理，但在考试方式和题型设置上照顾男生也未必可取，为了“拯救男孩”而采取人为的扶持政策可能会带来新的不公平。一个可能的改革措施是，在考试中加强未来社会发展急需的多种能力考核。比如，在高考以及硕士研究生入学考试的英语试卷中适当引入逻辑测验题，这样英语考试就不再是一门单纯的语言能力测试，对学生的能力考察也会更为全面。[②]

三、美国招生政策中性别问题的法律审视

在美国，传统的观念认为性别歧视主要是针对女性的歧视，因此大学招生中的性别问题也主要是保护女性受教育机会平等的问题。从早期的女性教育发展史来看，的确如此。20世纪70年代以前，美国的大学常常以女性上大学无用为借口，限制女性上大学的机会。早期法院对女性的保护以及对女性在社会生活中扮演的角色也一直局限在女性属于家庭、女性主要负责照顾家庭的认知层面。直到20世纪中期，尽管很多美国女性走出家庭开始工作并承担家庭的开支，但由于缺乏足够的教育，她们在就业、薪酬以及政治权利等方面都处于劣势。1964年，美国《民权法案》的通过使女性寻求平等的法律保护成为可能，有关性别歧视的问题逐渐进入联邦最高法院的视野中。女性在法院上也成功地纠正了过去对性别歧视问题的漠视与传统范式，其利益得到了联邦最高法院的支持。

1972年，美国国会通过了《教育法修正案》，禁止任何接受联邦资助的教育项目与学校实行性别歧视。与此同时，社会逐渐意识到以保护女性为主要目标的性别歧视与保护问题也开始涉及对男性的保护问题。为了保证公平，联邦最高法院发展了一种新的审查制度，称为“中度审查”（intermediate scrutiny）。法院认为性别歧视问题作为一个长期存在的问题，轻度的基础审查并不适用。最高法院意识到男性和女性一样受到宪法的保护，也促发了

---

① 刘海峰：高考是否对女生有利[EB/OL]. http://www.jyb.cn/gk/gksd/200907/t20090706_288600.html.

② 男生考不过女生？ 对话“近10年高考试题难度的性别差异研究”课题负责人[EB/OL]. http://www.sohu.com/a/74836982_119661.

对性别歧视案件的“中度审查”。

1982年，美国联邦最高法院受理了“密西西比女子大学诉霍根案”（Mississippi University for Woman v. Hogan），法院认识到男性同女性一样受到宪法保护，而1996年的“美国联邦政府诉弗吉尼亚案”（United States v. Virginia）则宣告了单一性别的招生政策违反宪法，其结果是美国最后两所州资助的单一男性大学必须接受女性学生，否则学校必须放弃州的财政资助。

在“密西西比女子大学诉霍根案”中，密西西比女子大学是一所单一性别的大学，其四年制护士教育项目仅对女性开放。考虑到另一所开设同时面向女性和男性的护士教育项目的学校距离非常远，男生霍根选择申请密西西比女子大学，但被拒绝了。学校认为单一性别的护士学院是“肯定性行动计划”的一部分，其目的是为了纠正过去对女性与黑人的不公平待遇，该校的目的就是为了弥补过去对女性的偏见，而且男性加入女性课堂会影响学生的表现和成绩。最高法院最终以5∶4的裁决支持了霍根的诉讼请求。法院认为密西西比大学招收单一女性的教育计划宣称其目的是为了纠正过去对女性的歧视，但这样的政策目标是不重要的，不符合“中度审查”的标准，事实上美国98.6%的护士学位都是女性获得的，在护士职业这一领域内，并不存在对女性歧视的问题，限制这一领域的单一女性政策反而不利于突破女性职业的固定模式。对学校提出的第二个问题，法院认为事实证明男性进入单一女性的课堂不会带来不利的影响。

历史上弗吉尼亚的很多公立学院和大学都是单一性别的大学，但到20世纪70年代中期，仅有弗吉尼亚军事学院因为其培养目标和训练方法不适合女性，保留了单一性别的传统。1990年，有人认为弗吉尼亚军事学院的招生政策违反了宪法第十四条修正案关于平等保护的基本原则，将其告上了法院。对此，地方法院认为，该学院曾收到347名女性的询问，但她们都没有收到任何回应，这已经构成了歧视，而且部分女生事实上有能力完成军事学院学员的训练及活动。另外，相关专家也证实，如果该校接受女性学生，那么该后备军官训练队的训练和实践经验将会更好，因为他们需要面对如何处理混合性别的军队的问题。地方法院强调，当事方如果要支持基于性别的活动，必须给出让人信服的理由和标准，而且这些标准和理由必须直接服务于政府非常重要的目标，由此而造成的差别对待必须与达成目标直接相关。对此，地方法院认为，弗吉尼亚军事学院的单一性别教育对于弗吉尼亚的混合学校系统而言意味着更多样化体系的形成，而这种多样化正是通过弗吉尼亚军事学院独特的教育与训练方法体现出来的，这也符合政府的目标和利益。因此，地方法院支持了弗吉尼亚军事学院排除女性的单一性别教育。但第四巡回法院推翻了地方法院的判决。虽然巡回法院同意地方法院所宣称的单一性别的军事学院的存在符合政府关于自治与多样化目标的预期，但不符合弗吉尼亚关于不歧视的基本义务。巡回法院认为，多样化的政策旨在提供一系列的教育机会，包括单一性别的学院，而不仅仅是支持单一性别。对此，巡回法院建议弗吉尼亚军事学院允许女性进入，或建立平行学院或项目，或者不再接受政府支持，像私立学校一样执行自己的政策。在这种情况下，弗吉尼亚政府和军事学院创办了弗吉尼亚女子领袖学院。该项目设在弗吉尼亚玛丽学院之中，它虽然与弗吉尼亚军事学院一样旨在培养军事人才，但在训练特色、课程选择、教师资质、学术项目、政府资助、学校声誉等方面远远无法与弗吉尼亚军事学院相比。在此情况下，该案件被进一步上诉到联邦最高法院。最高法院认为，性别上的差别对待只有在符合政府的实质性利益时才是可以接受的，如为女性创造更多的就业机会等。政府的利益不能建立在女性不如男性的传统观点之上，同时也不允许女性在法律、社会和经济上享有特殊优先权。基于这一前提，最高法院认为弗吉尼亚军事学院的单一男性计划并不符合政府的实质利益，其理由是培养军事人才的教育并不需要排除女性，女性可以在军事学院取得成功，而且不会导致教育训练质量的下降。事实上，许多女性已经成功进入军事学院并加入军队中，这足以表明弗吉尼亚及其军事学院的担心都是缺乏事实根据的。而对于弗吉尼亚女子领袖学院，因其培养质量上的差距，法官直接将之视为“苍白的阴影”，并认为这种看起来隔离而平等的教育计划无疑是一种事实上的不平等。

值得关注的是，在弗吉尼亚军事学院一案诉讼进行的过程中，南卡罗莱纳军事学院于1993年接受了一名女性学生，原因是该学生隐瞒了其性别。当该学院知道这名学生是女性后拒绝接受其入学申请，但法院判决该学院违宪，最终这名女生成为南卡罗莱纳军事学院唯一一名女性学生。后来，由于无法忍受艰苦的训练，这名女生选择离开，与她一起退学的还包括34名男性学生。这一事件也引发了对最高法院判决的质疑，有法官就表示单一性别的教育计划应该成为学生的重要选择之一，而最高法院的判决将会消灭这样的选择。无论如何，最高法院的这一判例不仅结束了弗吉尼亚军事学院长期存在的单一性别的招生政策，而且在这一判决的影响下，美国最后两所受政府资助的单一性别的军事学院（弗吉尼亚军事学院和南卡罗莱纳军事学院）都开始招收女生。1999年，弗吉尼亚军事学院有了第一批顺利毕业的女生。①

三十余年来，女性教育优势已成为一种世界性的潮流，引起了诸多专家学者以及政府的关注和重视。女性的教育优势主要指女性在入学机会、学业表现以及教育获得方面等诸多教育领域的优势。在入学机会上，美国自20世纪90年代中后期开始，25—29岁年龄群体中女性获得学士及以上学位的比例超越了男性。目前，美国男大学生和女大学生的性别比达到了1∶1.29。北美、西欧、北欧等地区早在20世纪80年代初期，女大学生人数就已经超过男大学生人数 。20世纪90年代，拉美及加勒比海地区也出现了大学生中女性人数的逆转。随后，阿拉伯和东亚地区也开始出现这种趋势。大洋洲也存在女性接受高等教育的比例高于男性的情况。在学业成绩方面，西方国家近年来的研究发现，女性的教育成就逐渐高于男性，教育获得上的性别不平等持续降低。②

据统计，从2010年开始，许多美国大学出现了女性学生占大多数的情况，特别是一些小的文科学院以及稍大的大学。例如，佐治亚大学女性学生占到了58%，纽约大学女性学生比例高达61%。根据美国教育数据中心的统计，2012至2013学年，美国大学的女性学生注册率接近57%，也就是说女性大学生与男性大学生的比例为1.3∶1。而1960年，男性学生与女性学生的

① 早在1972年，联邦政府就出台了相关法律禁止性别歧视，但同时也允许少数特殊的单一性别的私立学院（非职业学院或教师学院）的存在或者优先考虑性别的因素。目前，在美国不存在单一的男性大学，但仍保留了约50所单一女性性别的大学。U.S. supreme court education cases[M]. Malvern: Center for education & Employment Law, 2005: 44.

② 蔡蔚萍. 女性教育优势能否延续到劳动力市场——基于高考成绩、本科学业表现和就业情况的分析[J]. 当代青年研究, 2016 (6) : 52.

比例是1.6：1。[①]很多大学开始担心，他们不得不拒绝一些合格的女性申请者而选择一些不合格的男性申请者。事实上一些私立大学已经放松了对男性申请者的标准以平衡校园性别比例差异。一些大学，其中甚至包括一些公立学院半公开地承认了对女性的招生“歧视”，它们认为要达到令人满意的性别平衡目标的同时不使用歧视是非常困难的，如里士满大学、威廉玛丽学院、美国西南大学、诺克斯学院、布兰迪斯大学、波士顿大学、波莫纳学院等。有大学的招生官员直接承认他们会给予男性优先权，并指出这种优先权十分普遍。[②]威廉玛丽学院甚至公开讨论在大学招生中的性别差异，2008年该学院招收了43%的男性申请者，而只招收了29%的女性申请者。[③]目前，威顿学院男性招收比例比女性高出21%，而格鲁夫城市学院男性招收比例也比女性高出15%[④]，而这被很多人称为“肯定性行动计划的运用”。这样的招生政策是否合法？社会各界反应不一。2009年，联邦人权委员会专门对此进行了一次广泛的调查，以决定是否应该允许男性优先的招生政策存在。调查包括了公立大学（根据法律不允许性别优先）、私立精英大学、文理学院、宗教学院、黑人学院等。调查触发了一系列的观念冲突，并产生了一些新的问题，从而直接导致了美国对教育法以及男女平等观点的重新思考。但这一研究因过于复杂与观念冲突等问题在2011年被终止。美国的性别问题与种族问题交织在一起，大大增加了招生政策合法性讨论的难度，如黑人学院招生事实上面临着更大的性别平衡困境。

总的来看，在性别招生政策中，美国联邦最高法院不仅定义了性别平等保护的基础含义，而且拒绝用单一、固定的模式来评判大学招生中的女性与男性之间的性别歧视问题，并对政府和大学的教育政策和招生政策引用了新的审查方式，从而为处理性别歧视问题，特别是在大学招生中如何平衡政府

---

① Title IX has fought gender discrimination on campuses for 40 years[EB/OL]. http://progressive.org/dispatches/title-ix-fought-gender-discrimination-campuses-40-years/.

② Scott Jaschik. Affirmative Action for Men[EB/OL]. http://www. insidehighered.com/news/2006/03/27/admit.

③ Valerie Strauss. Civil Rights Lawyer: Is Gendar Balance in College Admissions Illegal Discrimination? [EB/OL]. http://voices.washingtonpost.com/answer-sheet/college-admissions/civil-rights-lawyer-is-gender.html.

④ Alex Kingsbury. Education: Many College Reject Women at Higher Rates than for Men[N]. U.S. News & World Report, 2007-06-17.

利益、大学利益与个人教育权利提供了法律依据。在“美国联邦政府诉弗吉尼亚案”中，地方政府所指出的多样化的目标和女性的加入将影响教育训练的方法和质量，这两个重要的“政府利益”遭到了法院的审查和反对，因为弗吉尼亚军事学院的办学模式和目标在于让男性受益，而不是通过提供一种单一性别的教育机构实现对女性受教育权利的保护，维护两性受教育权利的发展。不机械、笼统地看待两性受教育权的性别平衡问题正是美国联邦最高法院给出的最好的回答。

四、我国招生政策中性别问题的反思与调整

（一）改变教育模式与培养机制，让男生通过努力形成新的竞争力

毫无疑问，在招生中性别是完全不同于种族和民族的一个因素，后者是遗传、文化以及宗教等因素的产物，而性别则是个人身份与认同的一个基础性因素。大学招生中，当性别问题加上了家庭背景、财富以及民族因素时，招生就面临着不同民族、不同性别以及不同阶层学生的对立、分化与冲突等问题。诚然，大学校园的性别平衡问题会引发很多问题，但简单地给予男性招生的优先权是否合适，特别是为了性别平衡，招收“不够优秀”甚至“不合格”的男性学生是否合法值得慎重考虑。美国联邦最高法院针对女性、男性优势专业而作出的判决，正如美国联邦最高法院所指出的，性别上的差别对待只有符合国家重要利益，采取的政策与目标之间被严格证明存在直接相关的情况下才能使用，如就业。

用单一、固定的模式评判大学招生中的性别问题过于机械，事实上我们可以通过其他方式的改变实现校园中学生的性别平衡，而不是招生政策上的性别歧视。在大学招生上既不能为任何性别保留优先权，也不能隐含女性不如男性的传统观点，质量是大学招生最主要的标准。这是大学招生平衡国家利益、大学利益与个人受教育权利时必须考虑的。“男孩危机”不过是两性角色纠结的一个缩影。[①]“男孩危机”并无法仅通过高考政策的调整来解决，特殊照顾政策只能加剧性别失衡与“男孩危机”。就此而言，我国的高考政策并不是男性应该获得特殊照顾或者女性应该获得特殊照顾的选择问

① 黄祺，邵乐韵．男孩危机[EB/OL]. http://news.hexun.com/2011-12-28/136760471.html.

题，也不是简单地调整考试内容与难度以选择更多男性或女性实现校园性别比例平衡的问题。恰恰相反，选拔更优秀的人才，培养更具有创新力、更具有国际竞争优势的人才，才是更重要的目标。要改变男生在高考竞争中的劣势，需要改变我们的教育培养模式与机制，加强对未来社会发展急需能力方面的考核，让男生通过努力形成新的竞争力。①

（二）性别平等强调的是性别公正而不是性别平均

男女平等是我国宪法确定的基本原则。《中华人民共和国宪法》第四十八条第一款明确指出："中华人民共和国妇女在政治的、经济的、文化的、社会的和家庭的生活等各方面享有同男子平等的权利。"2012年，男女平等作为基本国策在中国共产党第十八次全国代表大会的报告中得以全面体现，从而实现了从政府承诺到立法确认再到政策实施的全过程。

但性别平等强调的是性别公正而不是性别平均。从当前女性高等教育发展水平来看，在摆脱文盲的可能性、残疾儿童接受特殊教育的可能性等指标上，女性处于不利地位。特别是在扫盲教育、义务教育阶段的失学或辍学率、高中阶段的入学率、高等教育入学机会以及专业选择、就业等方面，女性仍然处于比较明显的劣势地位，尤其是农村女性。②就此而言，农村女性的教育发展是我国教育政策需要着重关注的问题。比较而言，如果要专门为男性提供特殊照顾，我们的政策需要符合宪法男女平等的基本精神，并提供详细的证据证明其存在的合理性与合法性，交由社会和法院进行合法性审查。具体而言，第一，某专业学习和就业确有合法合理的性别限制或性别比例要求；第二，有证据证明，男生在中学教育和考试过程中受到了基于性别的限制性区别对待，有必要通过降分给予特殊优待；第三，有证据证明，男生具有相关专业的独特学习潜力优势，因此可以在大学自主招生中给予特殊照顾。③

---

① 邵志芳，庞维国．高考成绩性别差异研究的回顾与展望[J]. 华东师范大学学报（教育科学版），2016 (1) : 73.

② 郑磊，张鼎权．中国教育性别差异的经济学研究述评[J]. 妇女研究论丛，2013 (2) : 14.

③ 好反是错? ——从高校分性别划线看男权布局[EB/OL]. https://www.douban.com/note/224423384/?start=100.

（三）女性的发展、男女平等不仅体现在教育机会上，更体现在发展机会上

女性在高等教育入学机会方面的优势并不等同于女性的发展，事实上在就业市场与发展上，女性面临着各种各样的歧视与困境，女性硕士研究生入学率的增加实际上也从一个侧面反映了女性大学生在本科毕业后就业较难的现实。在教育领域处于优势地位的女性，在劳动力市场中常常会遭遇“优先录取男性”的男性保护政策，其竞争力不如同等能力和条件的男性。与女大学生就业困境相伴随的生育问题、女性早退等也阻碍了女性的发展，令人深思。有调查发现，在其他因素一致的情况下，女大学生的就业机会大约只有男大学生的 87.7%。[①]有研究者指出，女大学生的就业落实率普遍低于男大学生[②]；即使男女性拥有相同的教育水平，女性在职场的晋升中也往往处于劣势地位[③]。女性的发展、男女平等不仅仅体现在教育机会上，更体现在女性发展机会上。女性在高等教育机会上的优势并不能保障女性获得更多的发展机会与回报，这也是我国教育发展政策需要反思与调整的领域。

---

① 蔡蔚萍. 女性教育优势能否延续到劳动力市场——基于高考成绩、本科学业表现和就业情况的分析[J]. 当代青年研究, 2016 (6) : 53.

② 文东茅. 我国高等教育机会、学业及就业的性别比较[J]. 清华大学教育研究, 2005 (5) : 16.

③ 秦广强. 职业晋升中的性别不平等——基于 CGSS2006 数据的分析[J]. 社会学评论, 2014 (3) : 78.

第四节
高考中的残疾人平等问题研究

残疾人属于典型的弱势群体。根据第六次全国人口普查、第二次全国残疾人抽样调查，2010年末我国残疾人总人数为8502万人。[①]近年来，我国特殊教育发展迅速，截至2014年，我国接受特殊教育的在校学生为39.49万人。未入学残疾儿童数从2010年的14.5万人减少至2013年的8.3万人。视力、听力以及智力残疾学生入学率提升，自闭症、脑瘫、多重残疾学生人数也逐年增加。[②]但残疾人进入高等学校还面临很多限制与挑战，如何赋予残疾人平等的受教育权，进一步扩大残疾人的入学权利，满足残疾人的教育需求，是当前我国高考政策需要努力与调整的方向。

一、残疾学生高等教育入学机会的现状与问题

在我国，残疾人接受高等教育主要有两种途径：一种是参加普通高考，进入一般高等院校就读；另一种是参加专门为残疾人设置的特殊高等教育招生考试，进入特殊高等教育学府或普通高等院校为残疾学生单独设立的院、系、班就读。1978年成立的长春大学特殊教育学院是我国第一所高等特殊教育学院。1985年山东滨州医学院医疗二系开创了我国普通高等学院招收残疾大学生的先河，1987年北京大学首次招收了21名残疾学生。[③]自此，残疾人进入普通高校学习成为我国残疾人接受高等教育的主要形式，发展迅速。

2001年至2016年，我国普通高校共招收残疾学生94019人，高等特殊院校招收残疾学生共18120人，两类院校共招收残疾学生112139人。虽然我国

① 2010年末全国残疾人总数及各类、不同残疾等级人数[EB/OL]. http://www.cdpf.org.cn/sjzx/cjrgk/201206/t20120626_387581.shtml.

② 直击残疾考生: 可选专业少, 学英语如同解谜[EB/OL]. http://hunan.sina.com.cn/news/jy/2016-05-07/1559150839.html.

③ 余慧云, 韦小满. 我国高等特殊教育研究综述[J]. 中国特殊教育, 2006 (4): 66.

残疾学生的录取比例与人数逐年增加，但相对于庞大的残疾人数量，我国残疾人大学生人数仍较少，录取比例仍较低，残疾人接受高等教育的困难仍普遍存在。

表5-3 2001—2016年高等院校录取残疾考生情况表①

年份	2001	2002	2003	2004	2005	2006	2007	2008	2009	2010	2011	2012	2013	2014	2015	2016
普通高等院校（人）	2166	2547	3072	4104	4335	4148	5234	6273	6585	7674	7150	7229	7538	7864	8508	9592
高等特殊教育院校（人）	585	909	827	842	904	986	1086	1032	1196	1057	877	1134	1388	1678	1678	1941

目前，我国有18所专门的高等特殊院校，机构数量较少，专业也比较单一，多集中在艺术、绘画、中医按摩、计算机应用等有限的专业，而且办学层次不高，以专科层次为主，仅有几个本科层次专业。同时，由于高等特殊院校招收对象主要集中在聋哑与盲人学生，因此招收数量有限。②

比较而言，我国残疾学生的高等教育入学机会并不均衡。目前，我们一般将轻度肢体残疾考生划入普通考生范畴，根据法律法规要求，对于这部分学生只要成绩合格，高校不得拒收；盲人、聋哑学生则因为特殊原因只能由特殊教育院校提供受教育机会，因而这类残疾学生总体受教育机会较少；而精神疾病以及其他类型的残疾学生几乎无法进入高等教育院校就读。此外，性别、城乡差异也是残疾人接受高等教育中值得关注的问题。事实上，女性残疾人比男性残疾人、农村残疾人比城镇残疾人更不易获得高水平的教育。③生活在经济较发达地区的残疾人，受教育情况较好，而一些经济比较落后的地区，甚至都没有面向盲人和聋哑学生的高中班。④

① 中国残疾人联合会.中国残疾人事业发展统计公报（2001—2016）[EB/OL]. http://www.cdpf.org.cn/sjzx/tjgb/.

② 于爽.我国残疾人高等教育公平性分析[D].长春:吉林大学硕士学位论文, 2015: 13-16.

③ 李学会, 傅志军.从隔离走向融合?——我国视力障碍者高等教育的历史、特点及政策变迁[J].社会工作, 2015 (6) : 38.

④ 残疾人高等教育现状调查[EB/OL]. http://news.163.com/12/0427/08/80369VDL00014AED.html.

无疑，这种现状远远不能满足残疾人多元化的发展需要，限制了残疾人的选择权和受教育权。①

高等教育入学机会的平等问题是残疾学生最为关注的问题。早在1985年，国家教委、国家计委、劳动人事部、民政部发出《关于做好高等学校招收残疾青年和毕业分配工作的通知》，要求放宽对肢体残疾考生的限制，在德、智条件相同的情况下，不应仅因残疾而不予录取。1989年，国务院发布《关于发展特殊教育的若干意见》，要求“试招盲、聋等残疾学生在适合的专业中学习”。1990年出台的《中华人民共和国残疾人保障法》、1994年制定的《中华人民共和国残疾人教育条例》中，明文规定了保障残疾人享有高等教育权利的相关内容。2008年7月1日颁布实施的《中华人民共和国残疾人保障法》，从法律层面确定了残疾人参与社会生活、共享社会物质文化成果的基本权利，教育部明确要求增加盲文试卷等政策。2011年，《中国残疾人事业“十二五”发展纲要》提出，要“完善盲、聋、重度肢体残疾等特殊考生招生、考试办法”。2012年颁布的《无障碍环境建设条例》进一步明确了加强残疾人权益保障工作的深度和广度。

2013年9月，张高丽在中国残疾人联合会第六次全国代表大会上的祝词中明确指出：“充分保障残疾人权利、全面增进残疾人福祉、提高残疾人发展能力、促进残疾人平等参与，是社会公平正义和文明进步的重要标志。”2014年，《国务院关于深化考试招生制度改革的实施意见》中提出要“为残疾人等特殊群体参加考试提供服务”。2015年，《残疾人参加普通高等学校招生全国统一考试管理规定（暂行）》正式出台，对残疾考生参加普通高考时可用的测验便利类型、申请程序及考务操作要点作了具体明确的规定，为残疾人获得平等的普通高考机会及合理便利地参考提供了法律保障。

国家出台了一系列政策与法规文件保障残疾人的合法权利，但残疾人被拒绝入学的情况仍时有发生。1999年，湖北省监利县的李某高考获得高分，但因其左手先天无手掌被某农业大学拒绝录取。2001年，山西残疾考生郝某被北京中医药大学以“不符合招生条件”为由拒之门外，随后该生向法院提

---

① 路颜铭. 依法保障残疾人平等参加高考促进考试公平公正[J]. 中国考试, 2015 (4) : 25.

起民事诉讼，请求法院判决北京中医药大学录取其进入该校就读。[①]一名被华中师范大学网络学院正式录取的残疾新生丁某被取消入学资格，学校给出的理由是“根据步态跛行不能就读法学、英语等专业的规定，决定取消丁某的入学资格”。[②]2014年福建毕业生刘某高考分数上线，却因残疾不符合录取条件，被退档处理。

除了高等教育入学机会问题，研究者还关注残疾学生在校入读的情况以及未来就业与发展的问题。由于缺乏足够的财政支持，高校为残疾学生提供的学习条件和教学服务设施有限，更不用说设置专门的生活服务设施和便利条件，学校配备的专门师资也较少，残疾学生真正融入大学生活，与普通学生平等交流与生活仍存在较大障碍。实际上，研究发现，目前高等教育为残疾学生带来的回报还不高。由于身体的原因，残疾学生的就业状况不容乐观，高等教育难以为残疾学生提供更好的机会和改变，多数人还是只能继续在传统上残疾人就业较多的职业中进行选择，这也大大打击了残疾学生接受高等教育的热情与动力。

二、美国残疾人招生政策的范围与限度

1864年，美国第一所聋人学校的建立标志着美国针对残疾学生的专门特殊高等学校的开端。随后，普通高等学校对残疾学生打开了大门。1901年，海伦·凯勒进入哈佛大学并获得文学学士学位。但普通高校对残疾学生的情况调查、学业标准等限制了残疾学生进入普通高等学校学习。1975年，美国制定了《残疾儿童教育法》，保障残疾儿童获得免费的、公平的、满足残疾儿童需要的教育。受此影响，美国联邦政府加大了对残疾人高等教育的支持力度，大力发展和保障残疾学生进入普通高等学校学习的机会。1990年，《残疾儿童教育法》更名为《美国残疾人法案》（*The Americans with Disabilities Act*）。1997年，该法修正案强调残疾学生的学业成绩标准不能随意降

---

① 录取后遭劝退　山西一残疾生状告中医药大学[EB/OL]. http://news.sina.com.cn/e/2002-02-07/470219.html.

② 残疾生大学梦圆仅10天就被迫退学引发激烈争议[EB/OL]. http://news.sina.com.cn/e/2001-11-02/391437.html.

低，以保障教育质量。[①]法律和联邦资助大学建设适合残疾学生学习的生活设施、学业标准，促进普通高等学校成为残疾学生接受高等教育的主渠道。目前，美国大约有90%的高校都接受残疾学生的入学申请。

据1997年的数据统计，美国大学新生中大约有3.1%的学生存在各种不同的学习障碍。[②]而到2010年，美国各种残疾学生占到了学生总数的11%。[③]当然，美国对于残疾的定义要比我国宽泛得多。能力障碍者平等保护法，特别是禁止歧视能力障碍者的联邦法律，主要包括《康复法案》（*The Rehabilitation Act*）的第504节和《美国残疾人法案》中的第二章和第三章。一般而言，接受联邦资助的学校必须接受《康复法案》第504节的管辖，接受公共资助的学校必须接受《美国残疾人法案》第二章的规定，而接受私人资助的学校则必须满足《美国残疾人法案》第三章的规定。但是宗教学校，如私立的天主教大学可以排除在外。这些法律一方面要求学校和大学为所有的残疾人提供平等的受教育机会，甚至要求大学有时候必须同等对待残疾学生和正常学生，另一方面也要求学校必须满足残疾学生的特殊需要。

招生层面的平等保护意味着大学不能简单地因为能力障碍将残疾考生排除在外，但法律同时规定使用一定标准的考试和其他合法的标准来筛选能力障碍者并不违反法律。大学禁止进行前期的调查与询问，而只能按照申请者的能力是否满足学术和非学术层面的标准来判断学生是否具有入学的资格。考虑到能力障碍者的特殊情形，考试试卷、时间和方式会进行相应的调整，但能力障碍者必须满足必要的要求，并达到最低的成绩。虽然按照美国教育部人权办公室的要求，在招生过程中，对于能力障碍者并不需要降低标准，但事实上大量的大学和学院为此而受到调查，并引发了能力障碍者的不满与抱怨。在此情况下，一些大学和学院开辟了招生的特殊通道，允许没有达到正常合格标准的能力障碍申请者证明其学术能力。虽然前期询问是否存在能力障碍是不被法律允许的，但由于特殊招生通道的进程必须建立在能力障碍

① 杨柳．美国残疾人教育法探析[J]. 比较教育研究, 2008 (6) : 73.

② Sally S. Scott. Accommodating College Students with Learning Disabilities: How Much Is Enough? [J]. Innovative Higher Education, 1997 (2) : 85–99.

③ Laura Rothstein. Higher Education and Disability Discrimination: A Fifty Year Retrospective[J]. Journal of College & University Law, 2010(36): 843–874.

的基础之上，因此提供一定的能力障碍的相关证明文件也就被合理化了。[①]一旦残疾学生的申请被允许，残疾学生将是学校一切活动的积极参与者。因此，法律要求学校必须给残疾学生提供各种活动相应的环境与条件，包括核心课程与必修项目之外的学习计划调整，如修改完成学位的时间要求、替换特殊课程、调整考试时间和方式等。[②]

为了平衡残疾考生与大学的利益，美国法律对能力障碍者的定义也有严格的规定。根据法律规定，能力障碍者是指：①实际能力缺陷者，即身体或精神损害实质性地限制了个人生活某一方面（如学习）的能力；②曾经有能力障碍的历史和记录而受到歧视的个人，如某学生具有滥用药物的历史，但已经戒除并恢复，但因为这一原因，该学生被药学院拒绝录取，这名学生可以根据相关法律要求能力障碍者的平等保护；③因存在被察觉的能力缺陷而受到歧视的个体。关于是否属于残疾人保护的障碍范围引发了很多纠纷，美国联邦最高法院最终确立了严格的标准规范“实质性的限制”以及“生活能力”的范围。[③]如某一学生因患有大脑性麻痹症，其左脚行动迟缓，但其语言能力并没有受到影响，而他的右手和左手也能开展双手活动，在这种情况下，该学生并不能被承认是一名受这些法律保护的能力障碍者。2008年，国会通过了《美国残疾人法案》的修正案，扩大了能力障碍者的范围，并列举了生活活动的主要范围，包括但不限于体力劳动、看、听、吃、睡。[④]

除了符合法律规定的关于能力缺陷的定义，法律也维护高校的权利，强调残疾学生必须符合学校教育项目的要求。在1979年的“东南社区学院诉戴维斯案”（Southeastern Community College v. Davis）中，一名护士学院的申请者有严重的听力障碍，社区学院认为听力障碍以及申请者的唇语阅读能力会使申请者在实习时处于不安全的状态，也会对患者带来安全隐患。尽管

① Laura F. Rothstein. Higher Education and Disabilities: Trends and Developments[J]. Stetson Law Review , 1997 (22) : 119-140.

② Sally S. Scott. Accommodating College Students with Learning Disabilities: How Much Is Enough? [J]. Innovative Higher Education, 1997 (2) : 85-99

③ Laura Rothstein. Higher Education and Disability Discrimination： A Fifty Year Retrospective[J]. Journal of College & University Law, 2010 (36) : 843-874.

④ Legal Rights of Students with Disabilities in Post -secondary Schools [EB/OL]. https://www.ed.gov/about/offices/list/ocr/transition.html, 2018-2-26.

根据法律，所有的学院，只要是接受联邦资助的学院，无论公立或私立都必须为残疾人提供合适的课程和学习环境，但申请者只能参加学术课程的学习，而无法参加实习课程将是一个严重的问题。最终，联邦最高法院支持了学院的做法，认为：第一，大学和学院有权建立符合学校发展的学术和非学术标准以及核心课程体系；第二，在参与特殊教育项目上，对学生的生理和心理能力必须进行个人化的考量；第三，学校提供允许残疾人参与的环境和教育范围也是值得考虑的重要问题。[①]在这一案件后，法院又处理了好几起类似的问题，法院要求无论残疾与否，必须对学生进行是否能够参与核心教育项目的评估。在另一起案件中，艾伯特因为身体受过伤害无法负重30磅以上，但在实习课程中，内科助理医生需要将病人送到轮椅或床上，因此学校拒绝了艾伯特的入学申请。艾伯特认为根据相关法律，他可以要求学校和实习医院免除这一工作，因为负重病人并不是教育项目中实习课程的关键性因素和核心要求，学校因为这一理由拒绝其入学属于歧视。

安全也是法院设立的重要标准。针对学校把安全作为一个合法的、不存在歧视的拒绝残疾人的入学申请的理由，法院认为安全是高校接受残疾学生时可以考虑的理由，安全意味着既不能对他人的健康和安全造成威胁，也不能对自己造成威胁。但法律要求学校在提出“存在直接的安全威胁”时必须提供一系列的理由和条件，包括特殊的危险是什么，这些危险必须是当下的，而不是遥远的或随机的；关于危险的评估必须依赖于个体特殊的医学检查或事实根据；即使危险客观存在，学校也必须首先考虑通过合理的改进减少或排除这些直接的危险等，从而为保证残疾人的入学权利提供法律依据。[②]近年来，美国越来越强调社会应该从为残疾学生提供平等的入学机会转向更好的教育服务与质量，以便为残疾学生的未来社会生活、就业与发展做好准备。[③]但对残疾学生的照顾，特别是针对残疾学生的加分政策以及一些不符合条件的学生购买诊断书以获得残疾学生加分的现象也引来更多对残

① Sally S. Scott. Accommodating College Students with Learning Disabilities: How Much Is Enough? [J]. Innovative Higher Education, 1997 (2) : 85-99.

② Salome M. Heyward. Access to Education for the Disabled[M]. North Carolina: Mcfarland & Company, Inc. Publishers, 1992: 171.

③ 杨柳. 美国残疾人教育改革的政策分析[J]. 比较教育研究, 2014 (4) : 41.

疾学生教育政策的讨论。据相关报道，每年都有大量学生通过购买医疗诊断书，从而获得加分进入精英大学，这也加剧了社会对残疾学生特殊照顾政策的批评与争议。[①]同时，社会越来越关注能力障碍者定义的扩大、大学为能力障碍者调整计划的范围与限度、能力障碍者的入学标准、职业认证考试与教育计划的关系、建筑设计障碍等影响残疾学生进一步进入大学校园，并更好开展校园生活的问题。

比较而言，中国的残疾人平等保护起步较晚，随着社会的进步和发展，有关残疾人入学的问题引起了越来越多的关注，美国对残疾人入学的法律保护、残疾人必须能够完成学校的核心课程体系与安全的标准值得我们学习与借鉴。

三、我国残疾学生教育政策的调整

（一）受特殊照顾的残疾学生范围应该更清晰

什么样的人群可以界定为残疾人？由于各国的健康标准不同，对残疾人的界定标准也存在较大差距。在美国，不仅生理残疾属于残疾人的范围，心理、精神以及行为偏差、功能障碍造成的能力缺失等也属于残疾。在我国，根据《中华人民共和国残疾人保障法》的规定，“残疾人”是指在心理、生理、人体构造上，某种组织、功能丧失或者不正常，全部或者部分丧失以正常方式从事某种活动能力的人。包括视力残疾、听力残疾、言语残疾、肢体残疾、智力残疾、精神残疾等类型。中国残疾人联合会在其颁布的《中国残疾人实用评定标准》（试用）中界定了这六类残疾的分级和评定标准，并以此作为制发“中华人民共和国残疾人证”的依据。

但目前，我国对残疾学生的定义其实是比较狭隘的，我们应该对享受招生特殊政策照顾的残疾学生及其范围作出更明确的规定。从残疾学生的基本权利出发，笔者认为中国残疾学生的范围应该进一步扩大。

（二）确定残疾人接受高等教育的合理限度

现阶段如何对残疾人接受高等教育的标准进行限定是值得考虑的问题。

① 韦文华. 美国高考公平关注焦点的借鉴意义——以《纽约时报》为例[J]. 社会科学家, 2014 (3) : 118.

当前高校拒绝录取残疾人的原因主要包括两个：一是残疾学生的未来就业会给学校带来很大的压力；二是学生的体检达不到标准，无法适应未来的大学学习与生活。[①]有的专业对身体素质有特殊要求，比如声乐专业不能招口吃者，但口吃者连新闻学、交通运输、国际经济与贸易专业都不能上，就有点不可思议。吴忠魁教授认为，在现代社会里，学习不仅仅具有功利性，更是一个人安身立命的基础，任何人都享有接受高等教育的权利。[②]高校固然可以设置合法的质量标准与条件选拔残疾学生，但考虑到残疾学生的特殊情形，给予残疾学生特殊的照顾也是必须考虑的重要标准。同样，高校也可以针对残疾学生的具体情况考虑其入学要求，但这一标准应是具体而有针对性的，并有明确而符合法律的具体体检标准和入学标准，只要残疾学生能够完成学校的核心课程，满足安全的标准，残疾学生的入学要求就应该得到法律的保障与支持。

（三）加大教育投入，为普通高校接受残疾学生提供财政支持

为残疾学生提供更好的教育与服务是世界残疾人高等教育发展的基本方向，但这需要国家加大对残疾人接受高等教育的支持，简单地以高校无法满足残疾学生的入学需求或者高校无法专门为残疾学生提供教育服务为由拒绝残疾学生入学是值得商榷的。为进一步扩大残疾学生接受高等教育的机会，政府应该提供专项财政资金支持高校建设无障碍校园环境，改善教学设施与条件，并加强特殊教育教师的培训与教育，保障高校向残疾学生开放的可能性与力度。

（四）完善残疾人高等教育的立法

我国长期以来积极制定残疾人保护的相关法律和政策，保障残疾人受教育的权利，维护残疾人的合法权益。在高等教育方面，我国明确了普通高级中等学校、中等专业学校、技工学校和高等院校，必须招收符合国家规定的录取标准的残疾学生入学，不得因其残疾而拒绝招收，同时规定，被拒绝招收的当事人或者亲属、监护人可以要求有关部门处理，有关部门应当责令该

---

① 李学会，傅志军. 从隔离走向融合？——我国视力障碍者高等教育的历史、特点及政策变迁[J]. 社会工作, 2015 (6) : 43.

② 李剑峰. 直面残疾考生录取[J]. 中国残疾人, 2002 (3) : 35.

学校招收。相关政策明确规定：残疾人的合法权益受到侵害的，被侵害人或者其代理人有权要求有关主管部门处理，或者依法向人民法院提起诉讼；侵害残疾人的合法权益，造成财产损失或者其他损失、损害的，应当依法赔偿，或者承担其他民事责任。但这些政策与法律是原则性的，还需要进一步细化与明确，加强法律法规建设并提高其可操作性。另外，法律法规也应进一步明确政府与高校的责任，加强对残疾人接受高等教育的支持与监督。

结　语

新高考改革的法律思考

2014年9月4日，国务院印发《国务院关于深化考试招生制度改革的实施意见》，标志着新一轮高考改革全面启动。随后，作为首批试点的省市，浙江省、上海市分别发布了《浙江省深化高校考试招生制度综合改革试点方案》《上海市深化高等学校考试招生综合改革实施方案》，从2014年秋季新入学的高中一年级学生开始实施。试点省市的改革能为其他省（区、市）的高考改革提供依据。2017年新高考正式开考，社会各界广泛关注，出现的一些问题引发了社会讨论与争议，将对新高考的走向与发展产生巨大影响。

一、高考：改革一直在继续

1977年，全国约570万考生参加高考，这是普通高校招生考试的重大事件。40年来，高考经历了从“欢呼雀跃”“奔走相告”到“利弊共存”，甚至被人批评为“人神共愤”的演变。但高考改革一直在继续。自1977年恢复高考以来，高考政策变革大致可以分为三个阶段。

第一阶段：从1977年至1992年。这一阶段在经历了不断的尝试与探索之后，最终以1987年《普通高等学校招生暂行条例》等一系列法令将高考政策固定下来，并基本保持到1992年。1977年，邓小平同志主持召开了科学与教育工作座谈会，重新确立了“统一考试、择优录取”的原则，结束了“文革”时期“自愿报名、群众推荐、领导批准、学校复审”的办法，实行“自愿报名，统一考试，地区初选，学校录取”的办法。在后来的发展中，国家又进行了许多改革尝试，初步形成了“学校负责、招办监督”的录取体制以及学校“根据志愿，按比例投档”的录取方法，逐步明确了政府、招办以及高校在高考管理中的职责，并在实践中形成了定向生制度、少数民族等特殊群体的特殊招生制度、保送生制度等。1977年也确定了考试科目分为文科考试科目和理科考试科目：文科考试科目为政治、语文、数学、史地，理科考试科目为政治、语文、数学、理化。1978年增加了外语科目，1981年理科增加生物科目，并最终固定下来。这一阶段，相关政策摆脱了过去政治挂帅、以阶级为划分标准的做法。只要政治历史清楚，拥护中国共产党，热爱社会主义，热爱劳动，具有高中毕业生或相当于高中毕业的文化水平，身体健康，考试成绩合格，即可录取。淡化了政治因素，代之以个人的思想品德，这对于扩大招生范围、实现入学机会均等具有重要意义。

第二阶段：从1993年至2009年。这一阶段，普通高校招生考试制度一直处于频繁的变动与改革中。取消年龄限制，逐渐缩小定向生的规模，招生并轨收费，保送生制度改革，自主招生试验……一系列新问题与现象，已经不是《普通高等学校招生暂行条例》所能够涵盖与规范的，高考进入新的改革期。第一，在考试科目上，在会考的基础上，1993年高考科目试行按招生专业的文理倾向分设两组：文科组为语文、数学、历史、政治和外语，理科组为语文、数学、物理、化学与外语。1994年，进行了建立标准分数制度的尝试。1999年，教育部提出《关于进一步深化普通高等学校招生考试制度改革的意见》，开始启动新一轮高考科目设置改革。1999年，广东开始试行“3＋X”方案，2000年推广到5个省份，2001年扩大至13个省份，2002年全国各省、区、市均实行“3＋X”方案。第二，2004年，高考改革的重要组成部分——分省命题，在上海、北京试行的基础上，增加到11个省（区、市），2005年增加到14个省（区、市），2006年扩充为16个省（区、市）。至此，“统一考试、分省命题”的格局基本形成。第三，2000年，教育部在广西、天津、北京、上海、辽宁、四川、重庆、湖北、湖南实行网上录取试点的基础上，公布《普通高校招生计算机网上录取工作试行办法》。2001年，全国网上录取系统基本建成，为维护高考的公平与公正提供了有力的保障。第四，随着高校招生自主权在法律上逐渐明确，高校如何在高校招生考试改革中实现自己的权利成为一个重要问题。高校招生简章的法律地位逐渐确定，120%的调档权、预留计划、点招制度、5%自主选拔录取等权利逐渐稳定。高校特别是重点高校参与高考改革成为当前高考改革的重要内容，上海交大与复旦大学的自主招生改革无疑开启了新一轮改革的先声。

第三阶段：从2010年至今。这一阶段普通高校招生考试改革进入深水区。我国招生考试改革发展的内外部环境更加复杂，考生及其家庭的利益、省份的利益以及国家的整体发展出现了冲突与矛盾，使得有关高校招生考试决策的复杂性进一步增强，有关高考改革的争论愈加激烈。加分制度、自主招生、分省命题等方面的改革引起了各方热议。2016年，安排湖北、江苏等省市调剂部分高校招生名额支持中西部省份和高考录取率较低的人口大省，引发社会大讨论，关于“高考移民”农村专项计划等的讨论都反映出各群体的利益冲突。

40年来，高考在不断改革。改革的焦点主要集中在以下几个方面：一是高考的指挥棒问题，高考的高竞争性导致中小学生被绑在了应试教育的战车上，学生学习负担过重、“唯分数论”等一直被关注，但从未真正被解决过；二是高考改革的公平与公正性问题，许多立意很好的改革措施，因为人情、关系、腐败等原因举步维艰；三是高校招生自主权问题，高校能否成为招生的主体，在法律层面上已经解决，但在现实中，高校招生自主权有限。

二、新高考的提出与改革主要内容

《国务院关于深化考试招生制度改革的实施意见》针对高考改革中的主要问题，提出了四个基本原则：一是坚持育人为本，遵循教育规律。把促进学生健康成长成才作为改革的出发点和落脚点，扭转片面应试教育倾向，坚持正确育人导向，践行社会主义核心价值观，深入推进素质教育，培养德、智、体、美全面发展的社会主义建设者和接班人。二是着力完善规则，确保公平公正。把促进公平公正作为改革的基本价值取向，加强宏观调控，完善法律法规，健全体制机制，切实保障考试招生机会公平、程序公开、结果公正。三是体现科学高效，提高选拔水平。增加学生选择权，促进科学选才，完善政府监管机制，确保考试招生工作高效、有序实施。四是加强统筹谋划，积极稳妥推进。整体设计从基础教育到高等教育考试招生制度改革，促进普通教育、职业教育、继续教育之间衔接沟通，统筹实施考试、招生和管理制度综合改革，试点先行，稳步推进。新高考改革的总体目标是2014年启动考试招生制度改革试点，2017年全面推进，到2020年基本建立中国特色现代教育考试招生制度，形成分类考试、综合评价、多元录取的考试招生模式，健全促进公平、科学选才、监督有力的体制机制，构建衔接沟通各级各类教育、认可多种学习成果的终身学习“立交桥”。

为保证新高考改革的推进，国家启动高考综合改革试点，其主要内容包括：

（1）改革考试科目设置。增强高考与高中学习的关联度，考生总成绩由统一高考的语文、数学、外语3门科目成绩和高中学业水平考试3门科目成绩组成。保持统一高考的语文、数学、外语科目不变、分值不变，不分文理科，外语科目提供两次考试机会。计入总成绩的高中学业水平考试科目，由考生根据报考高校要求和自身特长，在思想政治、历史、地理、物理、化学、生物等科目中自主选择。

（2）改革招生录取机制。探索基于统一高考和高中学业水平考试成绩、参考综合素质评价的多元录取机制。高校要根据自身办学定位和专业培养目标，研究提出对考生高中学业水平考试科目报考要求和综合素质评价使用办法，提前向社会公布。

（3）开展改革试点。按照统筹规划、试点先行、分步实施、有序推进的原则，选择有条件的省（区、市）开展高考综合改革试点。及时调整充实、总结完善试点经验，切实通过综合改革，更好地贯彻党的教育方针，全面实施素质教育，增加学生的选择性，分散学生的考试压力，促进学生全面而有个性地发展。2014年，浙江省、上海市分别出台高考综合改革试点方案，从2014年秋季新入学的高中一年级学生开始实施。试点要为其他省（区、市）的高考改革提供依据。

2014年9月19日，浙江省出台《浙江省深化高校考试招生制度综合改革试点方案》；同日，上海市印发《上海市深化高等学校考试招生综合改革实施方案》。浙江与上海都以增加考生和学校的选择权作为新高考改革的突破口，实行“3+3”、一次多考等模式，全面深化统一高考招生改革，但两者的方案也存在诸多差异。

浙江省新高考方案的重点包括：

（1）考试科目与分值上：必考科目包括语文、数学、外语3门，选考科目包括思想政治、历史、地理、物理、化学、生物、技术（含通用技术和信息技术）7门，设有加试题的高中学考科目中，考生根据本人兴趣特长和拟报考学校及专业的要求，选择3门作为高考选考科目。语文、数学、外语每门满分150分，得分计入考生总成绩；选考科目按等级赋分，每门满分100分，以高中学考成绩合格为赋分前提，根据事先公布的比例确定等级，每个等级分差为3分，起点赋分40分。考生总成绩满分750分。其中，语文、数学成绩当次有效，外语和选考科目成绩2年内有效。

（2）考试上，语文、数学考试于每年6月进行。外语每年安排两次考试：一次在6月，与语文、数学考试同期进行，考试对象限当年高考考生；另一次在10月，与选考科目考试同期进行。选考科目每年安排两次考试，分别在4月和10月进行。外语和选考科目考生每科可报考两次，选择其中较好的一次成绩计入高考总分。

（3）录取上，高校根据自身办学定位和专业培养目标，分专业类或专业确定选考科目范围，但至多不超过3门，并在招生前2年向社会公布；考生选考科目只需1门在高校选考科目范围之内，就能报考该专业（类）；高校没有确定选考科目范围的，考生在报考时无科目限制。高校可对考生高中阶段的综合素质评价提出要求，作为录取的参考。考生志愿由“专业+学校”组成。录取不分批次，实行专业平行投档。填报志愿与投档按考生成绩分段进行。

上海市新高考方案的重点包括：

（1）考试科目与分值上，2017年起，高考成绩由语文、数学、外语3门统一高考成绩和学生自主选择的普通高中学业水平等级性考试科目成绩构成，作为高等学校录取的基本依据。高考成绩总分满分660分。其中，语文、数学、外语每门满分150分，3门普通高中学业水平等级性考试科目每门满分70分。普通高中学业水平等级性考试成绩在计入高考总分时，由五等细化为A+、A、B+、B、B－、C+、C、C－、D+、D、E共11级，每个级别比例分别为5%、10%、10%、10%、10%、10%、10%、10%、10%、10%、5%。其中，A+级为满分70分，E级为40分。相邻两级之间的分差均为3分。等级性考试成绩以合格性考试成绩合格为基础，按照等第呈现为A、B、C、D、E五等，各等第比例分别为15%、30%、30%、20%和5%。

（2）考试上，统一高考科目为语文、数学、外语3门，不分文理，考试时间安排在每年6月；外语考试一年举行两次，另外一次安排在每年1月，选择其中较好的一次成绩计入高考总分。

（3）录取上，普通本科院校可根据办学特色和定位，以及不同学科专业人才培养需要，从思想政治、历史、地理、物理、化学、生命科学6门普通高中学业水平等级性考试科目中，分学科大类（或专业）自主提出选考科目范围，但最多不超过3门，学生选择其中任何1门，即符合报考条件。对于没有提出选考科目要求的高等学校，学生在报考该校时无科目限制。对于符合报考条件并达到学校投档分数线的学生，高等学校可分学科大类（或专业）提出优先录取的条件。

（4）在录取上，从2016年起，合并本科第一、第二招生批次，并按照学生的高考总分和志愿，分学校实行平行志愿投档和录取。在此基础上，探索学生多次选择、被多所高等学校录取的可行性，增加高等学校与学生的双向选择机会。

三、新高考改革的问题与争论

随着新改革的不断深入，有关新高考改革的批评与质疑逐渐出现，高考改革面临着深层次的矛盾、利益冲突，使新高考改革处于艰难抉择与徘徊之中，并引发了合法性的讨论。自马克斯·韦伯（Max Weber）对合法性问题作系统探讨后，合法性概念成为20世纪社会学和政治学的核心概念之一，也成为法学、哲学、伦理学甚至整个社会科学的基础性概念。合法性，从法学的角度理解是符合法律规定和法律原则；但从政治学角度来看，它更强调社会的积极认可和适当性，本书采用此种角度。尤尔根·哈贝马斯（Jürgen Habermas）指出："任何一种系统，如果它不抓合法性，那么它就不可能永久地保持住群众（对它所持有的）忠诚心。也就是说，就无法永久地保持住它的成员们紧紧地跟随它前进。"[①]新高考改革的合法性问题强调的是社会对

① 尤尔根·哈贝马斯. 重建历史唯物主义[M]. 郭官义, 译. 北京: 社会科学文献出版社, 2000: 264.

新高考改革的支持度和认可。

（一）高考成绩等值问题在增加选择性的背后，必须重视科学性

新高考改革争议最多的是高考成绩等值的问题。选择性是新高考改革的标志，但增加选择性的同时必须考虑科学性的问题。浙、沪新高考改革通过增加考试科目和考试次数，极大地增加了高考的多样化和学生的选择性。以考试科目为例，上海学生在6门中选择3门考试，理论上有20多种不同的科目组合可选；浙江学生在7门中选择3门考试，理论上有35种不同的科目组合。21世纪教育研究院副院长熊丙奇认为，"3+3"科目改革是本轮高考改革最核心的内容，通过增加考试科目和考试次数，扩大学生的科目选择权、课程选择权、考试选择权和学校选择权，使得学生有获得感。①但多样性使得考试的可比性面临非常大的问题，等级分也引发了争议。按照浙江与上海公布的改革方案，考生成绩的卷面分并不是考生的最终成绩，而是需要按照已经划定的等级和人数比例，根据等级换算计分，获得最后的高考成绩。浙江的方案中，等级赋分从40分开始，总共21个等级，每个等级分差3分。当次选考科目考试分数在前1%的为满分，无论其卷面分实际分数是90分还是80分，排名在第21等级的比例不超过1%。由于有两次选考机会，这意味着各科有近2%的考生能拿到满分。但这种计分方法引发了争议。因为按照等级分的统计方法，即使考生获得了100分中的95分，仍有可能拿不到A+，如果某门课的选考者中刚好高手云集，那么原本较优秀的学生也有可能只能拿到较低的等级分。同样，一个考生如果选择了优秀学生选考人数较少的科目，即使卷面分数不是很高，也有可能最终获得较好的成绩。其结果是一些学校与考生会产生不公平感。比如，一些传统理科强校表示它们的利益受损，因为过去非重点的高中大多避开了物理、化学等竞争性较强的科目，而选择了竞争程度较低的技术、历史等学科。一些考生也质疑等级分数的科学性，因为可能仅仅是由于选错科目便使得自己错失进入名校的机会。

科学性是新高考改革中最受关注的问题之一，而分数的科学性问题是其中无法回避的问题。事实上，长期以来关于不同科目的考试成绩是否能够直

---

① "新高考"如何让高校和考生获得更多自主权[EB/OL]. http://news.eastday.com/c/20170803/u1a13165462.html.

接相加，考生的总成绩是否能够反映学生的真实水平便一直存在争议，因为文理科考试科目不同，但分别录取，这一问题并没有引发足够的关注。新高考改革因为强调打破文理分科、考生自主选择科目，使得这一问题突显出来。首先是一次多考，同一科目的考试成绩等值问题。由于两次考试的难度不能绝对等值，而且每次考试的人数也不固定，因此原始分数和等级分数都难以对考生的真实能力进行评估。其次是不同科目考试成绩的等值问题。虽然每名考生都选考三门科目，但这三门科目无论是在难度还是在选考人数上均存在巨大的差别，却需要按照总成绩进行录取，必然引发各种争议。再次是选考科目在学业水平考试的基础上通过增加选考题获得最终的选考科目成绩值得商榷。学业水平考试和选考在考试目标和考试功能上都存在区别，学业水平考试强调考生是否达到高中阶段的基本课程要求，而选考科目强调的是选拔与竞争，反映的是考生在考生群体中的能力与位置，这样的“组合卷”，其科学性同样值得讨论。科学性问题是新高考改革的症结性问题，由于科学性而导致的公平性问题使得新高考改革更为复杂。

（二）高校的自主权尚未真正实现

考生的选择性对高校人才培养模式产生了巨大冲击，并影响到高校的自主权改革。新高考改革的另一特色是通过增加高校的选择权实现高校选拔人才的要求。2017年，在浙江招生的高校总共约1360所，有500所高校没有提出选考科目要求，54%的招生专业没有设置选科范围，多为文理兼招或文科类专业。在设置了选科范围的高校专业中，设限选1门的占5%，2门的占8%，3门的占33%。2018年拟在浙江招生的全国高校公布的招生专业（类）中，不限选考科目的占55.9%，设限选考科目的占44.1%。选考范围为1门的占4.9%，2门的占8.2%，3门的占30.9%。[①]也就是说，一半多专业没有限选任何科目，超出了2017年的比例。同样，上海市37所普通本科高校2017年共有招生专业（类）1096个，其中不限科目的专业数比例高达59.76%。提出限选3门科目要求的专业有281个。其中，217个专业（类）的组合是“物理、化学、生命科学”；其次是“物理、化学、地理”组合，有22个专业（类）。

① 刘清华.学生选科高校选人　新高考影响几何[EB/OL]. http://edu.people.com.cn/n1/2017/0909/c1006-29525014.html.

提出限选2门科目要求的专业有85个，仅有“物理、化学”一种组合。提出限选1门科目要求的专业有75个，均为物理。没有提出科目要求的有655个，主要涉及专业（类）有管理、法学、艺术等。[①]全国高校共7041个招生专业，有3506个没有科目限制，占总数的近一半。几年试点下来，不限科目的专业不断增加，这反映出多数高校害怕限选科目会导致生源数量的减少以及质量的降低，这也限制了多数高校招生自主权的行使。

多数高校不愿或不能限制科目，将对高校人才培养产生巨大影响。按照录取规则，一般学校专业选考科目要求范围为“不限”的，表示没有设限选考科目；给出2门或3门可选的，考生的选考科目只需符合其中1门即可报考，这也意味着即使学校充分发挥了招生自主权，但因为录取规则，也将受到限制，从而对人才培养带来影响。如某学校的临床医学专业的选考科目要求是生物、化学和物理。由于只需要符合其中一门即可报考，因此学生的专业背景可能千差万别，化学、生物等医学基础科目可能面临补课或不同层次授课的问题。不少高校的专业人才培养都可能面临类似的问题，但高校却束手无策，因为录取规则和高校的选择限制，也因为学生的选择性，使得每年学生的背景与层次都可能有明显差异。对此，秦春华教授直接指出，从表面上看，新高考改革方案似乎给了高校一定的选择权——高校可以根据自身人才选拔和培养需求，预先提出招生的相应科目需求。但事实上，高校在招生两年之前提出科目要求后，就完全丧失了主动选择学生的机会。它最终见到的仍然是“分”而不是“人”。[②]

（三）新高考带给各利益主体的冲击

首先，新高考改革带来了高中教学与管理的变革。各高中能开出的课程组合方案有差距，使得资源丰富的名校和普通高中、城市高中与农村高中原有的差距进一步增大。自主选科、走班制给班级管理、教学秩序带来不同程度的挑战，并引发了师资短缺等问题。由于学生的选择不同，使得不少学校

① 2017年上海本科高校专业选考科目范围公布　14高校无要求[EB/OL]. http://edu.163.com/15/0203/21/AHIEJA2S00294M9N.html.

② 浙江新高考后，教育界正激烈讨论些什么？[EB/OL]. http://www.360doc.com/content/16/1027/08/10675824_601684144.shtml.

的师资配置面临尴尬的局面。

其次，新高考改革要求改变志愿填报与录取模式，浙江实行专业平行志愿模式，上海实行院校专业组志愿模式，但这两种模式都存在一定的风险。2017年浙江高考录取中出现的高分考生上三本院校的事件就是一个例子。而上海模式下考生被退档的风险增加了，而且实行院校专业组模式使学校不同专业的投档分数差距拉大，热门专业、优势专业的优势将更加明显，这也对高校的学科发展产生了冲击。此外，不同专业间的差距也使得高校转专业政策面临挑战，还可能滋生新的腐败问题。

最后，学生的功利性选择可能会使学生的选择性失去本来的意义与价值。事实上，两次考试、选考制度并没有解决学生负担过重的问题，反而可能激化学生为获得高分的投机行为。浙江与上海两地出现的选择物理学科学生大幅减少的趋势引发了社会的普遍忧虑。有人直言，虽然2017届考生物理拿A+的人数远少于化学，但是可能物理卷面分能拿A+的人数和化学差不多，只是选考人数少，等级评定为A+的人少。而且，如果大家都发现某些学科是等级考拿高分的洼地之后，恐怕很多家长和学校都会建议目标非名校的同学尽量避开物理等比较难的学科，而选择这些易拿高分的学科。投机行为取代兴趣选择也是研究者批评较多的问题之一。

四、新高考方案的调整与改革

正如研究者所指出的，新高考改革存在不少问题，需要继续进行改革和调整。2017年，北京、天津、山东、海南四省市跟进新高考改革试点，2020年开始新高考录取，四省市基本选择了“6选3”模式。《北京市深化考试招生制度改革实施方案》具体内容包括：

（1）深化统一高考考试科目改革。从2020年起，北京市统一高考科目调整为语文、数学、外语3门，不分文理科，每门科目满分150分，总分450分。

（2）从2017年起，英语听力分值30分，采用计算机化考试，与统考笔试分离，一年两次考试，取最高成绩与笔试成绩一同组成英语科目成绩计入高考总分。从2021年起，英语增加口语考试，口语加听力考试共计50分，英语科目总分值不变。

（3）改革普通本科院校招生录取模式。探索普通高等院校基于统一高考和高中学业水平考试成绩、参考综合素质评价的多元录取机制。从2020年起，参加本科院校招生录取考生的高考成绩由语文、数学、外语3门统一高考成绩和考生选考的3门普通高中学业水平考试等级性考试科目成绩构成。每门选考科目满分为100分，高考总分满分值为750分，作为高等院校录取的基本依据。

（4）高等院校可根据办学特色和定位，以及不同学科专业人才培养需要，从思想政治、历史、地理、物理、化学、生物6门普通高中学业水平等级性考试科目中，分专业（类）自主提出选考科目范围，但最多不超过3门，提前向社会公布。考生满足选考科目其中任何1门，即符合报考条件。对于没有提出选考科目要求的高等院校，考生在报考该校时无科目限制。

天津规定，从2017年秋季入学的高一年级开始，取消文理分科。从2020年起，统一高考科目将调减为语文、数学、外语3门，考试时间仍安排在每年6月份。其中，英语科目提供两次考试机会。从2020年起，高中三年级学生第一次高考英语考试（含两次听力考试）与普通高中学业水平等级性考试同期举行，第二次高考英语考试（不含听力考试）在6月份统一高考时举行。逐步探索高考英语科目计算机化考试方式，力争实现一年多次考试，学生自愿参加，取最高成绩计入高考总分。从2020年起，高校招生录取总成绩由语文、数学、外语3门统一高考科目成绩和3门学生自主选择的普通高中学业水平等级性考试科目成绩构成，作为高校招生录取的基本依据。招生录取总成绩满分750分。其中，语文、数学、外语每门满分150分，3门普通高中学业水平等级性考试科目每门满分100分。等级性考试成绩以等级呈现，位次由高到低分为A、B、C、D、E五等。学生自主选择的3门等级性考试科目成绩将计入高校招生录取总成绩。在计入录取总成绩时，每门科目成绩由五等细化为21级，相邻两级之间的分差均为3分，起点赋分40分，满分100分。①

① 2018天津高考改革最新方案[EB/OL]. http://cs.xdf.cn/zixun/201711/078373779.html.

山东规定，自2017年秋季高中入学新生开始，考生夏季高考考试成绩由统一高考的语文、数学、外语和考生选考的3科普通高中学业水平等级考试成绩组成。其中语文、数学、外语为全国统考科目，各科满分分值为150分，不分文理科，外语科目提供2次考试机会。纳入高考录取的等级考试科目，由考生根据自身特长和兴趣爱好，结合高校招生对等级考试科目组合的要求，从思想政治、历史、地理、物理、化学、生物6门等级考试科目中选择。积极创造条件，将技术（含信息技术、通用技术）科目纳入等级考试科目。自2020年起，招生采用“专业（类）+学校”志愿填报和招生录取方式。探索实行考生“一档多投、多次选择”的投档模式，增加高校与考生之间双向选择的机会。①

海南规定，从2017年秋季高一新生开始，海南的高考分将为统一高考的语文、数学、外语3门科目成绩（不分文理，每科原始分满分150分，以转换后的标准分呈现考生成绩）和学生自选的3门高中学业水平等级性考试成绩（从思想政治、历史、地理、物理、化学、生物6门中选择3门，每门卷面满分100分）的标准分合成之后的综合标准分。外语科目提供两次考试机会，普通高中学生在修业期间可参加两次外语考试，选择其中最好的一次成绩计入高考总成绩。力争从2020年秋季入学的高一新生开始，将信息技术和通用技术科目增设入等级性考试范围。语文、数学、外语、思想政治、历史、地理、物理、化学、生物、信息技术、通用技术等科目的合格性考试，由省教育厅统一组织，考试时间为每年7月初；其余科目考试由省教育厅统一组织命题、统一考试时间、统一评分标准，由各市县（含洋浦经济开发区）或学校按省教育厅的统一要求组织实施。等级性考试由省教育厅按国家教育考试要求统一组织实施，考试时间安排在高三下学期6月9日、10日进行，每天安排3门科目的考试。学生根据自己的学习兴趣和高校招生的要求，自主选择3门科目参加等级性考试，科目一经选定，不可更改。积极创造条件，待条件成熟后，为学生提供同一考试科目参加两次等级性考试和变更等级性考试选择科目的机会。目前，国内只有海南省采用标准分呈现高考

---

① 山东省人民政府关于印发山东省深化考试招生制度改革实施方案的通知[EB/OL]. http://www.jyb.cn/gk/gkzc/201604/t20160426_658226.html.

成绩。合格性考试成绩按原始分记为合格、不合格（不合格的学生人数比例一般不超过5%）；考试不合格的考生，高三毕业前可再参加一次合格性考试。考生参加合格性考试的成绩记入学生综合素质档案。①

北京、天津、山东、海南不约而同地选择了上海的基本模式。浙江新高考改革方案的复杂性也导致浙江方案面临改革与调整。2017年，浙江出台《关于进一步深化高考综合改革试点的若干意见》，对新高考方案进行调整：

（1）从2017级高中学生起，浙江省学考与选考实行分卷考试，考试安排在每年1月、6月举行。学生高一第一学期不得参加学考，高一第二学期参加学考的科目不多于3门；各科目学考须于高三第一学期结束前完成，每科一次机会，不合格者可继续报考。学生高三起参加选考科目考试，相应科目学考合格方能报考该科目的选考。外语首次考试"一考两用"，成绩既用于学业水平考试，又用于高考。2015级、2016级高中学生学考选考办法保持不变。

（2）为确保学生专业学习基础与国家人才培养需要相适应，建立选考科目保障机制。当某些科目选考人数少于保障数量时，以保障数量为基数，从高到低进行等级赋分。保障数量按国家相关学科人才培养需求确定，其中物理科目保障数量按高校授理学、工学学位专业2013—2017年在浙江高考录取的平均人数确定为6.5万。这是满足省内外高校在浙江选拔培养理工类专业人才最基本的生源所需。当其他科目出现类似情况时，参照建立相关保障机制。保障机制适用于各年级段学生。鉴于2016级学生基本未确定选考科目且绝大部分未参加选考科目考试，同时，从2019年招生起，高校将结合培养目标要求，优化相关专业选考科目设置，因此，允许2016级学生有一次重新选择学考和选考科目的机会。已确定选考科目并参加了考试的2015级学生保持不变。

（3）按照国家专业人才培养标准，推进高校科学选拔学生。组织专家制定浙江本科高校专业选考科目指引。从2019年高考招生起，浙江高校要参照指引，结合培养目标要求，遵循人才培养规律，科学合理设置相关专业的

①海南省人民政府关于印发海南省深化考试招生制度改革实施方案的通知[EB/OL]. http://xxgk.hainan.gov.cn/hi/HI0101/201603/t20160322_1809792.htm.

选考科目，尤其是理工科相关专业一般应把物理作为选考科目。高中学校要尊重学生的自主选择权，保护和发展学生兴趣特长，加强职业生涯规划指导，引导学生以民族复兴为己任，理性选择、科学选择。

五、关于新高考的思考

虽然浙江对新高考方案进行了调整，但很多关键性问题仍没有得到根本性解决。下面从合法性问题重构上思考新高考改革的基本思路。

（一）有效性是判断改革是否满足合法性的重要标准

有效性是合法性的基础。改革必须有一定的绩效，人们奋斗所争取的一切，都同他们的利益相关。人们总是从居民的日常生活和利益团体的职能性利益的角度来确定“效用”和“效率”的内涵，并以能否满足人们对这些效用和效率（或活力）的期望为标准来评价、区分政治体制和政治系统。[①] 就此而言，新高考改革打破了过去的传统模式，也打破了中学、大学、考生的习惯，必然遭到各方的质疑与重新评价。

高校招生考试改革本身就是利益重新分配的过程，高校招生考试改革的种种问题，都往往与此有关，而正是人们对各自利益的追求构成了改革的动力、压力和阻力。社会上的每个人可能都认为高校招生考试制度应该进行改革，每个人都可能称自己为改革派，但每个人都可能根据自己的特殊利益或从自己所处的特殊地位出发，提出符合各自需要的改革方案——每个人都希望改革能变得对自己更为有利，并用制度的方式把自己的愿望和要求固定下来。结果人人都要求加快改革，但各有各的含义。然而，能满足所有人愿望的理想的高考改革方案并不存在。从新高考改革的初衷来看，新高考改革力图通过增强考生的选择权和高校的自主权打破一考定终身、应试教育的痼疾，但其设计与思路过于理想化，还存在不少问题，需要不断调整完善，其有效性还需要通过更深层次的改革来实现，也需要更多的配套措施加以保障。

---

① 山口定. 政治体制[M]. 韩铁英, 译. 北京: 经济日报出版社, 1991: 216.

（二）加强新高考政策的公平性与科学性

从历史经验来看，一项改革，如果不能够为民众提供最基本的公平与秩序保障，不能够提供最基本的公共服务，是无法得到民众支持和认同的。[①]要使社会增强对新高考政策的认同感，就需要对新高考政策本身的公平性与科学性进行评估。正如刘海峰教授所指出的，在高考改革上，法律大于权力，规律高于法律。组织与权力固然能保障新高考改革的推行，但按照考试规律办事才是新高考政策获得广泛支持的支撑。高考改革中的很多问题，是中国当前社会转型过程中的两难问题，是考试实践千百年来的基本问题。竞争性与选拔性是高考指挥棒产生重大作用的重要根源。高考改革最终要落实到高等教育优质资源的丰富、教师素质的提高、社会观念的变革、学生及家长理性意识和理性选择的增强等问题上，同时也离不开高考考试技术的不断提高、招生理念的不断进步。我们需要从社会的大环境出发，摆脱为改革而改革以及局限在高考内部谈改革的思维方式，充分考虑到社会用人环境、教育体制、思想观念等政治、经济、文化因素与时代的制约，在坚持社会正义与公平的原则下，两利相权取其重，两害相权取其轻。

在高考改革中，美国等国家的考试机制与理念值得借鉴，但绝不能简单地复制美国模式。各国的国情和模式都不一样，这种差异根植于各国不同的传统、政治、经济、文化等背景中，这也构成了我国高考改革的特殊性环境与特殊性问题。正因为如此，在美国行之有效的制度在中国可能会遭到滑铁卢式的失败。更不用说，美国的招生考试制度本身也存在很多质疑与批评。杨福家先生在谈到中外高等教育的差异时曾指出，美国的招生考试制度自有一套运行系统，名校在招学生时，除了表面上的参加入学招生考试、高中实行学分制、中学平均成绩达到B、推荐信以及面谈之外，事实上，名校自身严格的淘汰制度同样是一个很重要的保证。这意味着个人在作出选择时，必须理性地根据自己的能力选择与之相匹配的大学；否则，如果学校的水平高于自身的学习能力所及，即使想方设法进去了，也是自讨苦吃，说不定很快就会被淘汰。[②]

---

① 让-马克 · 夸克. 合法性与政治[M]. 佟心平, 王远飞, 译. 北京: 中央编译出版社, 2002: 47-50.

② 杨福家. 漫谈中外高等教育之差异[J]. 求是, 2003 (11) : 4.

我们需要从中国高考的特殊性出发，选择适合我们的模式。对于我国的高考改革而言，当务之急是积极转换思维，以高考制度的顶层设计、执行、完善和不断创新为前提和保障，制定和完善各项规则和制度，加强对社会弱势群体高考政策的配套改革，调节各利益主体之间的关系，化解内部冲突，实现高考内部各主体之间的有序和谐。笔者认为，新高考改革应该谨慎推进，甚至可以允许部分地区暂缓推进新高考改革或小步推进新高考改革。

（三）新高考改革必须于法有据

习近平总书记在2014年2月召开的中央全面深化改革领导小组第二次会议的讲话中指出，“凡属重大改革都要于法有据”。用法治对高考改革进行理性约束是新高考改革的重要内容，其要义是高考政策的出台、试点、推行、修正以及废止都应该秉承法治原则，运用法治思维深化高考改革。

为改革而改革固然违背了改革的初衷，不改革或过度改革同样值得商榷。过度使用权力的命令、服从方式，难免沦为武断，因而需要用法治和民主的方式予以约束。重大改革于法有据强调的是“用法治方式凝聚改革共识”。而凝聚高考改革共识需要为社会各阶层、各主体的充分表达提供平台，审慎推进改革、选择改革路径，并在充分试点的基础上，寻找改革的法律依据，提供相对成熟的改革措施、路径与方法，进而推进全方位的改革。高考制度有利有弊，高考改革势在必行，但急于求成必不可取。应允许各省份根据省情、学情和考情，选择和调整改革的方案，在充分探索与试点的基础上，逐渐铺开，这应成为新高考改革的基本思路，也是凝聚新高考改革共识的必由之路。

参考文献

一、中文文献

1. 著(译)作

[1] 阿克顿. 自由与权力[M]. 侯健, 等, 译. 北京: 商务印书馆, 2001.
[2] 埃德加・博登海默. 法理学: 法律哲学与法律方法[M]. 邓正来, 译. 北京: 中国政法大学出版社, 2004.
[3] 陈舜权. 权利及其维护: 一种交易成本观点[M]. 北京:中国政法大学出版社, 1999.
[4] 陈兴良. 法治的使命[M]. 北京: 法律出版社, 2001.
[5] 陈新民. 宪法基本权利之基本理论[M]. 台北: 台湾三民书局, 1992.
[6] 程燎原, 等. 赢得神圣: 权利及其救济通论[M]. 济南: 山东人民出版社, 1993.
[7] 丹尼斯・朗. 权力论[M]. 陆震纶, 郑明哲, 译. 北京: 中国社会科学出版社, 2001.
[8] 邓嗣禹. 中国考试制度史[M]. 上海: 商务印书馆, 1936.
[9] 董炯. 国家、公民与行政法——一个国家－社会的角度[M]. 北京: 北京大学出版社, 2001.
[10] 杜受田, 等. 钦定科场条例. 续修四库全书 (第829卷). 上海: 上海古籍出版社, 1995.
[11] 杜力夫. 权力监督与制约研究[M]. 长春: 吉林人民出版社, 2004.
[12] 高鸿钧, 等. 法治: 理念与制度[M]. 北京: 中国政法大学出版社, 2002.
[13] 公丕祥. 权利现象的逻辑[M]. 济南: 山东人民出版社, 2002.
[14] 龚向和. 受教育权论[M]. 北京: 中国人民公安大学出版社, 2004.
[15] 韩继志. 政府机构改革[M]. 北京: 中国人民大学出版社, 1999.
[16] 何怀宏. 选举社会及其终结——秦汉至晚清历史的一种社会学阐释[M]. 北

京: 生活・读书・新知三联书店, 1998.
[17] 胡建淼. 外国宪法案例及评述[M]. 北京: 北京大学出版社, 2004.
[18] 焦健. 权力错位: 公共权力运行的误区[M]. 天津: 天津人民出版社, 2001.
[19] 来启华, 郑若玲. 考试机构文化建设概论[M]. 北京: 高等教育出版社, 2016.
[20] 郎佩娟. 公共行政行为规范[M]. 郑州: 河南人民出版社, 2003.
[21] 劳凯声. 教育法论[M]. 南京: 江苏教育出版社, 1993.
[22] 劳凯声. 变革社会中的教育权与受教育权: 教育法学基本问题研究[M]. 北京: 教育科学出版社, 2003.
[23] 李步云, 等. 权利和义务[M]. 北京: 人民出版社, 1986.
[24] 李大琨. 中国社会行政管理[M]. 北京: 中国国际广播出版社, 1998.
[25] 李娟. 行政法控权理论研究[M]. 北京: 北京大学出版社, 2000.
[26] 廖平胜, 等. 考试是一门科学[M]. 武汉: 华中师范大学出版社, 2003.
[27] 刘海峰. 科举考试的教育视角[M]. 武汉: 湖北教育出版社, 1996.
[28] 刘海峰, 等. 中国考试发展史[M]. 武汉: 华中师范大学出版社, 2002.
[29] 刘海峰, 等. 中国科举史[M]. 上海: 东方出版中心, 2004.
[30] 刘海峰. 科举学导论 [M]. 武汉: 华中师范大学出版社, 2005.
[31] 刘海峰. 科举制的终结与科举学的兴起 [M]. 武汉: 华中师范大学出版社, 2006.
[32] 刘海峰. 高考改革的理论思考[M]. 武汉: 华中师范大学出版社, 2006.
[33] 刘海峰. 高校招生考试制度改革研究[M]. 青岛: 中国海洋大学出版社, 2009.
[34] 刘海峰. 高考改革论[M]. 杭州: 浙江教育出版社, 2013.
[35] 刘海峰. 高考改革的理论与历史[M]. 武汉: 华中师范大学出版社, 2016.
[36] 刘海峰. 考试历史的现实观照: 融汇古今的教育研究[M]. 北京: 北京师范大学出版社, 2016.
[37] 卢梭. 社会契约论[M]. 何兆武, 译. 北京: 商务印书馆, 2002.
[38] 罗豪才. 行政法学[M]. 北京: 中国政法大学出版社, 1996.
[39] 罗豪才. 现代行政法的平衡理论[M]. 北京: 北京大学出版社, 1997.
[40] 罗纳德・德沃金, 等. 认真对待人权[M]. 朱伟一, 等, 译. 桂林: 广西师范大学出版社, 2003.
[41] 罗素. 权力论[M]. 靳建国, 译. 台北: 远流出版事业股份有限公司, 1989.
[42] 马克斯・韦伯. 社会学的基本概念[M]. 胡景北, 译. 上海: 上海人民出版社,

2000.
[43] 马克斯·韦伯. 经济与社会(上)[M]. 林荣远, 译. 北京: 商务印书馆, 1997.
[44] 覃红霞. 高校招生考试法治研究[M]. 武汉: 华中师范大学出版社, 2016.
[45] 覃红霞. 大学与政府之间的法律关系研究[M]. 厦门: 厦门大学出版社, 2017.
[46] 石佑启. 论公共行政与行政法学范式转换[M]. 北京: 北京大学出版社, 2003.
[47] 孙霄兵. 受教育权法理学——一种历史哲学的范式[M]. 北京: 教育科学出版社, 2003.
[48] 孙笑侠. 法律对行政的控制——现代行政法的法理解释[M]. 济南: 山东人民出版社, 2000.
[49] 托马斯·雅诺斯基. 公民与文明社会：自由主义政体、传统政体和社会民主政体下的权利与义务框架[M]. 柯雄, 译. 沈阳: 辽宁教育出版社, 2000.
[50] 王进, 等. 权利的缺陷: 中国司法亟待解决的问题[M]. 北京: 经济日报出版社, 2001.
[51] 王人博, 等. 法治论[M]. 济南: 山东人民出版社, 2001.
[52] 威廉·韦德. 行政法[M]. 徐炳, 译. 北京: 中国大百科全书出版社, 1997.
[53] 温辉. 受教育权入宪研究[M]. 北京: 北京大学出版社, 2003.
[54] 夏勇. 走向权利的时代: 中国公民权利发展研究[M]. 北京: 中国政法大学出版社, 2000.
[55] 谢鹏程. 公民的基本权利[M]. 北京: 中国社会科学出版社, 1999.
[56] 谢青, 等. 中国考试制度史资料选编[M]. 合肥: 黄山书社, 1992.
[57] 徐有守. 考试权的危机——考铨制度的腐蚀与改进[M]. 台北: 台湾商务印书馆, 1999.
[58] 杨成铭. 人权法学[M]. 北京: 中国方正出版社, 2004.
[59] 杨春福. 权利法哲学研究导论[M]. 南京: 南京大学出版社, 2000.
[60] 杨解君, 等. 依法行政论纲[M]. 北京: 中共中央党校出版社, 1998.
[61] 杨晓民. 中国单位制度[M]. 北京: 中国经济出版社, 1999.
[62] 杨学为, 等. 考试社会学问题研究[M]. 武汉: 华中师范大学出版社, 2003.
[63] 杨学为. 中国考试史文献集成[M]. 北京: 高等教育出版社, 2003.
[64] 杨学为. 高考文献[M]. 北京: 高等教育出版社, 2003.
[65] 姚锐敏. 依法行政的理论与实践[M]. 北京: 法律出版社, 2000.
[66] 俞中. 法律文化视野中的权力[M]. 济南: 山东人民出版社, 2004.

[67] 袁曙宏, 等. 行政法律关系研究[M]. 北京: 中国法制出版社, 1999.
[68] 约翰·肯尼斯·加尔布雷斯. 权力的分析[M]. 陶远华, 苏世军, 译. 石家庄: 河北人民出版社, 1988.
[69] 湛中乐. 权利保障与权力制约[M]. 北京: 法律出版社, 2003.
[70] 张宝昆. 大规模教育考试的社会控制功能研究[M]. 昆明: 云南大学出版社, 1999.
[71] 张弛, 等. 学校法律治理研究[M]. 上海: 上海交通大学出版社, 2005.
[72] 张亚群. 高校自主招生与高考改革[M]. 北京: 中国社会科学出版社, 2012.
[73] 赵立波. 事业单位改革——公共事业发展新机制探析[M]. 济南: 山东人民出版社, 2003.
[74] 郑国安. 非营利组织与中国事业单位体制改革[M]. 北京: 机械工业出版社, 2002.
[75] 郑若玲. 苦旅何以纾解:高考改革困境与突破[M]. 南京: 江苏教育出版社, 2011.
[76] 郑若玲. 高考思辨[M]. 北京: 经济科学出版社, 2013.
[77] 郑贤君. 公民受教育权的法律保护[M]. 北京: 人民法院出版社, 2004.
[78] 褚宏启. 学校法律问题分析[M]. 北京: 法律出版社, 1998.
[79] 张明杰. 开放的政府——政府信息公开法律制度研究[M]. 北京: 中国政法大学出版社, 2003.

2. 期刊论文

[1] 白呈明. 高校与学生合同关系探讨[J]. 复旦教育论坛, 2003 (6) .
[2] 蔡蔚萍. 女性教育优势能否延续到劳动力市场——基于高考成绩、本科学业表现和就业情况的分析[J]. 当代青年研究, 2016 (6) .
[3] 陈建伟. 民族身份对少数民族教育获得的影响研究[J]. 民族研究, 2015 (4) .
[4] 陈瑞英, 等. 对我国公民受教育权平等实现的审视[J]. 河北法学, 2004 (1) .
[5] 程斯辉. 自主招生与高校的自觉、自律和创新[J]. 湖北招生考试 (理论版) , 2004 (6) .
[6] 程雁雷. 论司法审查对大学自治的有限介入[J]. 行政法学研究, 2000 (2) .
[7] 董美英, 程家福. 谁是高考加分政策的受益者[J]. 高等教育研究, 2016 (1) .
[8] 杜志淳, 邹荣. 论国家考试的法律属性[J]. 法学杂志, 2008 (6) .

[9] 郭殊. 对“封堵高考移民”事件的宪法学思考[J]. 辽宁警专学报, 2004 (1) .
[10] 郭晓萍. 试论扩大高校招生自主权[J]. 中国高教研究, 2003 (2) .
[11] 郭宇宽. “中国国情”下的高校招生自主权[J]. 中国教师, 2004 (7) .
[12] 郭志成. 谁在为大学招生? [J]. 中国教师, 2004 (7) .
[13] 辜也平. 从大学生性别失衡看现行3+X高考模式的缺陷[J]. 福建师范大学学报 (哲学社会科学版) , 2016 (5) .
[14] 韩秀义. 中国宪法权利“新”类型的划分、解释与应用[J]. 现代法学, 2012 (6).
[15] 何永红. 权力制约的机制及其在我国的应用[J]. 行政论坛, 2004 (2) .
[16] 黄建平. 英、美、日、韩及台湾地区考试机构文化建设对我国大陆的启示[J]. 中国考试, 2015 (12) .
[17] 江兰. 加快招生考试改革的思考[J]. 江苏大学学报 (高教研究版) , 2003 (3) .
[18] 姜钢. 深入贯彻落实《纲要》精神　加强考试机构专业化建设[J]. 中国考试, 2012 (1).
[19] 蒋后强. 国家教育考试管理模式的立法定位[J]. 西南师范大学学报 (人文社会科学版) , 2005 (4) .
[20] 蒋极峰. 社会考试法制化思考[J]. 湖北招生考试 (理论版), 2003 (6) .
[21] 姜庆丹, 赵研. 从考试权的二维探讨国家考试立法[J]. 沈阳师范大学学报 (社会科学版) , 2011 (5) .
[22] 雷新勇. 上海高考英语分数的性别差异及其原因[J]. 上海教育科研, 2007 (6) .
[23] 李辰. 教育公平与少数民族高考优惠政策[J]. 前沿, 2017 (4) .
[24] 李长城. 我国考试立法刍议[J]. 徐州师范学院学报 (哲学社会科学版) , 1995 (1) .
[25] 李常青等. 少数人权利及其保护的平等性[J]. 现代法学, 2001 (5) .
[26] 李春凯, 吴炜. 民族身份、城乡分割与高等教育不平等 [J]. 北京社会科学, 2017 (9) .
[27] 李洁. “法律规定的国家考试”含义探析[J]. 法制与社会, 2016 (2下) .
[28] 李金波, 杨军. 高考学科表现的性别差异分析[J]. 教育与考试, 2014 (6) .
[29] 李金波, 杨军. 语文课程学业成绩性别差异分析[J]. 语文教学通讯 (高中) , 2015 (5) .
[30] 李金波, 杨军. 英语学科高考成绩性别差异的研究[J]. 基础教育研究, 2015 (3) .
[31] 李静, 李逸飞, 周孝. 迁移类型、户籍身份与工资收入水平[J]. 经济理论与经济管理, 2017 (11) .

[32] 李全柱. 高考改革的教育社会学思考[J]. 社会科学论坛, 2003 (11) .
[33] 李世愉. 清朝在土司地区推行科举制度述略[J]. 青海民族研究, 2016 (4) .
[34] 李兴琼, 等. 对高校学生受教育权利保障和实现问题的思考[J]. 广西工学院学报, 2003 (增刊) .
[35] 李学会, 傅志军. 从隔离走向融合? ——我国视力障碍者高等教育的历史、特点及政策变迁[J]. 社会工作, 2015 (6) .
[36] 李永聪. 高考加分制度的宪法学思考[J]. 天津市经理学院学报, 2011 (3) .
[37] 李余华, 卢怀科. 考试权的法律透视[J]. 齐齐哈尔大学学报 (哲学社会科学版) , 2014 (2) .
[38] 梁艺. 工作秘密不予公开的合法性反思[J]. 时代法学, 2015 (2) .
[39] 廖平胜. 论中国考试的起源[J]. 华中师范大学学报 (人文社会科学版) , 1991 (4) .
[40] 林炎志. 高考的国家使命[J]. 中国教育学刊, 2016 (4) .
[41] 刘海峰. 高考改革中的全局观[J]. 教育研究, 2002 (2).
[42] 刘海峰. 高考改革中的公平与效率问题[J]. 教育研究, 2002 (12).
[43] 刘海峰. 高考与录取制度改革的教育与社会视角[J]. 中国教师, 2004 (2) .
[44] 刘海峰, 等. 论西部地区的"高考移民"问题[J]. 教育研究, 2004 (10) .
[45] 刘海峰. 高考改革何去何从[J]. 教育研究, 2005 (3).
[46] 刘海峰. 高考改革与素质教育[J]. 红旗文稿, 2006 (17) .
[47] 刘海峰. 高考竞争的本质与现象[J]. 高等教育研究, 2006 (12) .
[48] 刘海峰. 高考改革的回顾与展望[J]. 教育研究, 2007(11).
[49] 刘海峰. 高考改革的思路、原则与政策建议[J]. 教育研究, 2009 (7) .
[50] 刘海峰. 贡院——千年科举的背影[J]. 社会科学战线, 2009 (5) .
[51] 刘海峰. 中国高考向何处去[J]. 北京大学教育评论, 2010 (2) .
[52] 刘海峰. 高考改革: 公平为首还是效率优先[J]. 高等教育研究, 2011 (5) .
[53] 刘海峰. 理性认识高考制度 稳步推进高考改革[J]. 中国高等教育, 2013 (7) .
[54] 刘海峰. 高考改革的新阶段思考[J]. 中国高等教育, 2014 (5) .
[55] 刘海峰. 高考改革的期望与现实[J]. 中国高等教育, 2015 (12) .
[56] 刘海峰. 恢复高考40年的发展与变化[J]. 高等教育研究, 2017 (10).
[57] 刘海峰. 高考改革应该坚守的价值与原则[J]. 人民教育, 2017 (13-14) .
[58] 刘光余. 高校自主招生考试制度改革的思考[J]. 教育发展研究, 2003 (10) .
[59] 刘天伦. 考试立法与设立权威性独立考试体制的思考[J]. 前进论坛, 1997 (4) .

[60] 柳建闽. 权力制约的理论基础与制度建设[J]. 福建农林大学学报 (哲学社会科学版), 2004 (7).
[61] 陆建明. 教育考试机构管理体制的比较与改革方向述评[J]. 中国考试, 2008 (6).
[62] 陆平辉. 利益冲突的理论与实证分析[J]. 南京社会科学, 2003 (9).
[63] 路颜铭. 依法保障残疾人平等参加高考促进考试公平公正[J]. 中国考试, 2015 (4).
[64] 罗立祝. 高考加分政策的历史演变与反思[J]. 考试研究, 2008 (3).
[65] 孟照彬. 大学自主招生: 高考的最终走向[J]. 湖北招生考试 (理论版), 2004 (6).
[66] 欧阳宏斌, 等. 对当前高考模式下自主招生的分析与思考[J]. 江苏高教, 2004 (4).
[67] 潘懋元, 等. 高考: 从选拔性考试到适应性考试[J]. 湖北招生考试 (理论版), 2003 (12).
[68] 钱静. 论依法治考的现实问题与对策[J]. 湖北招生考试 (理论版), 2003 (8).
[69] 秦广强. 职业晋升中的性别不平等——基于 CGSS2006 数据的分析[J]. 社会学评论, 2014 (03).
[70] 覃红霞. 普通高校招生考试法治化研究[J]. 教育研究, 2006 (4).
[71] 覃红霞. 高考改革反思录[J]. 江苏高教, 2006 (5).
[72] 覃红霞. 高考政策三十年[J]. 东南学术, 2007 (4).
[73] 覃红霞. 招生领域高校与学生的法律关系研究[J]. 北京大学教育评论, 2010 (2).
[74] 覃红霞. 高校招生自主权的法律阐释[J]. 江苏高教, 2012 (6).
[75] 覃红霞, 刘海峰. 美国弱势群体入学政策的法律审视与启示[J]. 高等教育研究, 2015 (3).
[76] 乔丽娟, 等. 对我国教育考试机构专业化建设的几点思考[J]. 中国高等教育, 2006 (7).
[77] 邱可. 试论国家教育考试机构定位[J]. 考试研究, 2012 (6).
[78] 曲相霏. 受教育权初探[J]. 政法论坛 (中国政法大学学报), 2002 (6).
[79] 珊珍. 全国首例高校招生纠纷案[J]. 法律与生活, 1997 (1).
[80] 尚武. 考试权的法律解读[J]. 中国考试, 2007 (3).
[81] 邵志芳, 庞维国. 高考成绩性别差异研究的回顾与展望[J]. 华东师范大学学报 (教育科学版), 2016 (1).
[82] 申素平. 尽快理顺高校与学生的法律关系[J]. 中国高等教育, 2003 (17).
[83] 申素平. 受教育权的理论内涵与现实[J]. 中国高教研究, 2008 (4).

[84] 宋凡金. 建构我国的考试法——对我国教育改革的思考[J]. 教学与管理, 2003 (1) .
[85] 宋韬. 我国高等教育入学机会性别差异现状述评[J]. 中国青年研究, 2006 (8) .
[86] 孙茹. 我国古代考试制度初探[J]. 江苏广播电视大学学报, 2001 (4).
[87] 孙文凯. 中国的户籍制度现状、改革阻力与对策[J]. 劳动经济研究, 2017 (3) .
[88] 唐土红. 权力之善如何可能——基于公权与民权均衡关系的分析[J]. 探索, 2013.
[89] 滕朝阳. “高考移民”的体制性基础[J]. 瞭望新闻周刊, 2003 (18) .
[90] 谭敏. 少数民族高等教育机会的城乡差异研究[J]. 当代青年研究, 2012 (11) .
[91] 谭敏, 谢作栩. 家庭背景、族群身份与我国少数民族的高等教育获得 [J]. 高等教育研究, 2011 (10) .
[92] 田金亭, 朱强忠. 基于高考数据的数学学习性别差异研究及启示[J]. 中国考试, 2014 (7) .
[93] 万丹. 高考招生制度的法律思考[J]. 湖北招生考试 (理论版), 2002 (6) .
[94] 王福. 我国高校招生系统哲学分析[J]. 科技进步与对策, 2003 (2) .
[95] 王明镇. 高考录取分数线辨析[J]. 高等工程教育研究, 2002 (4) .
[96] 汪进元. 权力制约的理性思考与模式选择[J]. 法学评论, 1998 (1) .
[97] 王端起. 论现代法治的一个重要原则——机会平等[J]. 中央政法管理干部学院学报, 1998 (5) .
[98] 王凤杰, 王力. 清代贵州少数民族科举探析[J]. 贵州民族研究, 2012 (3) .
[99] 汪进元, 冯家亮. 《国家教育考试法》: 落实考试权的宪法保护[J]. 湖北招生考试 (理论版), 2004 (24) .
[100] 王和军. 教育考试机构专业化建设比较及其路径的思考[J]. 中国考试, 2011 (4) .
[101] 王惠, 贾密. 户籍制度对公民基本权利的损害及反思[J]. 河北法学, 2017 (2) .
[102] 王国聚. 我国公民受教育权的宪法保障[J]. 现代教育管理, 2010 (1) .
[103] 王少. 基于考试权的公务员考试[J]. 江苏科技大学学报 (社会科学版) , 2015 (4) .
[104] 王伟宜, 李洁. 高等教育入学机会性别差异的多维分析[J]. 教育研究, 2015 (8) .
[105] 汪雅霜, 娇怡程. 高等教育入学机会质量获得影响因素研究[J]. 江苏高教, 2016 (3) .
[106] 汪洋. 受教育权的内涵结构与现实形态[J]. 现代教育管理, 2015 (11) .
[107] 王彦. 关于制定我国考试法的几点构想[J]. 河北法学, 1997 (6) .

[108] 王铮. 高校5%招生自主权置疑[J]. 中国教师, 2004 (7) .
[109] 韦文华. 美国高考公平关注焦点的借鉴意义——以《纽约时报》为例[J]. 社会科学家, 2014 (3) .
[110] 文东茅. 我国高等教育机会、学业及就业的性别比较[J]. 清华大学教育研究, 2005 (05) .
[111] 吴斌诊, 钟笑寒. 高考制度与大学录取率的性别差异[J]. 清华大学学报 (哲学社会科学版), 2014 (2) .
[112] 吴容靖. 增强法制意识, 提高依法办考的自觉性[J]. 湖北招生考试 (理论版), 2002 (4) .
[113] 徐瑞英. 试论自主招生模式[J]. 苏州大学学报 (哲学社会科学版), 1996 (4) .
[114] 肖亮华. 大学招生中若干问题的思考[J]. 南通工学院学报, 1999 (6) .
[115] 徐建春. 高校招生制度改革的思考[J]. 教育发展研究, 2003 (4/5) .
[116] 许杰. 对高校招生自主权性质的再认识[J]. 中国教师, 2004 (7) .
[117] 夏正林. 从基本权利到宪法权利[J]. 法学研究, 2007 (6) .
[118] 肖洋洋. 公民考试权的价值分析——以我国现有国家考试类型为视角[J]. 黑龙江省政法管理干部学院学报, 2016 (6) .
[119] 徐靖. 论法律视域下社会公权力的内涵、构成及价值[J]. 中国法学, 2014 (1) .
[120] 徐梦秋. 公平的类别与公平中的比例[J]. 中国社会科学, 2001 (1) .
[121] 杨解军. 特别法律关系论——特别权力关系论的扬弃[J]. 南京社会科学, 2006 (7) .
[122] 杨临宏. 特别权力关系理论研究[J]. 法学论坛, 2001 (4) .
[123] 杨柳. 美国残疾人教育法探析[J]. 比较教育研究, 2008 (6) .
[124] 杨柳. 美国残疾人教育改革的政策分析[J]. 比较教育研究, 2014 (4) .
[125] 杨倩. 我国高等教育入学机会的性别差异研究[J]. 现代教育管理, 2009 (1) .
[126] 杨倩. 云南省五个少数民族的高等教育入学机会差异分析——基于社会分层理论的视角[J]. 大学教育科学, 2015 (5) .
[127] 杨倩. 高等教育入学机会的性别差异变化研究——基于内蒙古自治区的实证调查[J]. 黑龙江高教研究, 2016 (9) .
[128] 杨学为. 考试的起源[J]. 教育测量与评价, 2008 (7) .
[129] 尹力. 学习权保障: 学习型社会教育法律与政策的价值基础 [J]. 北京师范大学学报 (社会科学版) , 2010 (3) .

[130] 余睿. 尊重考生权利　促进依法治考——试论招考行政中的考生权益保护与法律保障[J]. 湖北招生考试 (理论版), 2003 (8) .
[131] 曾德军, 等. 自主招生与角色定位[J]. 湖北招生考试 (理论版) , 2003 (6) .
[132] 翟学伟. 人情、面子与权力的再生产[J]. 社会学研究, 2004 (5) .
[133] 张宝昆, 等. 从统一招考到自主招考: 中国大学招生入学考试之重大变革[J]. 湖北招生考试 (理论版) , 2004 (6) .
[134] 张静. 关于加快教育考试机构专业化建设的思考[J]. 考试研究, 2012 (6) .
[135] 张维平. 高校招生自主权的滥用与规约[J]. 现代教育管理, 2009 (11) .
[136] 张玉光. 对陈某诉外交学院案的几点思考——兼议施行中的高校招生录取体制[J]. 高等师范教育研究, 1997 (6) .
[137] 张以标. 试论依法治考体系之构建 [J]. 湖北招生考试 (理论版) , 2002 (10) .
[138] 张尚武. 对倾斜的高考分数线的反思[J]. 教育发展研究, 2002 (11) .
[139] 张亚群. 理性认识高考的负面影响[J]. 粤海风, 2003 (2) .
[140] 张亚群. 高校自主招生考试的认识误区[J]. 考试研究, 2004 (2) .
[141] 张亚群. 高考改革三大政策导向辨析[J]. 湖北大学学报 (哲学社会科学版) , 2014 (1) .
[142] 张亚群, 刘毳. 高考综合改革的影响与对策[J]. 湖北大学学报 (哲学社会科学版) , 2017 (4) .
[143] 张亚群. 高校统一招生考试制度 40 年发展趋势解析[J]. 陕西师范大学学报 (哲学社会科学版) , 2017 (4) .
[144] 张兆曙, 陈奇. 高校扩招与高等教育机会的性别平等化[J]. 社会学研究, 2013 (2) .
[145] 赵宏. 户籍改革与公民平等权保护[J]. 人民论坛, 2017 (4 上) .
[146] 郑磊, 张鼎权. 中国教育性别差异的经济学研究述评[J]. 妇女研究论丛, 2013 (2) .
[147] 郑磊. 基本权利依据的选择范围与标准[J]. 浙江社会科学, 2014 (12) .
[148] 郑春燕. 基本权利的功能体系与行政法治的进路[J]. 法学研究, 2015 (5) .
[149] 郑若玲. 考试公平与区域公平: 高考录取中的两难选择[J]. 高等教育研究, 2001 (6) .
[150] 郑若玲. 试析高考的指挥棒作用[J]. 厦门大学学报 (哲学社会科学版) , 2002 (2) .
[151] 郑若玲. 普通高校招生考试法规建设述评[J]. 广东工业大学学报, 2002 (4) .
[152] 郑若玲. 高考改革: 历史与现实的思考[J]. 厦门大学学报 (哲学社会科学版), 2003 (1).

[153] 郑若玲. 高考改革必须凸显公平[J]. 教育研究, 2005 (3) .
[154] 郑若玲. 高考与应试教育、素质教育关系新论[J]. 教育发展研究, 2007.
[155] 郑若玲. 高考公平的忧思与求索[J]. 北京大学教育评论, 2010 (2) .
[156] 郑若玲. 自主招生改革何去何从[J]. 华中师范大学学报 (人文社会科学版) , 2010 (4) .
[157] 郑若玲, 陈斌. 高校招生综合评价录取改革的困境与出路[J]. 高等教育研究, 2014 (10) .
[158] 郑若玲, 郭振伟. 异地高考政策的公平诉求与困境: 以上海市为例[J]. 全球教育展望, 2016 (10) .
[159] 郑若玲. 高考改革的困境与突破[J]. 厦门大学学报 (哲学社会科学版), 2017 (3) .
[160] 周大平. 高校自主招生如何突破[J]. 瞭望, 2004 (17) .
[161] 周大平. 透视高校自主招生[J]. 瞭望, 2003 (34) .
[162] 周扬. 试论高校自主招生的监督机制[J]. 湖北招生考试 (理论版) , 2004 (6) .
[163] 周佑勇, 等. 论依法治考的基本要求与法律保障[J]. 湖北招生考试 (理论版) , 2002 (2) .
[164] 周佑勇. 完善考试立法　推进考试执法责任制[J]. 湖北招生考试 (理论版) , 2002 (8).
[165] 左治兴. 进一步完善监督机制　不断扩大高校招生自主权[J]. 大学教育科学, 2003 (3) .
[166] 朱全宝. 宪法权利“新”辨[J]. 法学论坛, 2013 (4) .
[167] 朱新梅. 没有约束的权力与被神圣化的大学——从高校招生腐败说起[J]. 中国教师, 2004 (9) .

3. 学位论文

[1] 曾绍东. 法律与社会: 晚清科举考试法规评析[D]. 江西师范大学硕士学位论文, 2003.
[2] 陈恩伦. 论学习权[D]. 西南师范大学博士学位论文, 2003.
[3] 范晔. 钦定科场条例研究[D]. 厦门大学博士学位论文, 2014.
[4] 胡晓春. 权利保障视野下的国家考试立法[D]. 西南政法大学硕士学位论文, 2007.
[5] 侯宇楠. 高中生学业成绩性别差异研究[D]. 上海师范大学硕士学位论文, 2012.

[6] 罗凤鸣. 国家考试报考资格法律问题研究[D]. 中国政法大学硕士学位论文, 2009.

[7] 钱俊君. 权力之善——社会主义政治权力善的探析[D]. 湖南师范大学博士学位论文, 2004.

[8] 王宏伟. 考试权研究[D]. 吉林大学硕士学位论文, 2005.

[9] 王文成. 论当代中国公务员考试权的运行与控制[D]. 华中科技大学博士学位论文, 2008.

[10] 薛成龙. 近代中国高校招生考试研究[D]. 厦门大学硕士学位论文, 1999.

[11] 于爽. 我国残疾人高等教育公平性分析[D]. 长春: 吉林大学硕士学位论文, 2015.

[12] 晏陵. 论我国高考中的公民考试权及其实现[D]. 华中科技大学硕士学位论文，2011.

[13] 钟瑞友. 转型期社会权力的扩展与公法规制[D]. 北京大学博士学位论文, 2006.

二、英文文献

[1] Alex Kingsbury. Education: Many College Reject Women at Higher Rates than for Men[N] . U.S. News &World Report, 2007-06-17.

[2] Cullen, J.B., Long, M.C., Randall, R. Jockeying for Position: Strategic High School Choice under Texas' Top Ten Percent Plan[J]. The Journal of Public Economics, 2013 (1) .

[3] Fisher vs. University of Texas Austin[EB/OL]. http://www.supremecourt.gov/opinions/12pdf/11-345_l5gm.pdf.

[4] Fullinwider, R.K., Lichtenberg, J. Leveling the Playing Field: Justice, Politics, and College Admissions[J]. Journal of Higher Education, 2004 (77).

[5] Hennessy-Fiske, Molly. For Black Students at Texas, Supreme Court Remarks Are a Burden Added[N]. Los Angeles Times, 2015-12-12.

[6] Laura Rothstein. Higher Education and Disability Discrimination: A Fifty Year Retrospective[J]. Journal of College & University Law, 2010 (36).

[7] Laura F. Rothstein. Higher Education and Disabilities: Trends and Developments [J]. Stetson Law Review, 1997 (22) .

[8] Legal Rights of Students with Disabilities in Post-secondary Schools[EB/OL]. https://www.ed.gov/about/offices/list/ocr/transition.html.

[9] Moore, J. Race and College Admissions: A Case for Affirmative Action[M]. North Carolina: McFarland & Company. Inc. Publishers, 2005.

[10] Percent Plan: How Successful Are They? [EB/OL]. http://www.diversityweb.org/digest/vol7no1-2/percent_plans.cfm.

[11] Regent of the University of California v. Bakke, 438U.S.65[EB/OL]. http://caselaw.lp.findlaw.com/scripts/printer_friendly.pl?page=us/438/65.html.

[12] Sally S. Scott. Accommodating College Students with Learning Disabilities: How Much is Enough?[J]. Innovative Higher Education, 1997 (2).

[13] Salome M. Heyward. Access to Education for the Disabled[M]. North Carolina: Mcfarland & Company, Inc., Publishers, 1992: 171.

[14] Scott Jaschik. Affirmative Action for Men[EB/OL]. http://www. insidehighered.com/news/2006/03/27/admit.

[15] Texas House Bill 588, section 51.803[EB/OL]. http://www.utexas.edu/student/admissions/research/HB588Law.html.

[16] Top Four Percent [EB/OL]. http://www.ucop.edu/news/archives/2001/nov15artl.htm.2001-03-15.

[17] Percent Plan. NBER Working Paper, 2011 U.S. Supreme Court Education Cases [M]. Malvern: Center for Education & Employment Law, 2005.

后 记

我的博士学位论文为《普通高校招生考试法治研究》，记得2005年论文答辩结束后，我曾信誓旦旦地说："通过撰写博士学位论文，我发现高校招生考试法治有许多问题值得进一步研究，我将持续关注高校招生考试法治问题研究。"一眨眼，12年过去了，终于有机会完成拙作《高考法律问题研究》。

高校招生考试法治研究是跨学科研究，近年来关于招生法治、考试法治的研究逐渐多起来。但总的来看，从法律视角研究高考，主要有两种不同的研究范式。一是从高考制度的视角出发，分析高考法治的意义，探讨解决高考舞弊的途径、方法，注重从教育与考试的角度探讨考试权、招生权的意义。这类研究主要是教育研究者和考试研究者居多。二是从法学的角度分析高考中的问题，从宪法学、行政法、诉讼法或法理学的角度讨论高考制度的公平与正义，研究高考制度中涉及的权利与权力问题，这类研究大多是由法学研究者来完成的。无可否认的是，两类研究都拓展了高考制度研究的视野与深度，更有利于多角度、多层面地理解高考制度的意义与价值。就此而言，从高考问题出发，结合教育与法律的视角对高考制度进行研究有其重要意义和价值。这也正是本书所追求的目标所在。

感谢刘海峰教授邀请我撰写《高考法律问题研究》，他不仅是我的导师，也是高考研究的开拓者和引领者。十年前，高考研究刚刚兴起，刘海峰教授首倡科举学，进而挖掘了高考研究的富矿；十年后，高考研究俨然成为一门显学，不仅研究人数众多，研究内容丰富而广泛，而且许多重要期刊专门开辟高考研究专栏，由此可见高考研究的魅力与重要性，其中不乏刘海峰教授的影响与贡献。

感谢我的先生陈兴德，他在写作之初和我讨论了本书的基本思路与框架，并通读了全书，提出了不少具体的修改意见。感谢我的学生刘灵珊，帮我校稿，细心的她帮我找出了很多小错误。

本书的编辑为本书的出版付出了大量心血，其严谨的态度和精益求精的作风让我感动。

高考研究无止境。本书只是触及了高考法律问题的一小部分，期待有更多的研究继续探讨。不足之处，也欢迎专家学者们批评指正。

覃红霞

2017年11月

图书在版编目（C I P）数据

高考法律问题研究 / 覃红霞著. -- 杭州 : 浙江教育出版社, 2017.12
（高考制度变革与实践研究）
ISBN 978-7-5536-6769-0

Ⅰ. ①高… Ⅱ. ①覃… Ⅲ. ①高考－教育改革－研究－中国 Ⅳ. ①G632.474

中国版本图书馆CIP数据核字(2017)第321701号

责任编辑 王凤珠　郑　瑜　**责任校对** 戴正泉　吴颖华
美术编辑 韩　波　**责任印务** 陈　沁

高考制度变革与实践研究
GAOKAO ZHIDU BIANGE YU SHIJIAN YANJIU

高考法律问题研究
GAOKAO FALü WENTI YANJIU

覃红霞　著

出版发行 浙江教育出版社
（杭州市天目山路40号　邮编：310013）
图文制作 杭州林智广告有限公司
印刷装订 杭州富春印务有限公司
开　　本 710mm×1000mm　1/16
印　　张 14.25
插　　页 2
字　　数 218000
版　　次 2017年12月第1版
印　　次 2017年12月第1次印刷
标准书号 ISBN 978-7-5536-6769-0
定　　价 35.00元
联系电话 0571-85170300-80928
网　　址 www.zjeph.com